高等职业教育路桥类专业"新形态一体化"系列教材

道路工程测量

主　编　周海峰　李向民

副主编　郑礼飞　王文贯

参　编　李海文　罗国夫　苏成杰

主　审　韦登斌　蒋　霖

机械工业出版社

本书贯彻教育部《关于全面提高高等职业教育教学质量的若干意见》中"加大课程建设与改革的力度，增强学生的职业能力"的精神，内容上紧紧抓住高技能人才所要求的"以能力培养为目标，工学结合"的主线，构建了道路与桥梁工程、市政工程、铁道工程技术等相关专业对于道路工程测量技术的实际应用需要的教学内容和体系，结构严谨，知识点先后顺序合理，由浅入深，由易到难，融入了新仪器、新知识、新方法，贯穿"教、学、做"一体化教学模式，重要知识点配套有操作练习视频，体现了"在学中做，在做中学"的教学理念。

　　本书内容如下：上篇　测量基本知识包括：绪论、水准测量、角度测量、距离与坐标测量、测量误差的基本知识、小区域控制测量、地形图测绘与应用；下篇　道路工程测量作业技能包括：道路中线测量、道路纵横断面测量、道路与管线施工测量、GNSS 测量技术。

　　本书可作为高职高专路桥类专业的教学用书，同时也可供道路与桥梁工程、市政工程、铁道工程技术等相关专业的工程项目管理、施工、监理等技术人员自学参考。

　　为方便教学，本书配有电子课件、阅读资料和教案等资源，凡使用本书作为教材的教师可登录机工教育服务网 www.cmpedu.com 注册下载。教师交流服务群：221010660。咨询电话：010-88379934。

图书在版编目（CIP）数据

道路工程测量：配实训手册/周海峰，李向民主编. —北京：机械工业出版社，2021.3（2023.8 重印）
高等职业教育路桥类专业"新形态一体化"系列教材
ISBN 978-7-111-67572-3

Ⅰ.①道…　Ⅱ.①周…②李…　Ⅲ.①道路测量-高等职业教育-教材　Ⅳ.①U412.24

中国版本图书馆 CIP 数据核字（2021）第 031564 号

机械工业出版社（北京市百万庄大街 22 号　邮政编码 100037）
策划编辑：沈百琦　覃密道　责任编辑：沈百琦　覃密道
责任校对：潘　蕊　　　　　　封面设计：鞠　杨
责任印制：刘　媛
涿州市京南印刷厂印刷
2023 年 8 月第 1 版第 3 次印刷
184mm×260mm·19 印张·484 千字
标准书号：ISBN 978-7-111-67572-3
定价：65.00 元

电话服务　　　　　　　　　　　网络服务
客服电话：010-88361066　　机　工　官　网：www.cmpbook.com
　　　　　010-88379833　　机　工　官　博：weibo.com/cmp1952
　　　　　010-68326294　　金　书　网：www.golden-book.com
封底无防伪标均为盗版　　机工教育服务网：www.cmpedu.com

前　言

道路、桥梁、隧道等工程项目在勘察、设计、施工及管理运营各个环节都离不开测量工作。掌握道路工程测量基本知识、基本技能，是道路与桥梁、市政工程、铁道工程技术专业人员的基本要求。因此，在高职高专院校中，"道路工程测量"是一门专业必修课程，课时比重大，学习时间长。为适应道路工程测量的发展与要求，更好地满足教学及专业技术人员自学的需要，我们结合目前先进的测量仪器、测量手段、计算机技术及数字化的发展趋势，精心编写了本书。为贯彻党的二十大精神，加强教材建设，推进教育数字化，编者在动态重印过程中，对全书内容进行了全面梳理，丰富了相应的数字资源。本书编写思路及特点如下：

1. 响应课程建设与改革——注重提升学生职业技能

本书贯彻教育部《关于全面提高高等职业教育教学质量的若干意见》中"加大课程建设与改革的力度，增强学生的职业能力"的精神，内容上紧紧抓住高技能人才培养所要求的"以能力培养为目标，工学结合"的主线，构建了道路与桥梁工程、市政工程、铁道工程技术等相关专业对于道路工程测量技术的实际应用需要的教学内容和体系，包含工程测量技术的基本内容、先进测量仪器的使用、测量误差基本知识、大比例尺地形图数字化测绘、道路中线测设、道路纵横断面测绘、道路施工测量等。

书中还详细介绍测绘软件在计算、绘图中的应用，可供道路与桥梁工程、市政工程、铁道工程技术等相关专业的工程项目管理、施工、监理等技术人员参考。

2. 体现新技术、新仪器、新工艺——对接企业一线先进技术

本书结合现代测量仪器，将计算机和智能手机软件引入书中，使以往导线计算、坐标计算、曲线计算以及复杂施工放样数据计算等问题得以轻松解决。同时，结合新技术、新仪器、新工艺的发展，以及培养生产一线高技能技术人才的需求，以岗位群需要为原则，根据教学目标、教学标准和教学大纲要求，形成本书知识架构，确定编写内容。

3. 采用活页式装订——符合职业教学需求

本书结合专业特点，将教材涵盖的知识和技能划分为上篇（测量基本知识）、下篇（道路工程测量作业技能），还配套编写了《道路工程测量实训手册》，充分体现了"教、学、做"一体化的教学模式，内容新、信息量大。同时，为了贯彻落实《国家职业教育改革实施方案》中第九条"倡导使用新型活页式、工作手册式教材并配套开发信息化资源"的精神，实训手册采用新型活页式装订，学生在实训课上可以灵活使用，完成实训项目后可以上交，活页里配有空白页，可以写训练总结，是一种创新的教材承载方式。

4. 增加立体化配套资源——符合"互联网+职业教育"需求

本书配套有大量的数字化资源，包括测量实操类微课视频、电子课件、电子教案、测试

题库等，学生可通过扫描书中二维码进行观看，方便快捷。

5. 引入育人元素——注重培养职业素养、职业精神

书中内容引入育人内容，特别是在配套实训手册中，更是强调了对学生职业技能与职业素养的双重考核，旨在加强对学生职业道德、职业素养、职业行为习惯的培养。

本书建议教学课时如下：

学期	建议授课总学时数	教学环节学时数	实践环节学时数	集中实训周
第一学期	60	30	30	2 周
第二学期	52	26	26	2 周

本书由广西建设职业技术学院、广西南宁市国图测绘有限公司周海峰和广西建设职业技术学院李向民任主编，广西建设职业技术学院郑礼飞、王文贯任副主编，参与编写的还有广西建设职业技术学院的李海文、罗国夫、苏成杰。具体编写分工如下：周海峰编写第 8、9 章，李向民编写第 10 章，郑礼飞编写第 7、11 章，王文贯编写第 1、3 章，李海文编写第 6 章，罗国夫编写第 2 章，苏成杰编写第 4、5 章。全书由广西路桥工程集团有限公司高级工程师韦登斌、广西建设职业技术学院高级工程师蒋霖审定。

本书编写过程中参考了许多相关书籍、规范和文献，在此向相关作者表示衷心感谢。限于编者的水平，书中可能存在不足之处，恳请广大读者批评指正。

编　者

本书微课视频清单

序号	名称	图形	序号	名称	图形
1	关于地球		8	测量的基本工作	
2	大地水准面		9	水平面代替水准面的影响	
3	参考椭圆体		10	测量工作概述	
4	大地坐标系		11	水准测量原理	
5	高斯平面直角坐标系		12	自动安平水准仪的构造	
6	独立平面直角坐标系		13	自动安平水准仪的使用	
7	高程系统		14	路线水准测量方法	

（续）

序号	名称	图形	序号	名称	图形
15	水准仪的轴线关系		24	水平角观测	
16	水准仪圆水准轴的检校		25	竖直度盘	
17	水准仪横丝的检校		26	竖直角计算公式	
18	水准仪 i 角的检校		27	竖盘指标差	
19	水平角测量原理		28	垂直角观测	
20	垂直角测量原理		29	经纬仪的轴线关系	
21	电子经纬仪的构造		30	经纬仪水准管轴的检校	
22	经纬仪对中整平		31	经纬仪竖丝的检校	
23	经纬仪照准读数		32	经纬仪视准轴的检校	

（续）

序号	名称	图形	序号	名称	图形
33	经纬仪横轴的检校		41	四等水准测量	
34	经纬仪竖盘指标的检校		42	三角高程测量	
35	光电测距原理		43	附合导线成果计算（ESDPS 软件）	
36	全站仪的构造		44	附合导线成果计算（Excel 表格）	
37	全站仪光电测距		45	闭合导线成果计算（ESDPS 软件）	
38	全站仪坐标测量		46	闭合导线成果计算（Excel 表格）	
39	控制测量概述		47	比例尺	
40	导线外业测量		48	地物符号绘制	

（续）

序号	名称	图形	序号	名称	图形
49	地貌符号		57	图上绘断面图	
50	展绘外业测量数据		58	道路中线测设	
51	图上量测坐标		59	圆曲线中桩坐标计算（ESDPS 软件）	
52	图上量测距离		60	利用手机测量软件进行道路中桩坐标计算	
53	图上量测方位角		61	综合曲线坐标计算（ESDPS 软件）	
54	图上量测高程		62	竖曲线中桩高程计算（ESDPS 软件）	
55	图上量测坡度		63	道路纵断面图测量方法	
56	图上量测面积		64	用坐标文件绘制纵断面图	

（续）

序号	名称	图形	序号	名称	图形
65	道路横断面图测量方法		68	全站仪极坐标法 放样道路中桩	
66	用里程文件 绘制横断面图		69	高程测设	
67	方格网法计算土方量		70	道路边桩测设	

目 录

下篇　道路工程测量作业技能

上篇

测量基本知识

第1章 绪 论

本章主要讲述道路工程测量的任务和作用，确定地面点位的方法和测量工作的基本程序和原则。

了解测量学的定义和道路工程测量的任务，了解我国常用的坐标系统和高程系统。

掌握测量的基准面、基准线，平面直角坐标系和高程系统；熟悉测量工作的基本程序和原则。

第1节 道路工程测量的任务与作用

一、测量学及其任务

测量学是研究地球的形状和大小以及确定地面（包括空中、地下和海底）点位的一门科学，是研究对地球整体及其表面和外层空间中的各种自然、人造物体上与地理空间分布有关的信息，并进行采集处理、管理、更新和利用的科学和技术，即确定空间点的位置及其属性关系。

测量工作的任务包括两个部分：测定和测设。

测定又称测绘，是指运用测量仪器和工具，通过测量和计算得到一系列测量数据，把地球表面的地形测绘成图或编制成数据资料，供经济建设、规划设计、科学研究和国防建设使用。

测设又称放样，是指把图纸上规划设计好的建筑物、构筑物的位置在地面上标定出来，作为施工的依据。

二、测量学的分类

测量学是测绘科学技术的总称，它所涉及的技术领域，按照研究范围及测量手段的不同，可分为大地测量学、地形测量学、普通测量学、摄影测量与遥感、工程测量学、地图制图学、海洋测量学等学科。

1. 大地测量学

大地测量学是研究和确定地球形状、大小、重力场、整体与局部运动和地表面点的几何位置以及它们变化的理论和技术的学科。其基本任务是建立国家大地控制网，测定地球的形状、大小和重力场，为地形测图和各种工程测量提供基础起算数据；为空间科学、军事科学及研究地壳变形、地震预报等提供重要资料。按照测量手段的不同，大地测量学又分为几何大地测量学、卫星大地测量学及物理大地测量学等。

2. 地形测量学

地形测量学是研究如何将地球表面局部区域内的地物、地貌及其他有关信息测绘成地形图的理论、技术和方法的学科。

3. 普通测量学

普通测量学是研究地球表面小范围测绘的基本理论、技术和方法的学科；它不顾及地球曲率的影响，把地球局部表面当作平面看待，是测量学的基础。

4. 摄影测量与遥感

摄影测量与遥感是通过使用无人操作设备的成像和其他传感器系统进行记录和测量，然后对数据进行分析和表示，从而获得研究对象的可靠信息。其基本任务是通过对摄影像片或遥感图像进行处理、量测、解译，以测定物体的形状、大小和位置进而制作成图。

5. 工程测量学

工程测量学是研究各项工程在规划设计、施工建设和运营管理阶段所进行的各种测量工作的学科。

工程测量学广泛应用在工业建设、铁路、公路、桥梁、隧道、水利工程、地下工程、管线（输电线、输油管）工程、矿山和城市建设等领域。一般的工程建设分为规划设计、施工建设和运营管理三个阶段。工程测量学是研究这三阶段所进行的各种测量工作。

6. 地图制图学

地图制图学是研究模拟地图和数字地图的基础理论、设计、编绘、复制的技术、方法及其应用的学科。它的基本任务是利用各种测量成果编制各类地图，其内容一般包括地图投影、地图编制、地图整饰和地图制印等。

7. 海洋测量学

海洋测量学是以海洋和陆地水域为对象所进行的测量和海图编绘工作的学科，目前在军事、跨海工程、码头建设、水工建筑等方面应用广泛。

本教材主要介绍测量学在道路工程中的应用。

三、道路工程测量的任务和作用

道路工程测量是研究道路工程建设在道路勘测设计、施工过程和管理阶段所进行的各种测量工作的学科，是在数学、物理学等有关学科的基础上应用各种测量技术解决道路工程建设中实际测量问题的学科，它是一门应用科学。

道路工程测量工作在道路工程建设中起着重要的作用。在道路设计阶段，为获得一条最经济、最合理的路线，首先要进行路线勘测，绘制带状地形图和纵、横断面图，进行纸上定线和路线设计，并将设计好的路线平面位置、纵坡及路基边坡等在地面上标定出来，以便指导施工；其次，当路线跨越河流时，拟设置桥梁之前，应测绘河流两岸地形图，测定桥轴线的长度及桥位处的河床断面，为桥梁方案选择及结构设计提供必要的数据；再其次，当路线穿越高山，采用隧道时，应测绘隧址处地形图，测定隧道的轴线、洞口、竖井等位置，为隧道设计提供必要的数据。在道路施工阶段，主要是按照设计图纸恢复道路中线、测设路基边桩和竖曲线、工程竣工验收测量。线路施工放样的主要内容有：路基放样、道路路面放样、道路交叉连接线放样和线路变坡处竖曲线的放样等。在道路管理运营阶段，主要工作是做好路线的竣工图测量及建立较高精度控制网点以进行路基、桥梁、隧道等变形观测。

总之，道路、桥梁、隧道的勘测、设计、施工等各个阶段都离不开测量技术。因此，作为一名从事路桥专业的技术人员，必须具备测量学的基本理论、知识和技能，才能为我国的交通建设事业做出贡献。

第2节　地面点位的确定

地面点位的确定是指以某种技术方法确定地面点的位置。道路工程测量与其他测量工作一样，其本质任务是地面点位的确定。因为地球表面上的地物和地貌的形状再复杂，也可以认为是由点、线、面构成的，其中点是最基本的单元，合理选一些点进行测量，就可以准确地表示出地物和地貌的位置、形状和大小。因此，地面点位的确定是测量最基本的工作。

一、地球的形状与大小

为了确定地面点的位置，应有相应的基准面和基准线作为依据。测量工作是在地球表面上进行的，测量的基准面和基准线与地球的形状和大小有关。

关于地球

（一）大地水准面

地球的自然表面十分复杂，有高山、丘陵、平原和海洋等，高低不平，很不规则。其中，最高的珠穆朗玛峰高出海平面达 8848.86m（大地高），最低的马里亚纳海沟低于海平面 11034m（1957 年，苏联考察船"维塔兹号"测得）。尽管有这样大的高低起伏，但它们仅占地球半径 6371km 的 0.18%，故对地球形状的影响可以忽略不计。又由于地球表面的 71% 被海水所覆盖，因此可以把海水面延伸至陆地，将所包围的地球形体看成地球总的形状。

大地水准面

人们设想有一个自由静止的海水面，向陆地延伸包围整个地球，形成一个封闭的曲面，这个曲面我们称之为水准面。水准面作为流体的水面是受地球重力影响而形成的重力等势面，是一个处处与重力方向垂直的连续曲面。由于海水有潮汐，海水面时高时低，因此水准面有无数个，我们将其中一个与平均海平面吻合的水准面称为大地水准面，如图 1-1 所示。大地水准面是测量工作的基准面。由大地水准面所包围的地球形体，称为大地体。

地球上的任何一点都受到地心吸引力和离心力的作用，这两个力的合力称为重力，重力的作用线称为铅垂线。铅垂线具有处处与水准面垂直的特性，是测量工作的基准线。

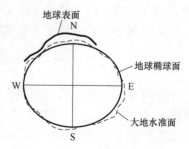

图 1-1　大地水准面

由于海水受潮汐和风浪的影响，是个动态的曲面，实际上平均静止的海水面在大自然中是不存在的。为此，我国在青岛设立了验潮站，长期观察和记录黄海海水面的高低变化，取其平均值作为我国大地水准面的位置（其高程为零），并在青岛建立了国家水准原点。

参考椭圆体

（二）参考椭球面

用大地体表示地球的形状是比较恰当的，但由于地球内部质量分布不均匀，引起铅垂线的方向产生不规则的变化，使得大地水准面上也有微小的起伏，形成了一个复杂的曲面，因此无法在这个复杂的曲面上进行测量数据的处理。为此，采用一个与大地水准面非常接近的规则几何曲面来表示地球的形状与大小，即地球参考椭球面，作为测量计算工作的基准面，如图 1-2 所示。

地球参考椭球面的形状与大小由其长半径 a 和短半径 b（或扁率 f）决定。我国在 1980 年西安坐标系采用的椭球参数为 1975 年国际大地测量与地球物理联合会通过并推荐的值：

$$a = 6378140 \text{m}$$
$$b = 6356755 \text{m}$$
$$f = \frac{a-b}{a} = \frac{1}{298.257}$$

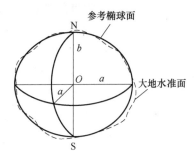

图 1-2 参考椭球面

由于地球椭球很大且扁率很小，当测区面积不大时，可以把地球看作是圆球，其半径为：

$$R = \frac{2a+b}{3} \approx 6371 \text{km}$$

以圆球作为测量计算规则的基准面可以简化计算过程。当测区面积更小时，还可以把地球看作是平面，使计算工作更为简单。

二、坐标系统

为了确定地面点的空间位置，需要建立测量坐标系。在一般工程测量中，确定地面点的空间位置，通常需要三个量，即该点在一定坐标系下的三维坐标，或该点的二维球面坐标，或该点投影到平面上的二维平面坐标，以及该点到大地水准面的铅垂距离（高程）。为此，我们必须研究测量中常用的坐标系。

大地坐标系

（一）大地坐标系

地面点在参考椭球面上投影位置的坐标，可以用大地坐标系的经度和纬度表示。如图 1-3 所示，O 为地球参考椭球面的中心，N、S 为北极和南极，NS 为旋转轴，通过旋转轴的平面称为子午面，它与参考椭球面的交线称为子午线，其中通过英国格林尼治天文台的子午线称为首子午线。通过 O 点并且垂直于 NS 轴的平面称为赤道面，它与参考椭球面的交线称为赤道。

地面点 A 的经度，是指过该点的子午面与首子午面之间的夹角，用 L 表示，经度从首子午面起算，往东 $0° \sim 180°$ 称为东经，往西 $0° \sim 180°$ 称为西经。地面点 A 的纬度，是指过该点的法线与赤道面间的夹角，用 B 表示，纬度从

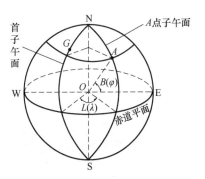

图 1-3 大地坐标系

赤道面起算，往北 0°~90° 称为北纬，往南 0°~90° 称为南纬。我国位于地球上的东北半球，因此所有点的经度和纬度均为东经和北纬，如南宁某点的大地坐标为东经 108°13′、北纬 22°50′。

地面点沿法线至参考椭球面的距离称为这个点的大地高。大地坐标是由大地经度 L、大地纬度 B 和大地高 H 3 个量组成的，用以表示地面点的空间位置。

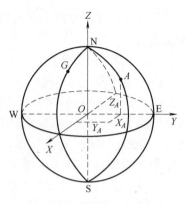

图 1-4　空间三维直角坐标系

（二）空间三维直角坐标系

空间三维直角坐标系又称"地心坐标系"，是以地球椭球的中心（即地球体的质心）O 为原点，起始子午面与赤道面的交线为 X 轴，在赤道面内通过原点与 X 轴垂直的为 Y 轴，地球椭球的旋转轴为 Z 轴，如图 1-4 所示。地面点 A 的空间位置用三维直角坐标 (X_A, Y_A, Z_A) 表示。A 点可以在椭球面之上，也可以在椭球面之下。

（三）高斯-克吕格平面直角坐标系

在工程测量中，常将椭球坐标系按照一定的数学法则投影到平面上成为平面直角坐标系。为满足工程测量及其他工程上的应用，我国采用高斯-克吕格投影，简称高斯投影。

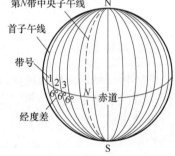

高斯平面直角
坐标系

高斯投影法是将地球划分若干带，然后将每带投影到平面上，如图 1-5 所示。

投影带是从首子午线起，每隔经差 6° 划一带（称为 6°带），自西向东将整个地球划分成经差相等的 60 个带。

带号从首子午线起，自西向东依次用数字 1、2、3、…60 表示，如图 1-6 所示。东经 0°~6° 为第一带，6°~12° 为第二带，…，位于各带中央的子午线称为该带的中央子午线。第一带的中央子午线的经度为 3°，第二带的中央子午线的经度为 9°，以此类推，第 N 带的中央子午线的经度 L_0 为：

$$L_0 = (6N-3)°$$

式中，N 为投影带的号数。

经差每 3° 分为一带，称为 3°带。它是在 6°带基础上划分的，就是 6°带的中央子午线和边缘子午线均为 3°带的中央子午线。3°带的带号自东经 1.5° 起，每隔 3° 按 1、2、3、…的顺序编号，如图 1-6 所示，各带中央子午线的经度 L_0 与带号的关系为：$L_0 = (3N)°$。

图 1-5　高斯投影分带

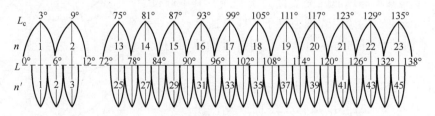

图 1-6　高斯 6°带和 3°带

按上述方法划分投影带后，即可进行高斯投影。如图 1-7a 所示，设想将一个平面卷成一个空心圆柱，把它横着套在参考椭球体外面，使圆柱的中心轴线位于赤道面内并通过球心，且使参考椭球上的某条 6°带的中央子午线与椭圆面相切。在椭球面上的图形与圆柱上的图形保持等角的情况下，将整个 6°带投影到圆柱面上。然后将圆柱沿着通过南北极的母线切开并展成平面，便得到 6°带在平面上的影像，如图 1-7b 所示。由于分带很小，投影后的影像变形也很小，离中央子午线越近，变形就越小。在由高斯投影而成的平面上，中央子午线和赤道保持为直线，两者互相垂直。以中央子午线为坐标系纵轴 x，以赤道为横轴 y，其交点为原点 O，便构成此带的高斯平面直角坐标系，如图 1-7b 所示。在这个投影面上的每一点的位置，都可以用直角坐标 x、y 确定。此坐标与大地坐标的经度 L、B 是对应的，它们之间有严密的数学关系，可以互相换算。

每一投影带均有自己的中央子午线、坐标轴和坐标原点，形成独立但又相同的坐标系统。我国位于北半球，x 坐标均为正值，而 y 坐标有正有负。为了避免 y 坐标出现负值，规定把坐标纵轴向西平移 500km，如图 1-8 所示。另外，为了能确定点位属于哪一个投影带内，还规定在 y 坐标前面冠以带号，例如，某点的坐标：

$$x = 2527730.568$$
$$y = 19\,521935.653$$

表示该点位于第 19 个 6°带上，距离赤道 2527730.568m，距离中央子午线 21935.653m（去掉带号 19 后的 y 坐标值减去 500000m，若结果为正表示该点位于中央子午线东侧，若结果为负表示该点在中央子午线西侧）。

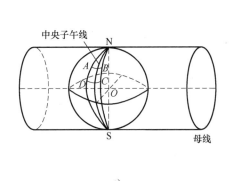

a)

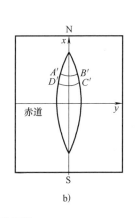

b)

图 1-7 高斯直角坐标系的投影

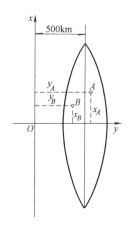

图 1-8 高斯平面直角坐标系

（四）独立平面坐标系

当测量区域较小时，球面近似于平面，可以直接用与测区中心点相切的平面来代替曲面，然后在此平面上建立一个平面直角坐标系。由于它与大地坐标系没有联系，故称为独立平面直角坐标系，有时也叫作假定平面直角坐标系。

独立平面
直角坐标系

如图 1-9 所示，独立平面直角坐标系与高斯平面直角坐标系一样，规定南北方向为纵轴 x，东西方向为横轴 y；x 轴向北为正，向南为负，y 轴向东为正，向西为负。地面上某点 A 的位置可用 x_A 和 y_A 来表示。独立平面直角坐标系的原点 O 一般选在测区的西南角以外，使测区内所有点的坐标均为正值。

值得注意的是，为了定向方便，测量上的平面直角坐标系与数学上的平面直角坐标系的规定不同，x 轴与 y 轴互换，象限的顺序也相反。不过，因为轴向与象限顺序同时都改变，测量坐标系的实质与数学上的坐标系是一致的，因此数学中的公式可以直接应用到测量计算中，不需作任何变更。

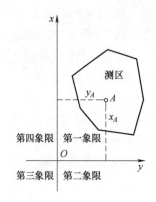

图 1-9　独立平面直角坐标系

高程系统

三、高程系统

为了确定地面点的空间位置，除了要确定其在基准面上的投影位置外，还应确定其投影方向到基准面的距离，即确定地面点的高程。地面点到大地水准面的铅垂距离称为"绝对高程"（简称"高程"，又称"海拔"）。

为了建立全国统一的高程系统，必须确定一个高程基准面。统一采用平均海水面代替大地水准面作为高程基准面，平均海水面的确定是通过验潮站多年验潮资料来求定的。我国确定平均海水面的验潮站设在青岛，根据青岛验潮站 1950～1956 年 7 年验潮资料求定的高程基准面，称为"1956 年黄海平均高程面"，以此基准面建立了"1956 年黄海高程系"。我国自 1959 年开始，统一采用 1956 年黄海高程系。

由于海洋潮汐长期变化，周期为 18.6 年，经对 1952～1979 年验潮资料的计算，1985 年确定了新的平均海水面，称为"1985 国家高程基准"。经国务院批准，我国自 1987 年开始采用"1985 国家高程基准"。

为确定平均海水面的高程，必须设立与验潮站相联系的水准点作为高程起算点，这个水准点叫水准原点。我国水准原点设在青岛市观象山上，全国各地的高程都以它为基准进行测算。"1956 年黄海高程系"的水准原点高程为 72.289m，"1985 国家高程基准"的水准原点高程为 72.260m。

在一般测量工作中，均以大地水准面作为高程基准面。地面点到大地水准面的铅垂距离，称为该点的绝对高程或海拔，通常以 H_i 表示，如图 1-10 所示，H_A 和 H_B 即为 A 点和 B 点的绝对高程。

当个别地区引用绝对高程有困难时，可采用假定高程系统，即采用任意假定的水准面作为高程起算的基准面。如图 1-10 所示，地面点到假定水准面的铅垂距离，如 H'_A 和 H'_B，称为假定高程。

地面上两个点之间的高程差称为高差，通常用 h_{AB} 表示，如图 1-10 所示。如地面点 A 与地

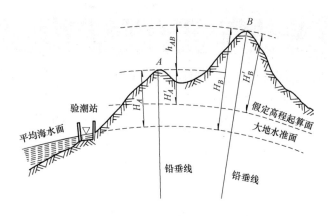

图 1-10 高程和高差

面点 B 之间高差为 h_{AB}，即：

$$h_{AB} = H_B - H_A = H'_B - H'_A$$

由此可见，两点间的高差与高程起算面无关。

四、确定地面点位的基本测量工作

地面点位可以用它在投影面上的坐标和高程来确定，但在实际工作中一般不是直接测量坐标和高程，而是通过测量地面点与已知坐标和高程的点之间的几何关系，经过计算间接地得到坐标和高程。

测量的基本工作

如图 1-11 所示，M 和 N 是已知坐标点，它们在水平面上的投影位置为 m、n，地面点 A、B 是待定点，它们投影在水平面上的投影位置是 a、b。若观测了水平角 β_1、水平距离 D_1，可用三角函数计算出 a 点的坐标，同理，若又观测了水平角 β_2 和水平距离 D_2，则可计算出 b 点的坐标。

在测绘地形图时，也可不计算坐标，在图上直接用量角器根据水平角 β_1 作出 m 点至 a 点的方向线，在此方向线上根据距离 D_1 和一定的比例尺，即可定出 a 点的位置，同理可在图上定出 b 点的位置。

因此，水平角测量和水平距离测量是确定地面点坐标或平面位置的基本测量工作。

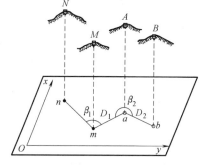

图 1-11 基本测量工作

若 M 点的高程已知为 H_M，观测了高差 h_{MA}，则可利用高差计算公式转换后计算出 A 点的高程，即：

$$H_A = H_M + h_{MA}$$

同理，若观测了高差 h_{AB}，可计算出 B 点的高程。因此可以说高差测量是确定地面点高程的基本工作，由于高差测量的目的是求取高程，习惯上仍称其为高程测量。

综上所述，地面点间的水平角、水平距离和高差是确定地面点位的三个基本要素，我们把水平角测量、水平距离测量和高差测量称为确定地面点位的三项基本测量工作，再复杂的测量任务，都是通过综合应用这三项基本测量工作来完成的。

第3节　水平面代替水准面对距离和高程的影响

水准面是一个曲面，从理论上讲，即使有极小部分的水准面当作平面看待，也是要产生变形的。但是由于测量和绘图的过程中都不可避免地产生误差，若将小范围的水准面当作平面看待，其产生的误差不超过测量和绘图的误差，那么这样做是可以的，而且也是合理的。下面来讨论以水平面代替水准面时对距离和高程的影响，以便明确用水平面代替基准面的范围。

一、对距离的影响

如图 1-12 所示，A、B、C 是地面点，它们在大地水准面上的投影点分别为 a、b、c，用该区域中心点的切平面代替大地水准面后，地面点在水平面上的投影点是 a'、b'、c'，现分析由此而产生的影响。设 A、B 两点在大地水准面上的距离为 D，在水平面上的距离为 D'，则两者之差为 ΔD，即用水平面代替水准面所引起的距离差异。在进行公式推导时，近似地将大地水准面视为半径为 R 的球面，则有：

水平面代替水准面的影响

$$\Delta D = D' - D = R(\tan\theta - \theta)$$

将 $\tan\theta$ 展开成级数：

$$\tan\theta = \theta + \frac{1}{3}\theta^3 + \frac{2}{15}\theta^5 + \cdots$$

由于 θ 角很小，因此可略去三次方以上的高次方项，只取前两项代入得：

$$\Delta D = R\left(\theta + \frac{1}{3}\theta^3 - \theta\right)$$

又因 $\theta = D/R$，故

$$\Delta D = \frac{D^3}{3R^2}$$

或

$$\frac{\Delta D}{D} = \frac{D^2}{3R^2}$$

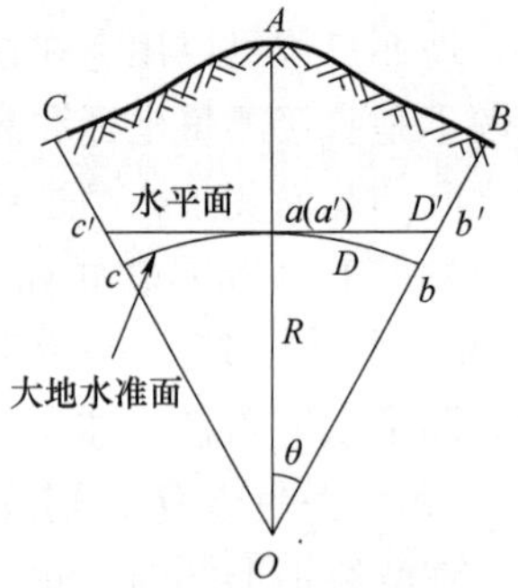

图 1-12　水平面代替水准面的影响

上式中，取地球半径 $R = 6371$km，当距离 D 取不同值时，则得到不同的 ΔD 和 $\Delta D/D$，其结果列入表 1-1 中。

表 1-1　用水平面代替水准面的距离误差和相对误差

距离 D/km	距离误差 ΔD/cm	相对误差 $\Delta D/D$
10	0.8	1：1 200 000
25	12.8	1：200 000
50	102.6	1：49 000
100	821.2	1：12 000

从表 1-1 可以看出，当 $D = 10$km 时，所产生的相对误差为 1：1 200 000，这样小的误差，对精密量距来说也是允许的。因此，在半径 10km 的范围之内进行距离测量时，用水平面代替

水准面所产生的距离误差可以忽略不计，即可不考虑地球曲率对距离的影响。

二、对高程的影响

在图 1-12 中，地面上点 B 的高程是铅垂距离 bB，如果用水平面作为基准面，则 B 点的高程 $b'B$，两者之差为 Δh，即为对高程的影响，从图中可得

$$\Delta h = bB - b'B = Ob' - Ob = R\sec\theta - R = R(\sec\theta - 1)$$

将 $\sec\theta$ 展开级数：$\sec\theta = 1 + \dfrac{1}{2}\theta^2 + \dfrac{5}{24}\theta^4 + \cdots$

因 θ 角很小，因此只取其前两项代入 Δh 中，又因 $\theta = D/R$，则得

$$\Delta h = R\left(1 + \frac{1}{2}\theta^2 - 1\right) = \frac{1}{2}R\theta^2 = \frac{D^2}{2R}$$

取 $R = 6371\text{km}$，用不同的距离 D 代入式上式，得表 1-2 所列的结果。

表 1-2 用水平面代替水准面的高差误差

D/km	0.10	0.20	0.30	0.40	0.50	1.00	2.00	5.00	10.00
$\Delta h/\text{cm}$	0.08	0.31	0.71	1.26	1.96	7.85	31.39	196.20	784.81

从表 1-2 可以看出，用水平面作为基准面对高差的影响是较大的。例如，距离 200m 时就有 0.31cm 的误差，在 500m 时高差误差达 1.96cm，这在测量中是不允许的。因此，在高程测量时，即使距离很短，也必须用水准面作为测量的基准面，即应考虑地球曲率对高程的影响。

第4节 测量工作的程序与原则

地球表面的各种形态可分为地物和地貌两大类。地面上的人工或自然形成的固定性物体如河流、湖泊、道路和房屋等，称为地物。地面上高低起伏的形态如山岭、谷底和陡崖等，称为地貌。下面以把地物和地貌测绘到图纸上为例，介绍测量工作的程序和原则。

图 1-13a 所示为一幢房子，其平面位置由房屋轮廓线的一些折线组成，如果能确定 1~8 各点的平面位置，则这幢房屋的位置就确定了。图 1-13b 所示为一条道路，它的形状不规则，但弯曲部分可以看成是由折线所组成，只要确定 9~16 各点的平面位置，这条路的位置就确定了。至于地貌，地势起伏变化虽然复杂，但仍可以看成是由许多不同方向、不同坡度的平面相交而成的几何体。相邻平面的交线就是方向变化线和坡度变化线。只要确定出这些方向变化线与坡度变化线上转折点的平面位置和高程，地貌形状的基本情况就反映出来了。

测量工作概述

因此，不论地物还是地貌，它们的形状和大小都是由一些特征点的位置所决定，这些特征点也叫碎部点。

无论是测定还是测设，一个测区内要测量的碎部点通常很多，为了避免测量错误的出现和测量误差的积累，保证测区内所有地物和地貌的点位具有必要的精度，使所测绘的地形图的内容准确，或者使所测设的建（构）筑物的位置及尺寸关系正确，测区内的测量工作必须按照一定的程序，遵循一定的原则来进行。

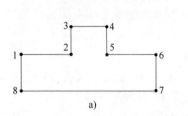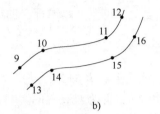

图 1-13　地物的轮廓线及碎部点

一、测量工作的基本程序

如图 1-14 所示，测区内有房屋、道路、河流、桥梁等地物，还有高低起伏的地貌。为了把这些地物和地貌测绘到图纸上，我们应选择一些能代表地物和地貌几何形状的特征点（称为碎部点），测量出它们与已知点之间的水平角度、水平距离和高差，然后根据这些数据，按一定的比例在图纸上标出点的位置，最后将有关的点相连，描绘成图。

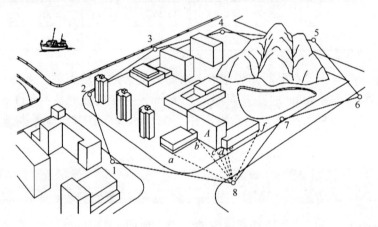

图 1-14　控制测量与碎部测量

由于测量工作中不可避免地存在误差，如果测绘出一个特征点后又以此点为准测绘另一个特征点，依此类推，则测量误差就会逐点传递和积累，最后导致图形变形，达不到应有的精度。

为了避免这种情况的出现，必须先在整个测区范围内选择若干具有控制意义的点（称为控制点），例如图 1-14 中的 1、2、…、8 点，以较精确的方法测定其平面位置和高程（称为控制测量）。然后以这些控制点为依据测绘周围局部地区的碎部点（称为碎部测量）。例如，把仪器安置在 8 号点上，测量出建筑物 A 上所有能通视的转角点 a、b、c、d、e、f 的平面位置和高程，然后绘制在图纸上，其他转角点可在别的控制点上观测。当测定了主要转角点后，少数"死角"可丈量有关边长后用几何作图的方式绘出。

按照这个程序测图，不但可以保证成果的精度，而且由于先用少量精度较高的点控制了整个测区，在测区内建立了统一的坐标系统和高程系统，使得我们可以安排多个测绘组同时在各个局部区域进行碎部测量工作，从而加快了工作的进程。此外，也可以根据实际的需要，先测某个局部区域，测区的其他部分留待以后再测。

当测区较大时，仅做一级控制不能满足测图要求时，可做多级控制，上一级的精度应比下一级的精度高一个层次，由高级到低级逐级布设，才能保证最后一级控制点的精度达到要求。

上述测量工作的基本程序可以归纳为"先控制后碎部""从整体到局部"和"由高级到低级"。对施工测量放样来说，也要遵循这个基本程序，先在整个建筑施工场地范围内进行控制测量，得到一定数量控制点的平面坐标和高程，然后以这些控制点为依据，在局部地区对逐个建（构）筑物进行轴线点测设，如果施工场地范围较大时，控制测量也应由高级到低级逐级加密布置，使控制点的数量和精度均能满足施工放样的要求。

二、测量工作的基本原则

测量成果的好坏直接或间接地影响工程的布局、成本、质量与安全等，特别是施工放样，如果出现错误，可能会造成难以挽回的损失。从上述测量基本程序可以看出，测量是一个多层次、多工序的复杂的工作，在测量过程中不但会有误差，稍不留神还可能会出现错误。为了杜绝错误，保证测量成果准确无误，我们在测量工作过程中必须遵循"边工作边检核"的基本原则，即在测量工作中，不管是外业观测、放样还是内业计算、绘图，每一步工作均应进行检核，上一步工作未作检核前不得进行下一步工作。实践证明，做好检核工作，可大大减少测量成果出错的机会，同时，由于每步都有检核，可以及早发现错误，减少了返工重测的工作量，对提高测量工作的效率也很有意义。

 第5节 测量的度量单位

测量上采用的长度、面积和角度的度量单位如下：

一、长度单位

我国测量工作中法定的长度计量单位为米（Meter）制单位：
1m（米）= 10dm（分米）= 100cm（厘米）= 1000mm（毫米）
1km（公里或千米）= 1000m（米）
在一些测量仪器中，还会用到英制长度计量单位，它与米制长度单位的换算关系如下：
1in（英寸）= 2.54cm
1ft（英尺）= 12in = 0.3048m
1yd（码）= 3ft = 0.9144m
1mile（英里）= 1760yd = 1.6093km
1n mile（海里）= 1.852km

二、面积单位

我国测量工作中法定的面积单位为平方米（m^2），大面积则用公顷（hm^2）或平方公里（km^2）；我国农业土地常用亩为面积计量单位。其换算关系如下：
$1m^2$（平方米）= $100dm^2$ = $10\,000cm^2$ = $1\,000\,000mm^2$
1 亩 = 10 分 = 100 厘 = 666.6667m^2
$1hm^2$（公顷）= $10\,000m^2$ = 15 亩
$1km^2$（平方公里）= $100hm^2$ = 1500 亩

三、角度单位

测量工作中常用的角度单位有 60 进制的度分秒（DMS——Degree，Minute，Second）制和弧度（Radian）制，此外还有每象限 100 进制的新度（Grade）制。这里只介绍度分秒制和弧度制。

$$1 \text{ 圆周} = 360°(\text{度})，1° = 60'(\text{分})，1' = 60''(\text{秒})$$

圆心角的弧度为该角所对弧长与半径之比。在推导测量学的公式和进行计算时，通常需要用弧度来表示；特别是计算机运算中角度也需要用弧度表示。如图 1-15a 所示，将弧长 L 等于半径 R 的圆弧所对的圆心角称为一个弧度，以 ρ 来表示，因此，整个圆周为 2π 弧度（取 $\pi = 3.141592654$）。弧度与度分秒角度的关系为：

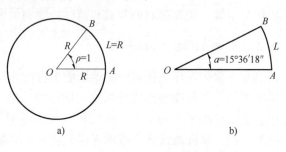

图 1-15　角度与弧度

$$2\pi \cdot \rho = 360°，\rho = \frac{180°}{\pi}$$

1 弧度（rad）相当于度分秒制的角度值为：

$$\rho° = \frac{180°}{\pi} = 57.2957795° \approx 57.3°$$

$$\rho' = \frac{180°}{\pi} \times 60 = 3437.74677' \approx 3438'$$

$$\rho'' = \frac{180°}{\pi} \times 360 = 206264.806'' \approx 206265''$$

角度的度、分、秒值，可按下式转化为弧度值：

$$a = \frac{a°}{\rho°} = \frac{a'}{\rho'} = \frac{a''}{\rho''}$$

在测量工作中，有时需要按圆心角 a 和半径 R 计算所对弧长 L。如图 1-15b 所示，已知 $R = 100\text{m}$，$a = 15°36'18''$，计算弧长 L：

$$a° = 15° + \left(\frac{36}{60} + \frac{18}{3600}\right)° = 15.605°$$

$$L = R \cdot a = R \cdot \frac{a°}{\rho°} = 100\text{m} \times \frac{15.605°}{57.2958°} = 27.236\text{m}$$

 思考与练习

1-1　测量学的任务是什么？

1-2　测量工作的基准面和基准线是什么？

1-3　确定地面点位的坐标系有哪些？城市和工程测量中常用哪种坐标系？

1-4　某地面点的经度为东经 $105°23'$，请问该点位于 6° 投影带的第几带？中央子午线的经度是多少？

1-5　某地面点 A 的 3° 带投影高斯坐标为 $x = 2527463.255\text{m}$，$y = 36521786.886\text{m}$，则 A 点位于第几带？该带中央子午线的经度是多少？A 点在该带中央子午线的哪一侧？该点距离中央子午线和赤道各多少米？

1-6 何谓绝对高程（海拔）？何谓相对高程（假定高程）？

1-7 现假定一水准面，其绝对高程为 174.876m，某点 A 相对该假定水准面的相对高程为 -54.231m，则 A 点的绝对高程为多少？

1-8 测量工作的程序和原则是什么？

1-9 设有 600m 长、300m 宽的矩形场地，其面积有多少公顷？合多少亩？

1-10 在半径 $R=80$m 的圆周上有一段 120m 长的圆弧，其所对的圆心角为多少弧度？用度分秒制表示时，应为多少度、分、秒？

1-11 $\angle A$ 为 $59°48'12''$，$\angle B$ 为 $78°33'03''$，$\angle B$ 比 $\angle A$ 大多少？

水 准 测 量

第2章

　　测量地面上各点高程的工作称为高程测量。测定地面点的高程时，一般是先测量点与点之间的高差，然后根据已知点的高程，推算未知点的高程。高程测量的方法有水准测量、三角高程测量、GPS 高程测量、气压高程测量等，其中水准测量法是最基本的一种方法，具有操作简便、精度高和成果可靠的特点，在大地测量、普通测量和工程测量中被广泛采用。本章主要介绍水准测量。

　　了解水准测量的仪器及工具、水准测量的误差来源及注意事项、水准仪的检验与校正、数字水准仪的使用。

　　掌握水准测量原理、自动安平水准仪的使用方法、普通水准测量方法以及水准测量成果的平差计算。

　　具备普通水准外业测量和内业计算的基本能力。

 第1节　水准测量原理

1. 水准测量的实质

　　水准测量的实质是测量两点之间的高差，是应用水准仪和几何原理测量两点之间的高差，故有时又称为几何水准测量。如图 2-1 所示，水准测量是测定 A 点到 B 点的高差 h_{AB}。

水准测量原理

2. 水准测量的基本原理

　　水准测量是利用水准仪提供的水平视线，对地面上两点的水准尺分别读数，求取两点之间的高差，然后由其中已知点的高程求出未知点的高程，如图 2-2 所示。

3. 高差法求未知点高程

　　利用水准仪提供的水平视线，分别读取 A 点水准尺上的读数 a 和 B 点的读数 b，则 A、B

两点的高差为：

$$h_{AB}=a-b \tag{2-1}$$

$$高差 = 后视读数 - 前视读数$$

如果 A 点的高程已知，B 点是待求高程点，则 B 点高程为：

$$H_B=H_A+h_{AB}=H_A+(a-b) \tag{2-2}$$

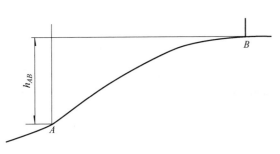

图 2-1 两点之间高差

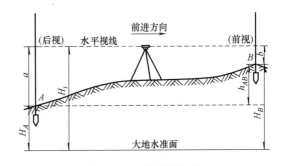

图 2-2 水准测量原理

A—后视点 a—后视读数 B—前视点 b—前视读数

例如：设 A 点的高程为 60.716m，若后视 A 点读数 a 为 1.124m，前视 B 点读数 b 为 1.428m，则 A、B 两点的高差

$$h_{AB}=a-b=1.124-1.428=-0.304m$$

B 点高程

$$H_B=H_A+h_{AB}=60.716+(-0.304)=60.412m$$

高差带有方向性，h_{AB} 表示 A 点到 B 点的高差，$h_{AB}=H_B-H_A$；h_{BA} 表示 B 点到 A 点的高差，$h_{BA}=H_A-H_B$。同时，高差还有正负之分，高差为正号表示上坡，即后视点低，前视点高；相反，高差为负号表示下坡，即后视点高，前视点低。

4. 视线高法求未知点高程

当要在一个测站上同时观测多个地面点的高程时，先观测后视读数，然后依次在待测点竖立水准尺，根据水准仪的视线高 H_i 来计算前视点 B 的高程。为简化计算，可把式（2-2）变换成

$$H_B=(H_A+a)-b \tag{2-3}$$

式中，H_A+a 实际上是水平视线的高程，称为视线高，用上式计算高程的方法称为视线高法，又称仪器高法，在实际测量工作中被广泛应用。

例如：设 A 为后视点，高程为 60.716m，后视 A 点读数 a 为 1.124m，在 5 个待定高程点的前视读数分别为 1.428m、2.096m、0.748m、3.416m、0.947m，此时采用视线高法求各待定点高程比较简便，方法如下。

水准仪视线高程等于后视点高程加后视读数：

$$H_A+a=60.716+1.124=61.840m$$

各待定点高程等于视线高程减其前视读数：

$$H_1=61.840-1.428=60.412m$$

$$H_2=61.840-2.098=59.742m$$

$$H_3=61.840-0.748=61.092m$$

$$H_4=61.840-3.416=58.424m$$

$$H_5=61.840-0.947=60.893m$$

5. 连续水准测量

当待测点 B 距离已知水准点 A 较远或高差较大，安置一次仪器无法测得其高差时，就需要在两点间设若干个作为传递高程的临时立尺点，逐站安置仪器，沿某条路线进行连续的水准测量，依次测出各站的高差，各站高差之和就是 A、B 两点间的高差，如图 2-3 所示。各站临时选定的作为传递高程的临时立尺点，称为"转点"。

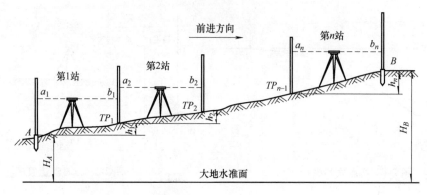

图 2-3　连续水准测量

有转点，连续设站观测的各站高差为

$$H_{A1} = h_1 = a_1 - b_1$$
$$H_{12} = h_2 = a_2 - b_2$$
$$\cdots$$
$$H_{(n-1)B} = h_n = a_n - b_n$$

A、B 两点间高差计算公式为

$$h_{AB} = \sum_{i=1}^{n} h_i = \sum_{i=1}^{n} a_i - \sum_{i=1}^{n} b_i \tag{2-4}$$

则，未知点的高程为

$$H_B = H_A + h_{AB} = H_A + \sum_{i=1}^{n} h_i \tag{2-5}$$

第 2 节　水准测量的仪器及工具

水准测量所使用的仪器为水准仪，工具为三脚架、水准尺和尺垫。水准仪按精度分有 DS_{10}、DS_3、DS_1、DS_{05} 等几种不同等级的仪器。"D"表示"大地测量仪器"，"S"表示"水准仪"，下标中的数字表示仪器能达到的观测精度——每公里往返测高差中误差（毫米）。例如，DS_3 型水准仪的精度为"±3mm"，DS_{05} 型水准仪的精度为"±0.5mm"。DS_{10} 和 DS_3 属普通水准仪，而 DS_1 和 DS_{05} 属精密水准仪。另外，从水准仪获得水平视线的方式来看，又可分为自动安平水准仪和微倾式水准仪。自动安平水准仪在字母后面加 Z，"Z"表示自动安平，如 DSZ_3。本章主要介绍常用的自动安平水准仪。

一、自动安平水准仪

根据水准测量的原理，水准仪的主要功能是提供一条水平视线，并能照准水准尺进行读数。因此，水准仪主要由望远镜、水准器以及基座三部分构成。图 2-4 所示为常见的 DSZ_3 自动安平水准仪。

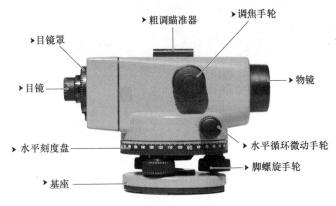

图 2-4　自动安平水准仪

自动安平水准仪的构造

（一）望远镜

望远镜是瞄准目标并在水准尺上进行读数的部件，主要由物镜、目镜、调焦透镜、十字丝分划板和补偿器组成。图 2-5 是 DSZ_3 型水准仪内部构造图。

（1）物镜是由几个光学透镜组成的复合透镜组，其作用是将远处的目标在十字丝分划板附近形成缩小而明亮的实像。

（2）目镜也由复合透镜组组成，其作用是将物镜所成的实像与十字丝一起进行放大，它所成的像是虚像。

（3）调焦透镜是安装在物镜与十字丝分划板之间的凹透镜。当旋转调焦螺旋，前后移动凹透镜时，可以改变由物镜与调焦透镜组成的复合透镜的等效焦距，从而使目标的影像正好落在十字丝分划板平面上，再通过目镜的放大作用，就可以清晰地看到被放大了的目标影像以及十字丝。

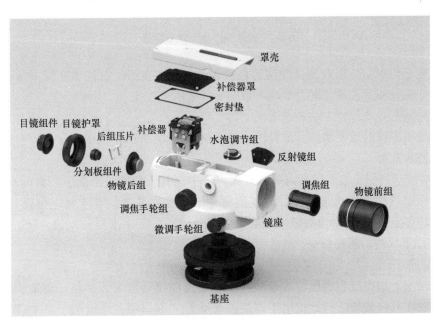

图 2-5　DSZ_3 型水准仪内部构造图

（4）十字丝分划板是一块圆形的刻有分划线的平板玻璃片，安装在金属环内。十字丝分划板上互相垂直的两条长丝，称为十字丝，是瞄准目标和读数的重要部件。其中竖直的一根（或双丝及其对称中丝）称为纵丝或竖丝，中间水平的一根称为横丝或中丝；横丝上下对称的短丝称为视距丝，用于在需要时以较低的精度测量距离。图 2-6 为水准仪上常见的十字丝分划板的图形。

图 2-6　十字丝分划板

（5）补偿器安置在望远镜内，自动安平水准仪是通过补偿器来完成自动安平的。补偿器是利用地球引力进行工作的。它将一组透镜用吊丝悬挂，在地球引力的作用下，悬挂的透镜始终垂直于地面。当仪器没完全整平时，如图 2-7a 所示，也就是望远镜视准轴倾斜了一个小角 α 时，由水准尺的 a_0 点过物镜光心 O 所形成的水平光线，不再通过十字丝中心 B，而通过偏离 B 点的 A 点处。这时由于十字丝分划板前面的补偿器透镜始终垂直于地面，使水平光线偏转 β 角，并恰好通过十字丝中心 B，则在视准轴有微小倾斜时，十字丝中心 B 仍能读出视线水平时的读数，从而达到自动补偿目的。

图 2-7b 是一般自动安平水准仪采用的补偿器，补偿器的构造是把屋脊棱镜固定在望远镜内，在屋脊棱镜的下方，用交叉的金属片吊挂两个直角棱镜，当望远镜倾斜时，直角棱镜在重力作用下与望远镜作相反的偏转，并借助阻尼器的作用很快地静止下来。当视准轴倾斜 α 时，实际上直角棱镜在重力作用下并不产生倾斜，水平光线进入补偿器后，沿实线所示方向行进，使水平视线恰好通过十字丝中心 A，达到补偿目的。

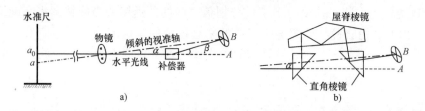

图 2-7　自动安平水准仪补偿器

物镜的光心与十字丝交点的连线称为视准轴，用 CC 表示，它是水准仪上重要的轴线之一，延长视准轴并使其水平，即为水准测量中所需的水平视线。

（二）水准器

水准器是水准仪的重要部件，借助于水准器才能使视准轴处于水平位置。自动安平水准仪上有一颗圆水准器。

如图 2-8 所示，圆水准器顶面内壁是球面，正中刻有一圆圈，圆圈中心为圆水准器零点。过零点的球面法线称为圆水准器轴。当气泡居中时，圆水准器轴处于竖直位置。不居中时，气泡中心偏离零点 2mm 所对应的圆水准器轴倾斜角值称为圆水准器分划值，DS$_3$ 水准仪一般为 $8' \sim 10'$，用于仪器的粗略整平。

（三）基座

基座由轴座、脚螺旋和底板等构成，其作用是支撑仪器的上部并与三脚架相连。轴座用于仪器的竖轴在其内旋转，脚螺旋用于调整圆水准器气泡居中，底板用于整个仪器与下部三脚架连接。

如图 2-9 所示，是南方测绘公司生产的 DSZ$_3$ 自动安平水准仪，补偿器工作范围为 $\pm 14'$，自动安平精度≤±0.3″，自动安平时间<2s，精度指标是每 1km 往返测高差中误差±1.5mm，可用于国家三、四等水准测量以及其他场合的水准测量。

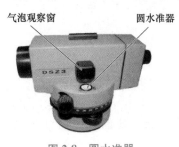

图 2-8 圆水准器

图 2-9 南方测绘 DSZ₃ 自动安平水准仪

二、三脚架

三脚架是测量仪器安置的支撑工具，通常为铝合金或木制制品，如图 2-10 所示，三脚架上的三条架脚一般可以伸缩，伸缩的长短由装在架脚的蝶形螺旋控制，三脚架的架头上有固定测量仪器的螺旋。高精度的水准测量通常使用不能伸缩的木制脚架。

三、水准尺

水准尺是水准测量使用的标尺，它用优质的木材、玻璃钢或铝合金等材料制成。常用的水准尺有铝合金塔尺、双面区格式木质标尺两种，如图 2-11 所示。

图 2-10 三脚架

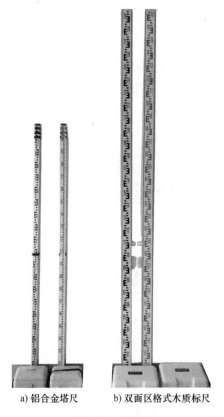

a) 铝合金塔尺　　b) 双面区格式木质标尺

图 2-11 水准尺

（一）铝合金塔尺

铝合金塔尺由两节至五节套接在一起，其长度有 3m、4m 和 5m 等，如图 2-11a 所示。塔尺最小分划为 1cm 或 0.5cm，一般为黑白相间或红白相间，底端起点均为零。每分米处有由点和数字组成的注记，点数表示米，数字表示分米，例如"5̇"表示 2.5m。塔尺由于存在接头，故精度低于直尺，但使用、携带方便，适用于地形图测绘和施工测量等。

（二）双面区格式木质标尺

双面区格式木质标尺尺长一般为 3m，两根尺为一对，如图 2-11b 所示。尺的双面均有刻划，正面为黑白相间，称为黑面尺（也称主尺）；背面为红白相间，称为红面尺（也称辅尺）。两面的最小刻划均为 1cm，在分米处注有数字。两根尺的黑面尺尺底均从零开始，而红面尺尺底，一根从 4.687m 开始，另一根从 4.787m 开始。在视线高度不变的情况下，同一根水准尺的红面和黑面读数之差应等于常数 4.687m 或 4.787m，这对常数称为尺常数，用 K 来表示，以此可以检核读数是否正确。

四、尺垫

尺垫由生铁铸成，如图 2-12 所示。其下部有三个支脚，上部中央有一凸起的半球体。尺垫用于进行多测站连续水准测量时，在转点上作为临时立尺点，以防止水准尺下沉和立尺点移动。使用时应将尺垫的支脚牢固地踩入地下，然后将水准尺立于其半球顶上。

图 2-12　尺垫

 第 3 节　自动安平水准仪的使用

自动安平水准仪的使用包括水准仪的安置、粗略整平、照准目标（即瞄准水准尺）和读数等基本操作步骤。

一、水准仪的安置

安置水准仪时，首先松开三脚架架脚上的蝶形螺旋，根据观测者的身高，调节好架脚的长度，拉开长度一般为将三脚架并拢垂直拉开至观

自动安平水准仪的使用

测者胸部，再拧紧蝶形螺旋。然后，张开三脚架，使一条架脚放稳在地，用双手分别握住另外两个架脚，调整架脚所处位置，目估使架头大致水平。最后，将三脚架脚尖踩入土中或使其与地面稳固接触。

将水准仪从箱中取出，置放在三脚架头上，一手握住仪器，一手用连接螺旋将仪器固连在三脚架上。

二、粗略整平

由于自动安平水准仪的补偿器的补偿范围有限，所以在安置仪器后，应用圆水准器进行粗略整平，使圆水准器气泡居中，此时仪器竖轴铅垂，视准轴水平。

整平的方法如下：

（1）在图 2-13a 中，设气泡未居中并位于 a 处，可按图中所示方向用两手同时相对转动脚螺旋①和②，使气泡从 a 处移至 b 处。

（2）用一只手转动另一脚螺旋③，如图 2-13b 所示，使气泡居中，如图 2-13c 所示。

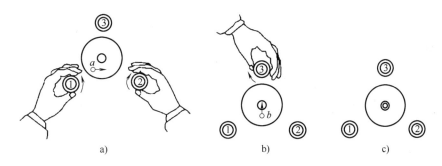

a)   b)   c)

图 2-13　整平方法

在整平过程中，要根据气泡偏移的位置判断应该旋转哪个脚螺旋，按照左手法则：即气泡移动的方向与左手大拇指旋转的方向一致。

三、照准目标

照准目标时先进行目镜调焦，把望远镜对着明亮的背景，转动目镜调焦螺旋，使十字丝清晰。再进行初步照准，旋转望远镜，用准星和照门瞄准水准尺。最后进行精确照准，从望远镜中观察，转动物镜调焦螺旋，使水准尺分划清晰，再转动微动螺旋，使十字丝竖丝靠近水准尺中线附近，如图 2-14 所示。

水准仪的十字丝横丝有三根，其中中间的长横丝即中丝，用于读取水准尺读数；上下两根短横丝即上丝和下丝，是用来粗略测量水准仪到水准尺的距离，也叫上、下视距线。上丝和下丝的读数也可用来检核中丝读数，即中丝读数应等于上、下丝读数的平均值。

照准目标后，眼睛在目镜端上下作少量移动，若发现目标影像和十字丝有相对运动，这种现象称为视差。产生视差的原因是目标的影像与十字丝分划板不重合。视差对读数的精度有较大影响，应认真对目镜和物镜进行调焦，直至消除视差。

四、读数

用中丝在水准尺上读数，直接读米、分米和厘米，估读毫米，共四位数，一般习惯是只报四位数字，而不是读出它们的单位。例如，图 2-14a 是 1cm 刻划的直尺，读数为 0.976；图 2-14b 是 1cm 刻划的塔尺，读数为 2.421；图 2-14c 是塔尺的另一面，刻划为 0.5cm，每厘米处注有读数，便于近距离观测，此处读数为 2.338。每次都应报出一个四位数字的读数。

读数时，注意从小往大读，若望远镜是正像，即是由下往上读；若望远镜是倒像，则是由上往下读。读完数后，还应检查气泡是否居中，以确定视线水平。若不居中，应先进行整平再对本站重新测量。

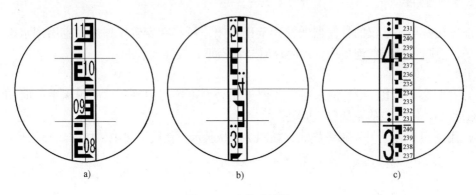

a)　　　　　　　　b)　　　　　　　　c)

图 2-14　水准尺读数

第 4 节　普通水准测量方法

水准测量通常从一个已知高程的水准点开始，按照一定的水准路线，测定从已知水准点到所需各待定点的高差，从而计算出所需各待定点的高程。

一、水准点

（一）永久性水准点

为了统一全国的高程系统和满足各种测量的需要，测绘部门在全国各地埋设了很多高程标志，称为水准点，是由专业测量单位按国家等级水准测量的要求观测其高程。这些水准点，按精度由高到低分为一、二、三、四等，称为国家等级水准点，埋设永久性标志。永久性水准点一般用混凝土制成，顶面嵌入不锈钢或不易锈蚀材料制成的半球状标志，标志的顶点代表水准点的点位。顶点高程，即为水准点高程，如图 2-15a 所示。

永久性水准点也可用金属标志埋设于基础稳固的建筑物墙脚上，称为墙脚水准点，如图 2-15b 所示。水准测量通常是从水准点开始，测量其他待定点的高程。

（二）临时性水准点

实际工作中常在国家等级水准点的基础上进行补充和加密，得到精度低于国家等级要求的水准点，这个测量工作称为等外水准测量或普通水准测量。根据具体情况，普通水准测量可按图 2-16a 埋设混凝土临时性水准点，也可按图 2-16b 埋设临时性水准点。临时水准点可利用地面突出的坚硬稳固的岩石用红漆标记；也可用木桩打入地下，桩顶钉一半球形铁钉。

水准点埋设之后，绘出水准点附近的草图，注明水准点编号，编号前通常加注 BM，以表示水准点，例如 BMA、BM5 等。

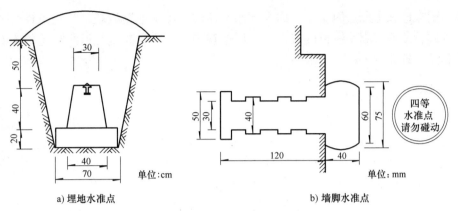

a) 埋地水准点　　　　　　　　　　　　　　b) 墙脚水准点

图 2-15　永久性水准点

二、水准路线

水准测量所经过的路线，称为水准路线。为了避免观测、记录和计算中发生人为误差，并保证测量成果能达到一定的精度要求，必须按某种形式布设水准路线。布设水准路线时，应考虑已知水准点、待定点的分布和实际地形情况，既要能包含所有待定点，又要能进行成果检核。水准路线的基本形式有：闭合水准路线、附合水准路线和支水准路线。

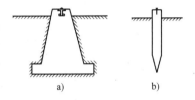

图 2-16　临时性水准点

（一）闭合水准路线

如图 2-17a 所示，从已知水准点 A 出发，沿高程待定点 1，2，…等进行水准测量，最后再回到原已知水准点 A，这种形式的路线，称为闭合水准路线。闭合水准路线高差代数和的理论值应等于零，即 $\sum h = 0$，利用这个特性可以检核观测成果是否正确。

（二）附合水准路线

如图 2-17b 所示，从已知水准点 A 出发，沿高程待定点 1，2，…等进行水难测量，最后附合另一已知水准点 B，这种形式的路线称为附合水准路线。附合水准路线高差代数和的理论值应等于起点 A 至终点 B 的已知高差，即 $\sum h = H_B - H_A$，利用这个特性也可以检核观测成果是否正确。

（三）支水准路线

如图 2-17c 所示，从已知水准点 A 出发，沿高程待定点 1，2，…等进行水准测量，既不

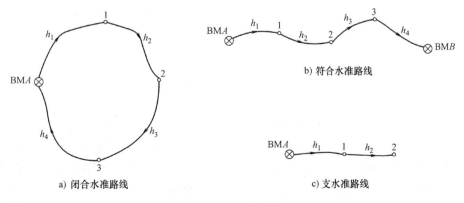

a) 闭合水准路线　　　　　　　　　b) 符合水准路线　　　　　　　　c) 支水准路线

图 2-17　水准路线

闭合，也不附合已知水准点的路线，称为支水准路线。支水准路线缺乏检核条件。一般要求进行往返观测，或者限制路线长度或点数。往返观测时，往测高差与返测高差的绝对值应相等，符号相反，即 $h_{12} = -h_{21}$。

三、普通水准测量方法

在用连续水准测量确定相隔较远或高差较大的两点之间的高差时，应当按照规定的观测程序进行观测，按一定的格式进行记录和计算，同时，在观测中还应进行各种检核。这样才能避免观测结果出错并达到一定的精度要求。不同等级的水准测量有各自相应的观测程序和记录格式，检核方法也有所不同。下面主要介绍普通水准测量的方法和要求。

路线水准测量方法

（一）观测程序

如图 2-18 所示方法，在两待测高差的水准点 A 和 B 之间，设置若干个转点，经过连续多站水准测量，测出 A、B 两点间的高差。

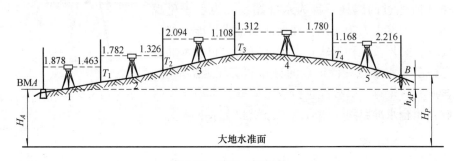

图 2-18　普通水准测量

具体观测步骤是：

（1）在 A 点前方适当位置，选择转点 T_1，放上尺垫，在 A、T_1 点上分别立水准尺。在距 A 和 T_1 大致相等的 1 处安置水准仪，调节圆水准器，使水准仪粗平。

（2）照准后视点 A 上水准尺，读取中丝读数 a_1，记入表 2-1 中 A 点后视读数栏内。

（3）旋转望远镜，照准前视点 T_1 上水准尺，读取中丝读数 b_1，记入 1 点前视读数栏内。

（4）按式（2-1）计算 A 至 T_1 点高差 h_1，记入测站 1 的高差栏内。至此完成了第一个测站的观测。

（5）在 1 点前方适当位置，选择转点 T_2，放上尺垫，将 A 点水准尺移至 T_2 点，T_1 点水准尺不动，将水准仪由 1 处移至距 T_1 和 T_2 点大致相等的 2 处。将水准仪粗平后，按（2）～（4）所述步骤和方法，观测并计算出 T_1 至 T_2 点高差 h_2。同理连续设站，直至测出最后一个转点至水准点 B 之间的高差。

这样，便将已知点 BMA 的高程通过 T_1 传递到 T_2，又从 T_2 传递到 T_3……，最后传递到未知点 B。

测量上把这些起着传递高程作用的点 T_1、T_2……称为转点。显然，如果对转点上水准尺的观测出错（如点的位置变动、土质松软引起尺子下沉太多、读数错误、记录错误等），那么，这个错误就会一直传递到最后，使未知点 B 对已知点 BMA 的高差中也带有这种错误，这是不允许的。因此，对于每个转点的观测都必须认真仔细，不能出错。同时，转点应选在土质坚硬的地面上，并将尺垫置于转点的位置（已知点 BMA 和未知点 B 不能安放尺垫）。尤其要注意的是，当把仪器从一个测站搬至另一个测站时，前视尺垫不能移动，且观测过程中，不允许碰动尺垫，如有碰动，则由此测站到起点（已知点、未知点或其他固定点）的观测成果应予报废，并进行重测。

（二）高程计算

全部观测完成后，将各测站的高差相加，即得总高差，然后按式（2-2）计算待定点 B 的高程，计算过程和结果见表 2-1。

表 2-1　水准测量手簿

测站	点号	后视读数/m	前视读数/m	高差/m	高程/m	备注
1	BMA	1.878			76.668	已知水准点
	T_1	1.782	1.463	0.415	77.083	转点
2	T_2	2.094	1.326	0.456	77.539	转点
3	T_3	1.312	1.108	0.986	78.525	转点
4	T_4	1.168	1.780	-0.468	78.057	转点
5	B		2.216	-1.048	77.009	待定点
计算检核		$\sum a = 8.234$	$\sum b = 7.893$	$\sum h = 0.341$	77.009-76.668=0.341	
		8.234-7.893=0.341				

（三）水准测量的检核工作

1. 计算检核

为了保证计算正确无误，对记录表中每一页所计算的高差和高程要进行计算检核。即后视读数总和减去前视读数总和、高差总和、待定点高程与 A 点高程之差值，这三个数字应当相等。否则，计算有错。例如，水准测量手簿中，三者结果均为 0.341，说明计算正确。

在计算时，先检核高差计算是否正确，当高差计算正确后再进行高程的计算。水准测量手簿中各转点的高程也可不必逐一计算，用 A 点高程加上高差总和即为 B 点的高程。

此外，计算检核只能检查计算是否正确，对读数不正确等观测过程中发生的错误，是不能通过计算检核检查出来的。

2. 测站检核

计算检核只能检查计算是否正确，若任一测站上的后视读数或者前视读数不正确，或者观测质量太差，计算检核不能检核出来，这都将影响高程的正确性和精度。因此，可在每个测站上进行测站检核，一旦发现错误或不满足精度要求，必须及时重测。测站检核主要采用双面尺法和变动仪器高度法。

（1）双面尺法。利用双面水准尺，在每一测站上，保持仪器高度不变，分别读取后视和前视的黑面与红面读数，按（2-1）式分别计算出黑面高差 $h_\text{黑}$ 和红面高差 $h_\text{红}$。由于两水准尺的黑面底端起点读数相同，而红面底端起点读数相差 100mm，应在红面高差 $h_\text{红}$ 中加或减 100mm 后，再与黑面高差 $h_\text{黑}$ 进行比较，两者之差不超过容许值（等外水准容许值为 6mm）时，说明满足要求，取黑、红面高差平均值作为两点之间的高差，否则，应立即重测。

（2）变动仪器高度法。在每个测站上，读后尺和前尺的读数，计算高差后，应重新安置仪器（一般将仪器升高或降低 10cm 左右），再测一次高差，两次高差之差的容许值与双面尺法相同，满足要求时取平均值作为两点之间的高差；否则重测。

3. 路线检核

测站检核只能检核一个测站上是否存在错误或误差是否超限。仪器误差、估读误差、转点位置变动的错误、外界条件影响等，虽然在一个测站上反应不明显，但随着站数的增多就会使误差积累，就有可能使误差超过限差。因此为了正确评定一条水准路线的测量成果精度，应进行整条水准路线的成果检核。水准路线检核方法一般有以下三种：

（1）附合水准路线检核。附合水准路线高差代数和的理论值等于起点 A 至终点 B 的已知高差，即 $\sum h = H_B - H_A$。

（2）闭合水准路线检核。闭合水准路线高差代数和的理论值等于零，即 $\sum h = H_{A1} - H_{An} = 0$。

（3）支水准路线检核。支水准路线要进行往返观测，往测高差与返测高差的代数为零，即 $\sum h_{往} + \sum h_{返} = 0$。

第 5 节   水准测量成果计算

水准测量成果计算的目的是根据水准路线上已知水准点高程和各段观测高差，计算出高差闭合差，按一定规则，将高差闭合差分配到各测段高差，求出待定水准点高程。在计算时，首先要检查外业观测手簿，计算各段路线两点间高差。经检核无误后，检核整条水准路线的观测误差是否达到精度要求，若没有达到要求，要进行重测；若达到要求，可把观测误差按一定原则平差调整后，再求取待定水准点的高程。具体内容包括以下几个方面：计算高差闭合差；当高差闭合差满足限差要求时，调整高差闭合差；求改正后高差；计算待定点高程。

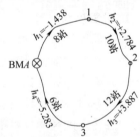

图 2-19   闭合水准路线

一、闭合水准路线的成果计算

图 2-19 为一条闭合水准路线，由四段组成，各段的观测高差和测站数如图所示，箭头表示水准测量进行的方向，BMA 为水准点，高程为 86.365m，1、2、3 点为待定高程点。

水准路线成果计算见表 2-2，计算前先将有关的已知数据和观测数据填入表内相应栏目内，然后按以下步骤进行计算。

表 2-2   水准测量成果计算表

测段编号	点名	测站数	观测高差/m	改正数/m	改正后高差/m	高程/m	备注
1	BMA	8	-1.438	0.011	-1.427	86.365	已知水准点
2	1	10	2.784	0.014	2.798	84.938	
3	2	12	3.887	0.017	3.904	87.736	
4	3	6	-5.283	0.008	-5.275	91.640	
Σ	BMA	36	-0.050	0.050	0.000	86.365	已知水准点

辅助计算	高差闭合差：$F_h = \sum h = -0.050\text{m}$ 高差闭合差允许值：$F_{h允} = \pm 12 \sqrt{36} = \pm 72\text{mm}$ 成果合格

（一）计算高差闭合差

一条水准路线的实际观测高差与已知理论高差的差值称为高差闭合差，用 f_h 表示，即

$$f_h = 观测值 - 理论值 \tag{2-6}$$

对于闭合水准路线，高差闭合差观测值为路线高差代数和，即 $\sum h_测 = h_1 + h_2 + \cdots + h_n$，理论值 $\sum h_理 = 0$，按（2-6）式有：

$$f_h = \sum h_测 \tag{2-7}$$

将表 2-2 中的观测高差代入式（2-7），得高差闭合差为 $f_h = -0.050\text{m} = -50\text{mm}$。

（二）高差闭合差的容许值

高差闭合差 f_h 被用于检核测量成果是否合格。如果 f_h 不超过高差闭合差容许值 $f_{h容}$，则成果合格；否则，应查明原因，重新观测。对于普通水准测量，平地和山地的高差闭合差容许值分别为：

$$平地 f_{h容} = \pm 40\sqrt{L}\,\text{mm} \tag{2-8}$$

$$山地 f_{h容} = \pm 12\sqrt{n}\,\text{mm} \tag{2-9}$$

式中，L 为水准路线长度，以公里计；n 为水准路线的测站数。当每公里水准路线中测站数超过 16 站时，可认为是山地，采用式（2-9）计算容许差。

将表 2-2 中的测站数累加，得总测站数 $n = 36$，代入式（2-9）得高差闭合差的容许值为

$$f_{h容} = \pm 12\sqrt{36} = \pm 72\text{mm}$$

由于 $|f_h| < |f_{h容}|$，精度符合要求。

（三）高差闭合差的调整

高差闭合差调整的目的，是将水准路线中的各段观测高差加上一个改正数，使得改正后高差总和与理论值相等。在同一条水准路线上，可认为观测条件相同，即每公里（或测站）出现误差的可能性相等，因此，可将闭合差反号后，按与距离（或测站数）成比例分配原则，计算各段高差的改正数，然后进行相应的改正。计算过程如下：

1. 改正数

对于第 i 段观测高差（$i = 1, 2, \cdots, n$），其改正数 v_i 的计算公式为

$$v_i = -\frac{f_h}{\sum L} \cdot L_i \tag{2-10}$$

或

$$v_i = -\frac{f_h}{\sum n} \cdot n_i \tag{2-11}$$

式中，$\sum L$ 为水准路线总长度，L_i 为第 i 测段长度；$\sum n$ 为水准路线总测站数，n_i 为第 i 测段站数。将各段改正数均按上式求出后，记入改正数栏。高差改正数凑整后的总和，必须与高差闭合差绝对值相等，符号相反。

将表 2-2 中的数据代入式（2-11）得各段高差的改正数为

$$v_1 = -\frac{-0.050}{36} \times 8 = 0.011\text{m}$$

$$v_2 = -\frac{-0.050}{36} \times 10 = 0.014\text{m}$$

$$v_3 = -\frac{-0.050}{36} \times 12 = 0.017\text{m}$$

$$v_4 = -\frac{-0.050}{36} \times 6 = 0.008\text{m}$$

由于 $\sum v = 0.050\text{m} = -f_h$，说明改正数的计算正确，可以进行下一步的计算。

2. 求改正后的各段高差

将各观测高差与对应的改正数相加，可得各段改正后高差，计算公式为

$$h_{i\text{改}} = h_i + v_i \tag{2-12}$$

式中，$h_{i\text{改}}$ 为改正后的高差，h_i 为原观测高差，v_i 为该高差的改正数。改正后高差总和应等于高差总和的理论值。

将表 2-2 中的观测高差与其改正数代入式（2-12），得各段改正后的高差为

$$h_{1\text{改}} = -1.438 + 0.011 = -1.427\text{m}$$
$$h_{2\text{改}} = 2.784 + 0.014 = 2.798\text{m}$$
$$h_{3\text{改}} = 3.887 + 0.017 = 3.904\text{m}$$
$$h_{4\text{改}} = -5.283 + 0.008 = -5.275\text{m}$$

由于 $\sum h_{i\text{改}} = 0.000$，说明改正后高差计算正确。

（四）高程计算

根据改正后高差，从起点 A 开始，逐点推算出各待定水准点高程，直至终点 3，记入高程栏。为了检核高程计算是否正确，对闭合水准路线应继续推算到起点 A，A 的推算高程应等于已知高程。

根据表 2-2 的已知高程和改正后高差，得各点的高程为

$$H_1 = 86.365 + (-1.427) = 84.938\text{m}$$
$$H_2 = 84.938 + 2.798 = 87.736\text{m}$$
$$H_3 = 87.736 + 3.904 = 91.640\text{m}$$
$$H_A = 91.640 + (-5.275) = 86.365\text{m}$$

上述计算中，A 的推算高程 H_A 等于其已知高程，说明高程计算正确。

二、附合水准路线的成果计算

图 2-20 为一条附合水准路线，由四段组成，起点 A 的高程为 46.978m，终点 B 的高程为 47.733m，各段观测高差和路线长度如图所示，要计算 1、2、3 点的高程。

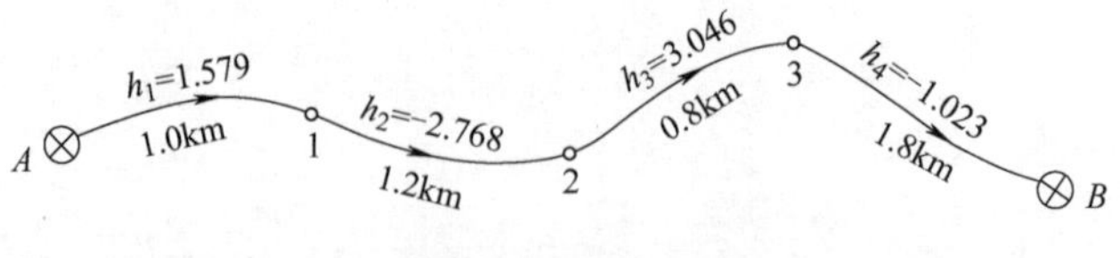

图 2-20　符合水准路线

附合水准路线成果计算的步骤与闭合水准路线成果计算的方法与步骤基本一样，只是在闭合差计算公式有一点区别。这里着重介绍闭合差的计算方法，其他计算过程不再详述，计算结果见表 2-3。

（一）闭合差计算

在计算附合水准路线闭合差时，观测值为路线高差代数和，即 $\sum h_{\text{测}} = h_1 + h_2 + \cdots + h_n$，理论值 $\sum h_{\text{理}} = H_{\text{终}} - H_{\text{起}}$，按式（2-6）有

$$f_h = \sum h_{\text{测}} - (H_{\text{终}} - H_{\text{起}}) \tag{2-13}$$

将表 2-3 的观测高差总和以及 A、B 两点的已知高程代入上式得闭合差为

$$f_h = 0.834 - (47.733 - 46.978) = 0.079\text{m}$$

表 2-3 水准测量成果计算表

测段编号	点名	距离/km	实测高差/m	改正数/m	改正后高差/m	高程/m	备注
1	A	1.0	1.579	-0.016	1.563	46.978	
2	1	1.2	-2.768	-0.020	-2.788	48.541	A、B 为已知点
3	2	0.8	3.046	-0.013	3.033	45.753	
4	3	1.8	-1.023	-0.030	-1.053	48.786	
Σ	B	4.8	0.834	-0.079	0.755	47.733	

辅助计算	高差闭合差：$f_h = \sum h - (H_B - H_A) = 0.834 - (47.733 - 46.978) = 0.079\text{m}$ 高差闭合差允许值：$f_{h允} = \pm 40\sqrt{4.8} = \pm 88\text{mm}$ 成果合格

高差闭合差的容许值：由于只有路线长度数据，因此按式（2-8）计算高差闭合差的容许值，即

$$f_{h容} = \pm 40\sqrt{L} = \pm 40\sqrt{4.8} = \pm 88\text{mm}$$

由于 $|f_h| < |f_{h容}|$，精度符合要求。

（二）高差闭合差的调整

本例中高差闭合差的调整，是将闭合差进行反号后，按与距离成比例分配原则，计算各段高差的改正数，然后再进行相应的改正。其中，改正数用式（2-10）计算，改正后高差用式（2-12）计算，计算结果填在表 2-3 的相应栏目内。

（三）高程计算

根据改正后高差，从起点 A 开始，逐点推算出各待定水准点高程，直至 B 点，记入高程栏。若 B 点的推算高程等于其已知高程，则说明高程计算正确。本例计算结果见表 2-3。

三、支水准路线的成果计算

如图 2-21 所示，某支水准路线的已知点 A 的高程 $H_A = 167.573\text{m}$，从 A 点到 P 点的往测高差和返测高差分别为 $h_往 = -2.458\text{m}$、$h_返 = +2.476\text{m}$，往返测总测站数 $n = 9$。

（一）求往、返测高差闭合差

支水准路线往返观测时，往测高差与返测高差代数和的观测值为 $h_往 + h_返$，理论值为零，按式（2-6）有

$$f_h = h_往 + h_返 \tag{2-14}$$

因此这里的闭合差为 $f_h = -2.458 + 2.476 = +0.018\text{m}$。

（二）容许差

支路线高差闭合差的容许值与闭合路线及附合路线一样，这里将测站数代入式（2-9）得

$$f_{h容} = \pm 12\sqrt{n} = \pm 12\sqrt{9} = \pm 36\text{mm}$$

由于 $|f_h| < |f_{h容}|$，精度符合要求。

（三）求改正后高差

支水准路线往返测高差的平均值即为改正后高差，符号以往测为准，因此计算公式为

$$h = \frac{h_{往} - h_{返}}{2} \tag{2-15}$$

这里改正后的高差为

$$h = \frac{-2.458 - 2.476}{2} = -2.467\text{m}$$

（四）计算高程

待定点 P 的高程为

$$H_P = H_A + h = 167.573 - 2.467 = 165.106\text{m}$$

第6节　水准测量的误差来源及其注意事项

水准测量误差来源于仪器误差、观测误差和外界条件的影响三个方面。在水准测量作业中，应注意根据产生误差的原因，采取相应措施，尽量消除或减弱其影响。

一、仪器误差

1. 水准管轴与视准轴不平行误差（i 角误差）

水准管轴不平行于视准轴的 i 角误差虽经校正，但仍然存在少量残余误差，使读数产生误差。在观测时应使前、后视距尽量相等，便可消除或减弱此项误差的影响。

2. 十字丝横丝与竖轴不垂直误差

由于十字丝横丝与竖轴不垂直，横丝的不同位置在水准尺上的读数不同，从而产生误差。观测时应尽量用横丝的中间位置读数。

3. 水准尺误差

水准尺刻划不准、尺子弯曲、底部零点磨损等因素，都会影响读数精度，因此水准测量前必须用标准尺进行检验。若水准尺刻划不准、尺子弯曲，则该尺不能使用；若是尺底零点不准，则应在起点和终点使用同一根水准尺，使其误差在计算中抵消。

二、观测误差

1. 水准管气泡居中误差

水准测量时，视线水平是通过水准管气泡居中来实现的。由于气泡居中存在误差，会使视线偏离水平位置，从而带来读数误差。气泡居中误差对读数所引起的误差与视线长度有关，距离越远误差越大。水准测量时，每次读数时要注意使气泡严格居中，而且距离不宜太远。

2. 估读水准尺误差

在水准尺上估读毫米时，由于人眼分辨力以及望远镜放大倍率是有限的，会使读数产生误差，观测者的读数习惯也会使读数产生误差。估读误差与望远镜放大倍率以及视线长度有关。在水准测量时，应遵循不同等级的测量对望远镜放大倍率和最大视线长度的规定，以保证估读精度。观测者读数时不应习惯往大的数或往小的数读数。

3. 视差

目镜和物镜调焦不到位时产生的视差对读数影响很大，观测时要仔细对目镜和物镜进行调焦，严格消除视差。

4. 水准尺倾斜误差

水准尺倾斜，总是使读数增大。倾斜角越大，造成的读数误差就越大。所以，水准测量时，应尽量使水准尺竖直。

三、外界条件的影响

1. 仪器下沉的影响

仪器下沉将使视线降低，从而引起高差误差，在测站上采用"后、前、前、后"观测程序，可以减弱仪器下沉对高差的影响。

2. 尺垫下沉的影响

在土质松软地带，尺垫往往下沉，引起下站后视读数增大。采用往返观测取高差平均值，可减弱此项误差影响。

3. 地球曲率及大气折光的影响

由于地球曲率和大气折光的影响，测站上水准仪的水平视线，相对于与之对应的水准面，会在水准尺上产生读数误差，视线越长误差越大。前、后视距相等，则地球曲率与大气折光对高差的影响将得到消除或减弱。

4. 温度的影响

温度变化不仅引起大气折光的变化，当烈日照射水准管时，还会使水准管本身和管内液体温度升高，气泡向着温度高的方向移动，影响视线水平。因此，水准测量时，应选择有利观测时间，阳光较强时，应撑伞遮阳。

第 7 节　水准仪的检验与校正

在水准测量前，应对所使用的水准仪进行检验与校正。在检验较正时，先做一般性检查，内容包括：制动、微动螺旋和目镜、物镜调焦螺旋是否有效；微倾螺旋、脚螺旋是否灵活；连接螺旋与三脚架头连接是否可靠；架脚有无松动。

水准仪的检验与校正，主要是检验仪器各主要轴线之间的几何条件是否满足要求，若不满足，则应校正。

一、水准仪应满足的几何条件

如图 2-22 所示，水准仪的主要轴线有：视准轴 CC、水准管轴 LL、圆水准器轴 $L'L'$ 和竖轴（仪器旋转轴）VV。此外，还有读取水准尺上读数的十字丝横丝。

水准测量中，通过调水准管使气泡居中（水准管轴水平），实现视准轴水平，从而正确测定两点之间的高差，因此，水准管必须平行于视准轴，这是水准仪应满足的主要条件；通过调圆水准器使气泡居中（圆水准器轴铅垂）实现竖轴铅垂，从而使水准旋转到任意方向上，都易于水准管气泡居中，因此，圆水准器轴应平行于竖轴；另外，竖轴铅垂时，十字丝横丝应水平，以便于在水准尺上读数，因此，十字丝横丝

水准仪的轴线关系

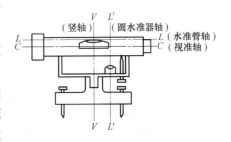

图 2-22　水准仪主要轴线

应垂直于竖轴。综上所述，水准仪应满足下列条件：

（1）圆水准器轴平行于竖轴（$L'L' /\!/ VV$）。

（2）十字丝横丝垂直于竖轴。

（3）水准管轴平行于视准轴（$LL /\!/ CC$）。

上述条件在仪器出厂时一般能够满足，但由于仪器在运输、使用中会受到震动、磨损，轴线间的几何条件可能有些变化，因此，在水准测量前，应对所使用的仪器按上述顺序进行检验与校正。

二、检验与校正

（一）圆水准器轴平行于竖轴的检验与校正

1. 检验

水准仪圆水准轴的检校

转动基座脚螺旋使圆水准器气泡居中，则圆水准器轴处于铅垂位置。若圆水准器轴不平行于竖轴，如图 2-23a 所示，设两轴的夹角为 α，则竖轴偏离铅垂方向 α。将望远镜绕竖轴旋转 180° 后，竖轴位置不变，而圆水准器轴移到图 2-23b 所示位置，此时，圆水准器轴与铅垂线之间的夹角为 2α，此角值的大小由气泡偏离圆水准器零点的弧长表现出来。因此，检验时，只要将水准仪旋转 180° 后发现气泡不居中，就说明圆水准器轴与竖轴不平行，需要校正，而且校正时只要使气泡向零点方向返回一半，就能达到圆水准器轴平行于竖轴的目的。

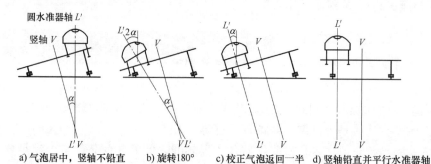

a) 气泡居中，竖轴不铅直　　b) 旋转180°　　c) 校正气泡返回一半　　d) 竖轴铅直并平行水准器轴

图 2-23　圆水准器轴平行于竖轴的检验与校正

2. 校正

用拨针调节圆水准器下面的 3 个校正螺丝，如图 2-24 所示。先使气泡向零点方向返回一半，如图 2-23c 所示，此时气泡虽不居中，但圆水准器轴已平行于竖轴，再用脚螺旋调气泡居中，则圆水准器轴与竖轴同时处于铅垂位置，如图 2-23d 所示。这时仪器无论转到任何位置，气泡都将居中。

校正工作一般需反复多次，直至气泡不偏出圆圈为止。

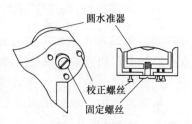

图 2-24　圆水准器校正

（二）十字丝横丝垂直于竖轴的检验与校正

1. 检验

安置和整平仪器后，用横丝与竖丝的交点瞄准远处的一个明显点 M，如图 2-25a 所示，拧紧制动螺旋，慢慢转动微动螺旋，并进行观察。若 M 点不离开横丝，如图 2-25b 所示，说明横丝垂直于竖轴；若

水准仪横丝的检校

M 点逐渐离开横丝，在另一端产生一个偏移量，如图 2-25c 所示，则横丝不垂直于竖轴。

2. 校正

旋下目镜处的护盖，用螺丝刀松开十字丝分划板座的固定螺丝，如图 2-26 所示，微微旋转十字丝分划板座，使 M 点移动到十字丝横丝，最后拧紧分划板座固定螺丝，上好护盖。此项校正要反复几次，直到满足条件为止。

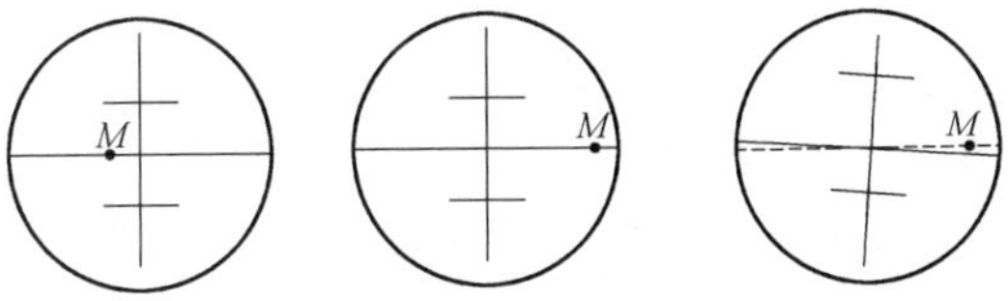

a) 瞄准 M 点   b) M 点不偏离横丝   c) M 点偏离横丝

图 2-25   十字丝的检验与校正

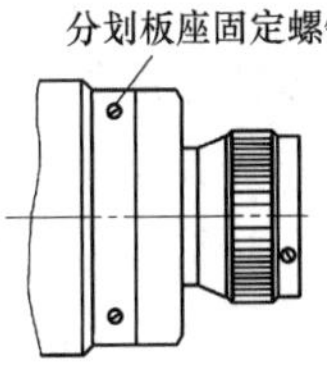

分划板座固定螺钉

图 2-26   分划板座固定螺丝

（三）水准管轴平行于视准轴的检验与校正

1. 检验

若水准管轴不平行于视准轴，它们之间的夹角用 i 表示，亦称 i 角。当水准管气泡居中时，视准轴相对于水平线将倾斜 i 角，从而使读数产生偏差 x。如图 2-27 所示，读数偏差与水准仪至水准尺的距离成正比，距离愈远，读数偏差愈大。若前后视距相等，则 i 角在两水准尺上引起的读数偏差相等，从而由后视读数减前视读数所得的高差不受此影响。

水准仪 i 角的检校

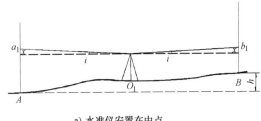 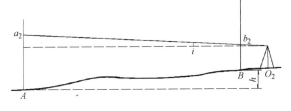

a) 水准仪安置在中点   b) 水准仪安置在一端

图 2-27 i 角检验

（1）在平坦地面上选定相距约 80m 的 A、B 两点，打入木桩或放尺垫后立水准尺。先用皮尺量出与 A、B 距离相等的 O_1 点，在该点安置水准仪，分别读取 A、B 两点水准尺的读数 a_1 和 b_1，得 A、B 点之间的高差 h_1

$$h_1 = a_1 - b_1$$

由于距离相等，视准轴与水准管轴即使不平行，产生的读数偏差也可以抵消，因此 h_1 可以认为是 A、B 点之间的正确高差。为确保此高差的准确，一般用双面尺法或变动仪器高度法进行两次观测，若两高差之差不超过 3mm，则取两高差平均值作为 A、B 两点的高差。

（2）把水准仪安置在距 B 点约 3m 的 O_2 点，分别读取 A、B 两点水准尺的读数 a_2 和 b_2。因水准仪至 B 点尺很近，其 i 角引起的读数偏差可近似为零，即认为读数 b_2 正确。由此，可计算出水平视线在 A 点尺上的读数应为

$$a_2' = h_1 + b_2$$

若 $a_2 = a_2'$，说明两轴平行；若 $a_2 \neq a_2'$，则两轴之间存在 i 角，其值为：

$$i = \frac{a_2' - a_2}{D_{AB}} \rho''$$

式中，D_{AB} 为 A、B 两点平距，$\rho'' = 206265''$。对于 DS_3 型水准仪，i 角值大于 $20''$ 时，需要进行校正。

例如：设 AB 两点距离为 80m，仪器安置在 A、B 两点中点时，在 A、B 两点尺的读数分别为 $a_1 = 1.583$，$b_1 = 1.132$；

（1）把仪器安置在靠近 B 端约 3m 处，在 A、B 两点尺的读数分别为 $a_2 = 1.682$，$b_2 = 1.248$；

（2）计算仪器处于中间位置时，A、B 两点的高差为 $h_1 = a_1 - b_1 = 1.583 - 1.132 = 0.451$；

（3）计算当靠近 B 端约 3m 处 A 点尺的正确读数为：$a_2' = h_1 + b_2 = 0.451 + 1.248 = 1.699$；

（4）计算 i 角：$i = \frac{a_2' - a_2}{D_{AB}} \rho'' = \frac{1.699 - 1.682}{80} \times 206265'' = 44''$。

i 角值大于 $20''$，需要进行校正。

2. 校正

（1）在 O_2 点进行，取下十字丝分划板护罩，如图 2-28 所示。

（2）用内六角扳手松动或拧紧分划板校正螺钉，使分划板刻线的中丝对准 A 点标尺的正确读数 $a_2' = h_1 + b_2$。

（3）重复上述步骤反复检查、校正，直到 i 角小于 $20''$ 为止。

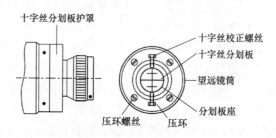

图 2-28　i 角校正

 第8节　数字水准仪的使用

数字水准仪又称电子水准仪。数字水准仪的光学系统采用了自动安平水准仪的基本形式，是一种集电子、光学、图像处理和计算机技术于一体的自动化智能水准仪。它是在仪器望远镜光路中增加了分光镜和光电探测器（CCD 阵列）等部件，采用条形码分划水准尺和图像处理电子系统构成光、机、电以及信息存储与处理的一体化水准测量系统。

如图 2-29 所示为南方测绘数字水准仪 DL-202，DL-202 的显示界面全部为中文，同时内置了水准测量规范的观测程序。它由基座、水准器、望远镜、操作面板和数据处理系统组成。数字水准仪内藏应用软件和良好的操作界面，可以完成读数、数据储存和处理、数据采集自动化等工作，具有速度快、精度高、作业劳动强度小，实现内外业一体化等优点。

图 2-29　数字水准仪

一、条码水准尺

条码水准尺是和数字水准仪配套使用的专用水准尺，如图 2-30a 所示，它由玻璃纤维塑料制成，或用钢刚作为尺面镶嵌在尺基上制成，全长为 2~4.05m。尺面上刻相互嵌套、宽度不同、黄黑相间的码条（或称条码），该条码相当于普通水准尺上的分划和注记。条码水准尺在望远镜视场中的情形如图 2-30b 所示。

二、数字水准仪测量原理

数字水准仪的关键技术是自动电子读数及数据处理,目前各厂家采用了原理上相差较大的三种数据处理算法方案。瑞士徕卡 NA 系列采用相关法,德国蔡司 DiNi 系列采用几何法,日本拓普康 DL 系列采用相位法,三种方法各有优势。当用望远镜照准标尺并调焦后,标尺上的条形码影像入射到分光镜上,分光镜将其分为可见光和红外光两部分,可见光影像成像在分划板上,供目视观测;红外光影像成像在 CCD 线阵光电探测器上,探测器将接收到的光图像先转换成模拟信号,再转换为数字信号传送给仪器的处理器,通过与机内事先存储好的标尺条形码本源数字信息进行相关比较,当两信号处于最佳相关位置时,即可获得水准尺上的水平视线读数和视距读数,最后将处理结果存储并送往屏幕显示。

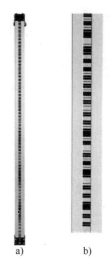

图 2-30　条码水准尺

三、数字水准仪的使用方法与步骤

数字水准仪的使用步骤同自动安平水准仪一样,分为整平、照准和读数三步。现以南方测绘 DL-202 型为例介绍其操作方法。

1. 整平

同普通水准仪一样,转动脚螺旋使圆水准器的气泡居中即可,而后打开仪器电源开关开机,仪器进行自检,当仪器自检合格后显示器显示菜单程序清单,此时即可进行测量工作。

2. 照准

先转动目镜调焦螺旋,看清十字丝;而后照准标尺,用十字丝竖丝照准条码尺中央,转动目镜调焦螺旋,清除视差,看清目标。

3. 读数

按相应键选择测量模式和测量程序,测量并记录测量数据。如轻按一下测量按键,显示器将显示水准尺读数;按测距键即可得到仪器至水准尺的距离,如按相应键即可得到所需要的相应数据。若在"测量并记录"模式下,仪器将自动记录测量数据。

当测量高程时,后视观测完毕后,仪器自动显示提示符提醒测量员观测前视;当前视观测完毕后仪器又自动显示提示符提醒进行下一测站后视的观测;如此连续进行直至终点。仪器显示的待测点的高程是依照前一站转点的高程推算的。一站观测完毕,按相应键结束测量工作,迁站。

 思考与练习

2-1　水准测量的实质是什么?

2-2　什么叫后视点、前视点以及转点?什么叫后视读数、前视读数?

2-3　什么叫视差?产生视差的原因是什么?如何消除视差?

2-4　水准测量的测站检核方法有哪些?

2-5　将图 2-31 中水准测量观测数据按表 2-1 格式填入表 2-4 水准测量手簿中,计算各测站的高差和 B 点的高程,并进行计算检核。

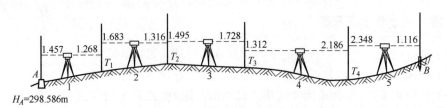

图 2-31　水准测量观测数据

表 2-4　水准测量手簿

测站	点号	后视读数/m	前视读数/m	高差/m	高程/m	备注
						已知水准点
计算检核		$\sum a =$	$\sum b =$			
				$\sum h =$		

2-6　图 2-32 为一条等外水准路线，已知数据及观测数据如图所示，请在表 2-5 中计算相应数据。

2-7　水准测量误差主要来源有哪些？应如何减弱或消除？

2-8　水准仪有哪些轴线？它们之间应满足哪些条件？

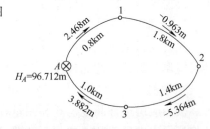

图 2-32　闭合水准路线及观测数据

表 2-5　水准测量成果计算表

测段编号	点名	测站数	观测高差/m	改正数/m	改正后高差/m	高程/m	备注
							已知水准点
							已知水准点
$\sum$							
辅助计算	高差闭合差：$f_h = \sum h =$ 高差闭合差允许值：$f_{h允} =$ 成果是否合格						

角度测量

第3章

本章主要介绍水平角和竖直角的测量原理、电子经纬仪的操作与使用、电子经纬仪的检验与校正、水平角测量的误差来源及注意事项等内容。

了解方向法水平角测量、电子经纬仪的检验与校正。

掌握水平角测量原理和方法、竖直角测量原理和方法及角度测量误差的来源。

熟练使用电子经纬仪测量水平角和竖直角，并进行相应的计算。

 第1节　角度测量原理

角度测量是测量的三项基本工作之一，它包括水平角测量和竖直角测量。水平角测量是为了确定地面点的平面位置，竖直角测量是为了利用三角原理间接地确定地面点的高程。经纬仪是角度测量的常用仪器。

一、水平角测量原理

由一点到两个目标的方向线垂直投影在水平面上的夹角称为水平角。

水平角测量原理

如图 3-1 所示，A、B、C 为地面上任意三点，连线 BA、BC 沿铅垂线方向投影到水平面 H 上，得到相应的 A_1、B_1、C_1 点，则 B_1A_1、B_1C_1 的夹角 β 即为地面 A、B、C 三点在 B 点的水平角。也就是包含 BA、BC 方向的两铅垂面之间的两面角。

为了测定水平角，在角顶点 B 的铅垂线上安置一台经纬仪，仪器有一个能水平安置的刻度圆盘——水平度盘，度盘

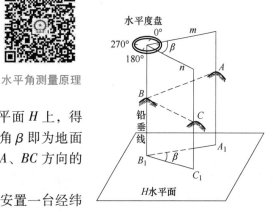

图 3-1　水平角测量原理

上有 0°~360° 刻度。其中心位于测站的铅垂线上。经纬仪的望远镜不但可以在水平方向上转动，还可以在铅垂面内旋转。通过望远镜分别瞄准高低不同的目标 A 和 C，在水平度盘上的读数分别为 m 和 n，则水平角 β 为这两个读数之差，即

$$\beta = n - m$$

二、竖直角测量原理

竖直角也称垂直角。竖直角是同一竖直面内倾斜视线与水平线之间的夹角，角值范围为 -90°~+90°。如图 3-2 所示，当倾斜视线位于水平线之上时，竖直角为仰角，符号为正；当倾斜视线位于水平线之下时，竖直角为俯角，符号为负。

垂直角测量原理

竖直角与水平角一样，其角值也是度盘上两方向读数之差，所不同的是该度盘是竖直放置的，因此称为竖直度盘。另外，两方向中有一个是水平线方向。为了观测方便，任何类型的经纬仪，当视线水平时，其竖盘读数都是一个常数（一般为 90° 或 270°）。这样，在测量竖直角时，只需用望远镜瞄准目标点，读取倾斜视线的竖盘读数，即可根据读数与常数的差值计算出竖直角。

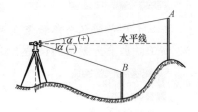

图 3-2　竖直角测量原理

例如，若视线水平时的竖盘读数为 90°，视线上倾时的竖盘读数为 84°12′28″，则竖直角为

$$90° - 84°12′28″ = 5°47′32″$$

第 2 节　电子经纬仪简介

经纬仪分为光学经纬仪和电子经纬仪两类。光学经纬仪利用几何光学器件的放大、反射、折射等原理进行度盘读数；电子经纬仪则利用物理光学器件、电子器件和光电转换原理显示度盘读数。

经纬仪按其测角精度划分为 DJ_1、DJ_2 和 DJ_6 等不同等级。D、J 分别是"大地测量"和"经纬仪"两个词汉语拼音的第一个字母；1、2 和 6 等分别代表该经纬仪一测回的方向中误差的秒数。

一、电子经纬仪的构造

各种电子经纬仪，由于生产厂家的不同，仪器的部件和结构不尽一样，但基本构造大致相同，主要由基座、照准部、度盘、键盘和显示屏等部分组成。如图 3-3 所示是南方测绘公司生产的 DT02 型电子经纬仪的构造。

电子经纬仪
的构造

二、电子经纬仪的装箱

电子经纬仪的装箱有很严格的要求，如图 3-4 所示，错误的装箱极容易破坏仪器的度盘配置，从而导致测量误差过大以及仪器损坏。正确的装箱步骤是：

（1）松开水平制动螺旋以及竖直制动螺旋。

（2）左手托基座、右手抓紧提手，将望远镜、物镜镜头朝上。

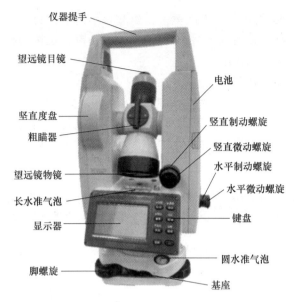

图 3-3　南方 DT02 型电子经纬仪构造

图 3-4　DT02 型电子经纬仪装箱

（3）平卧仪器并将竖直制动螺旋朝上，圆水准气泡朝上。

（4）将仪器放置于箱底，确认望远镜镜头能自由转动，并检查仪器是否放置稳妥。

（5）确保箱子严丝合缝，扣上仪器箱的盖子。禁止通过按压仪器箱盖子使箱子合拢。

三、电子经纬仪的功能

DT02 电子经纬仪键盘具有一键双重功能，一般情况下仪器执行按键上所标示的第一（基本）功能，如图 3-5 所示，当按下切换键后再按其余各键则执行按键上方面板上所标示的第二（扩展）功能。

图 3-5　DT02 型电子经纬仪键盘

存储/左/右 ◀：显示左旋/右旋水平角选择键，连续按此键，两种角值交替显示，在左旋模式下，照准部顺时针旋转，水平角读数变小；在右旋模式下，照准部顺时针旋转，水平角读数变大，一般采用右旋模式。在切换模式下按此键，当前角度闪烁两次，然后当前角度数据存储到内存中。在特种功能模式中按此键，显示屏中的光标左移。

复测/锁定▶：水平角锁定键，连续按两次，水平角锁定；再按一次则解除。复测键，在切换模式下按住此键进入复测状态。在特种功能模式中按住此键，显示屏中的光标右移。

输出/置零▲：水平角置零键，按此键两次，水平角置零。输出键，在切换模式下按此键，输出当前角度到串口，也可以令电子手簿执行记录。减量键，在特种功能模式中按此键，显示屏中的光标可向上移动或数字向下减少。

照明/切换：模式转换键，连续按此键，仪器交替进入一种模式，分别执行键上或面板标示功能。在特种功能模式中按此键，可以退出或者确定。望远镜十字丝和显示屏照明键，长按切换键（3 秒）切换开灯照明；再长按（3 秒）望远镜十字丝和显示屏照明键。长按切换键（3 秒），开灯照明；再长按切换键（3 秒）则关闭照明。

电源（开关键）①：按键则开机；按键大于 2 秒则关机。

测距/角/坡▼：竖直角和斜率百分比显示转换键，连续按此键交替显示。测距键，在切换模式下，按此键每秒跟踪测距一次，精度到 0.01m（连续测距有效）。连续按此键则交替显示斜距、平距、高差、角度。增量键，在特种功能模式中按住此键，显示屏中的光标可向下移动或数字向上增加。

第 3 节　电子经纬仪的使用

电子经纬仪的使用包括对中、整平、瞄准和读数四项基本操作。对中和整平是仪器安置工作，瞄准和读数是观测工作。

一、对中

经纬仪对中整平

对中的目的是将经纬仪的竖轴（也是水平度盘的中心）安置到测站点中心的铅垂线上。操作如下：

（1）按观测者的身高调整好三脚架腿的长度，张开三脚架，使三个脚尖的着地点大致与地面的测站点等距离，并使架头大致水平。

（2）从仪器箱取出经纬仪，放到三脚架头上，一手握住经纬仪支架，一手将三脚架上的中心连接螺旋旋入经纬仪基座中心螺孔。

（3）打开电子经纬仪的激光对中器。先踩好一个脚腿，两只手握住另外两个脚腿移动，使激光点对准地面标志点，踩稳这两个脚腿。然后转动基座脚螺旋使激光点准确对准地面标志中心。

二、整平

整平分两步，先粗平后精平。

（一）粗平

粗平即粗略整平，通过伸缩三脚架，使圆水准器气泡居中，此时经纬仪粗略水平。注意这步操作中不能使脚架位置移动，因此在伸缩脚架时，可用脚轻轻踏住脚架。

（二）精平

精平即精确整平，分两步操作。

（1）通过转动基座脚螺旋精确整平，使照准部水准管气泡在各个方向均居中，具体操作方法如下：先转动照准部，使照准部水准管平行于任意两个脚螺旋的连线方向，如图 3-6a 所示，两手同时向内或向外旋转这两个脚螺旋，使气泡居中（气泡移动的方向与转动脚螺旋时左手大拇指运动方向相同）；再将照准部旋转 90°，旋转第三个脚螺旋使气泡居中，如图 3-6b 所示。

（2）检查激光点与地面标志偏离情况，若偏离量超过规定的值（2mm），则松开基座与脚架之间的中心螺旋，在脚架头上平移仪器，使激光点精确对准地面标志点，然后旋紧中心螺旋。由于移动基座，精平遭到破坏，要按照第 1 步重新检查水准管气泡是否居中。

按以上两个步骤反复进行对中、整平，直至水准管气泡在任何方向均居中、激光点对中为止。

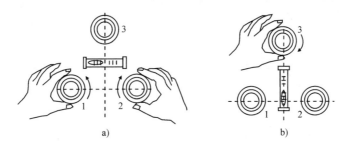

图 3-6　精确整平经纬仪

三、瞄准

观测水平角时，地面的目标点上应设立照准标志后再进行瞄准。照准标志一般是竖立于地面上的标杆、测钎或架设于三脚架上的觇牌或设立简易三角支撑，如图 3-7 所示。

经纬仪照准读数

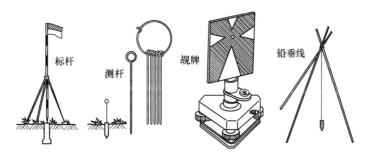

图 3-7　照准标志

用望远镜瞄准目标的方法和步骤如下：

（1）目镜调焦：让望远镜对着白色背景（如白墙或天空）调节目镜调焦螺旋，使十字丝清晰。

（2）粗略瞄准：松开水平和垂直制动螺旋，利用望远镜上的瞄准器大致对准目标，使在望远镜内能够看到目标物像，然后旋紧水平制动螺旋和垂直制动螺旋。

（3）物镜调焦：转动物镜调焦螺旋，使目标影像清晰，旋转水平或垂直微动螺旋，使目标像靠近十字丝。

（4）消除视差：上下或左右移动眼睛，观察目标像与十字丝之间是否有相对移动；发现有移动，则存在视差，说明目标与十字丝的成像不在同一个平面上。因此，需要重新进行目镜和物镜调焦，直至消除视差为止。

（5）精确瞄准：用水平和垂直微动螺旋使十字丝精确对准目标，如图 3-8a 所示，观测水平角时，以竖丝对准目标；如图 3-8b 所示，观测竖直角时，以横丝对准目标。同时观测水平角和竖直角时，二者必须同时对准，即以十字丝中心对准目标中心。

（6）读数并记录：根据电子经纬仪显示屏上显示的数据进行读数并记入观测手簿。

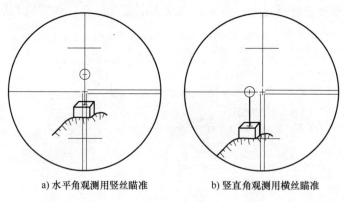

a) 水平角观测用竖丝瞄准　　　　b) 竖直角观测用横丝瞄准

图 3-8　瞄准目标

第 4 节　水平角观测

　　水平角的观测方法，一般根据观测目标的多少，测角精度的要求和施测时所用的仪器来确定。常用的观测方法有测回法和方向法两种。测回法适用于观测两个方向之间的单角，方向法适用于观测两个以上的方向。目前在普通测量和市政工程测量中，主要采用测回法观测。

　　如图 3-9 所示，欲测量∠AOB 对应的水平角，先在观测点 A、B 上设置观测目标，观测目标视距离的远近，可选择垂直竖立的标杆或测钎。然后在测站点 O 安置仪器，使仪器对中、整平后，按下述步骤进行观测。

水平角观测

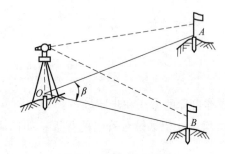

图 3-9　测回法观测

1. 盘左观测

　　"盘左"指竖盘处于望远镜左侧时的位置，也称正镜，在这种状态下进行观测称为盘左观测，也称上半测回观测，方法如下：

　　（1）先瞄准左边目标 A，水平角置零，读取水平度盘读数 a_1（例如为 0°00′00″），记入观测手簿（表 3-1）中相应的位置。

　　（2）再顺时针旋转照准部，瞄准右边目标 B，读取水平度盘读数 b_1（例如为 74°23′42″），记入观测手簿。

　　（3）最后计算盘左观测的水平角 $\beta_{左}$，得到上半测回角值：

$$\beta_{左} = b_1 - a_1 = 74°23′42″ - 0°00′00″ = 74°23′42″$$

表 3-1　测回法水平角观测

测站	测回	竖盘位置	目标	水平度盘读数			半测回角值			一测回角值			各测回平均角值			备注
				°	′	″	°	′	″	°	′	″	°	′	″	
O	1	盘左	A	0	00	00	74	23	42	74	23	44	74	23	46	
			B	74	23	42										
		盘右	A	179	59	49	74	23	45							
			B	254	23	34										
	2	盘左	A	90	00	00	74	23	45	74	23	47				
			B	164	23	45										
		盘右	A	270	00	04	74	23	49							
			B	344	23	53										

2. 盘右观测

"盘右"指竖盘处于望远镜右侧时的位置，也称倒镜，在这种状态下进行观测称为盘右观测，也称下半测回观测，其观测顺序与盘左观测相反，方法如下：

（1）先瞄准右边目标 B，读取水平度盘读数 b_2（例如为 254°23′34″），记入观测手簿。

（2）再逆时针旋转照准部，瞄准左边目标 A，读取水平度盘读数 a_2（例如为 179°59′49″），记入观测手簿。

（3）最后计算盘右位置观测的水平角 $\beta_右$，得到下半测回角值：

$$\beta_右 = b_2 - a_2 = 254°23′34″ - 179°59′49″ = 74°23′45″$$

3. 检核与计算

盘左和盘右两个半测回合起来称为一个测回。对于 DJ$_6$ 级经纬仪，两个半测回测得的角值之差 $\Delta\beta$ 应不大于 $\pm40″$，对于 DJ$_2$ 级经纬仪，两个半测回测得的角值之差 $\Delta\beta$ 应不大于 $\pm12″$，否则要重测；若观测成果合格，则取上、下两个半测回角值的平均值，作为一测回的角值 β，即

$$|\Delta\beta| = |\beta_左 - \beta_右| \leqslant \pm40″$$

$$\beta = \frac{1}{2}(\beta_左 + \beta_右)$$

本例一测回角值为 74°23′44″。

需要注意，水平度盘是按顺时针方向注记的，因此半测回角值必须是右目标读数减左目标读数，当不够减时则将右目标读数加上 360° 以后再减。通常瞄准起始方向时，把水平度盘读数置零，以便于计算。

当测角精度要求较高时，往往需要观测几个测回，然后取各个测回角值的平均值为最后成果。为了减小度盘分划误差的影响，各测回应改变起始方向读数，递增值为 $180°/n$，n 为测回数。例如，测回数 $n=2$ 时，各测回起始方向读数应等于或略大于 0°、90°，测回数 $n=3$ 时，各测回起始方向读数应等于或略大于 0°、60°、120°。用 DJ$_6$ 级电子经纬仪进行观测时，各测回角值之差不得超过 $\pm40″$，否则需重测。

第5节　竖直角观测

一、竖直度盘构造

经纬仪上的竖直度盘简称为竖盘，固定在横轴的一端，其中心与横轴中心重合，其平面与横轴相垂直，经纬仪整平后，竖盘位于铅垂平面内。用望远镜瞄准目标时，竖盘在铅垂面内随望远镜一起转动。竖盘的读数指标与垂直补偿器连在一起安装在支架上，不随望远镜的转动而转动。

竖盘上的刻度主要有0°~360°顺时针注记和逆时针注记两种形式。不论何种注记形式，当望远镜视线水平时，度盘上0°~180°的对径线位于水平线上，竖盘读数应为某一整度数，如90°或270°，如图3-10所示。在进行竖直角测量时，用横丝瞄准目标，度盘读数即可显示在仪器屏幕上。

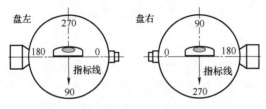

图3-10　竖盘刻度注记

竖直度盘

二、竖直角计算

由竖直角测量原理可知，竖直角等于视线倾斜时的目标读数与视线水平时的整读数之差。至于在竖直角计算公式中，哪个是减数，哪个是被减数，应根据所用仪器的竖盘注记形式确定。根据竖直角的定义，视线上倾时，其竖直角值为正，由此，先将望远镜大致水平，观察并确定水平整读数是90°或270°，然后将望远镜上仰，若读数增大，则竖直角等于目标读数减水平整读数；若读数减小，则竖直角等于水平整读数减目标读数。根据这个规律，可以分析出经纬仪的竖直角计算公式。对于图3-11所示全圆顺时针注记竖盘，其竖直角计算公式分析如下：

竖直角计算公式

盘左位置：如图3-11a所示，水平整读数为90°，视线上仰时，盘左目标读数 L 小于90°，即读数减小，则盘左竖直角 α_L 为：

$$\alpha_L = 90° - L \qquad (3-1)$$

盘右位置：如图3-11b所示，水平整读数为270°，视线上仰时，盘右目标读数 R 大于270°，即读数增大，则盘右竖直角 α_R 为：

$$\alpha_R = R - 270° \qquad (3-2)$$

盘左盘右平均竖直角值 α 为：

$$\alpha = \frac{1}{2}(\alpha_L + \alpha_R) \qquad (3-3)$$

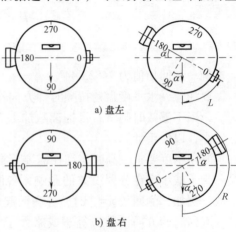

a) 盘左

b) 盘右

图3-11　竖直角计算公式分析图

上述是目前常见电子经纬仪的竖直角计算公式。

三、竖盘指标差

上述竖直角计算公式的推导，是依据竖盘装置应满足的条件，即当望远镜视线水平时，竖盘读数应为整读数（90°或270°）。但是，实际上这一条件往往不能完全满足，即当望远镜视线水平时，竖盘指标不是正好指在整读数上，而是与整读数相差一个小角度 x，该角值称为竖盘指标差，简称指标差。

竖盘指标差

设指标偏离方向与竖盘注记方向相同时 x 为正，相反时 x 为负。x 的两种形式的计算式如下：

$$x = \frac{1}{2}(L+R-360°) \tag{3-4}$$

$$x = \frac{1}{2}(\alpha_R - \alpha_L) \tag{3-5}$$

可以证明，盘左、盘右的竖直角取平均值，可抵消指标差对竖直角的影响。指标差的互差，能反映观测成果的质量。对于 DJ_6 级经纬仪，规范规定，同一测站上不同目标的指标差较差不应超过±25″。当允许只用半个测回测定竖直角时，可先测定指标差 x，然后用下式计算竖直角，可消除指标差的影响。

$$\alpha = \alpha_L + x$$
$$\alpha = \alpha_R - x \tag{3-6}$$

四、竖直角观测方法

竖直角观测前，应看清楚竖盘注记形式，确定竖直角计算公式。竖直角观测时，用经纬仪视场中的横丝瞄准目标的特征点部位，例如标杆的顶部、觇牌的中心、标尺上的某一分划等，并需量出瞄准部位至地面点的高度（称为"目标高"）。竖直角观测的方法步骤如下：

垂直角观测

（1）安置仪器：如图 3-12 所示，安置经纬仪于测站点 O，对中和整平，并在目标点 A 竖立观测标志（如标杆）。

（2）盘左观测：以盘左位置横丝精确地切准 A 点标杆的顶端，读取竖盘读数 L，记入手簿，即完成上半测回观测。

（3）盘右观测：纵转望远镜，以盘右位置同上步方法瞄准原目标相同部位，读取竖盘读数 R，记入手簿，即完成下半测回观测。

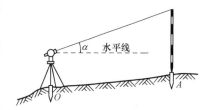

图 3-12　竖直角观测

（4）计算竖直角：根据公式（3-1）、（3-2）、（3-3）式计算 α_L、α_R 及平均值 α（该仪器竖盘为顺时针注记），并将计算结果填在表中。

（5）指标差计算与检核：按公式（3-5）计算指标差，将计算结果填在表中。

至此，完成了目标 A 的一个测回的竖直角观测。目标 B 的观测与目标 A 的观测与计算相同，见表 3-2。A、B 两目标的指标差较差为 9″，小于规范规定的±25″，成果合格。

在一个测站的观测过程中，其指标差值应该是固定值，但受外界条件和观测误差的影响，各方向的指标差往往不相等，为了保证观测精度，需要规定指标差变化的限差，对于 DJ 型经纬仪，一般规定：

（1）同一测回中，各方向的指标差互差不超过±25″。

（2）同一方向各测回竖直角互差不超过±25″。

（3）若指标差互差和竖直角互差符合要求，则取平均值作为最后结果。

表 3-2　竖直角观测手簿

测站	目标	竖盘位置	竖盘读数			半测回竖直角			指标差	一测回竖直角			备注
			°	′	″	°	′	″	″	°	′	″	
O	A	左	76	25	42	13	34	18	6	13	34	24	
		右	283	34	30	13	34	30					
O	B	左	95	33	12	−5	33	12	4	−5	33	08	
		右	264	26	57	−5	33	03					

注：盘左望远镜水平时读数为90°时，望远镜抬高后读数减小。

五、竖盘指标差自动归零补偿装置

竖盘指标差是指当经纬仪望远镜视准轴水平时，竖盘读数如果不是90°或270°时，会有一个小的角度差，称为竖盘指标差。

竖盘指标差通过观测的方法是不能消除的。现代的经纬仪都采用竖盘指标自动归零补偿装置，当经纬仪整平后，竖盘指标即自动居于正确位置，这样就简化了操作程序，可提高竖直角观测的速度和精度。

光学经纬仪一般采用带有空气阻尼器的重力摆，通过它的补偿作用就可以实现竖盘指标的自动归零。而常用的电子经纬仪，如南方 DT-02NL 电子经纬仪，竖盘则采用了电容式指标零点自动补偿装置，指标零点能自动补偿。

第 6 节　电子经纬仪的检验与校正

一、经纬仪应满足的条件

经纬仪上的几条主要轴线如图 3-13 所示，*VV* 为仪器旋转轴，亦称竖轴或纵轴；*LL* 为照准部水准管轴；*HH* 为望远镜横轴，也叫望远镜旋转轴；*CC* 为望远镜视准轴。

经纬仪的
轴线关系

根据测角原理，为了能精确地测量出水平角，经纬仪应满足的要求有：仪器的水平度盘必须水平，竖轴必须能铅垂地安置在角度的顶点上，望远镜绕横轴旋转时，视准轴能扫出一个竖直面。此外，为了精确地测量竖直角，竖盘指标应处于正确位置。

一般情况下，仪器加工、装配时能保证水平度盘垂直于竖轴。因此，只要竖轴垂直，水平度盘也就处于水平位置。竖轴竖直是靠照准部水准管气泡居中来实现的，因此，照准部水准管轴应垂直于竖轴。此外，若视准轴能垂直于横轴，则视准轴绕横轴旋转将扫出一个平面，此时，若竖轴竖直，且横轴垂直于竖轴，则视准轴必定能扫出一个竖直面。另外，为了能在望远镜中检查目标是否竖直和测角时便于照准，还要求十字丝的竖丝应在垂直于横轴的平面内。

综上所述，经纬仪各轴线之间应满足下列几何条件：

（1）照准部水准管轴垂直于竖轴（$LL \perp VV$）。

（2）十字丝的竖丝垂直于横轴。

（3）望远镜视准轴垂直于横轴（$CC \perp HH$）。

（4）横轴垂直于竖轴（$HH \perp VV$）。

（5）竖盘指标应处于正确位置。

（6）激光对中器视准轴平行于竖轴。

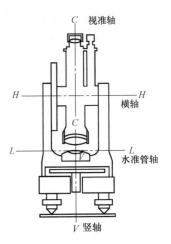

图 3-13　经纬仪的主要轴线

二、经纬仪检验与校正

上述这些条件在仪器出厂时一般是能满足精度要求的，但由于长期使用或受碰撞、震动等影响，可能发生变动。因此，要经常对仪器进行检验与校正。

（一）水准管轴垂直于竖轴的检验与校正

1. 检验

将仪器大致整平，转动照准部，使水准管平行于其中两个脚螺旋的连线，调节脚螺旋使水准管气泡居中，如图 3-14a 所示。然后将照准部旋转 180°，若水准管气泡不居中，如图 3-14b 所示，则说明此条件不满足，应进行校正。

经纬仪水准
管轴的检校

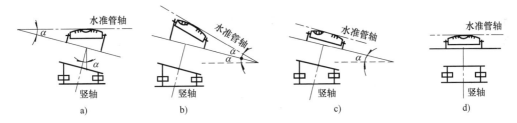

a)　　　　　　　b)　　　　　　　c)　　　　　　　d)

图 3-14　水准管轴垂直于竖轴的检验与校正

2. 校正

先用校正针拨动水准管校正螺丝，使气泡返回偏离值的一半，如图 3-14c 所示，此时水准管轴与竖轴垂直。再旋转脚螺旋使气泡居中，使竖轴处于竖直位置，如图 3-14d 所示，此时水准管轴水平并垂直于竖轴。

此项检验与校正应反复进行，直到照准部转动到任何位置，气泡偏离零点不超过半格为止。

（二）十字丝的竖丝垂直于横轴的检验与校正

1. 检验

如图 3-15 所示，整平仪器后，用十字丝交点，精确瞄准远处一清晰固定的目标点，然后固定照准部和望远镜，再慢慢转动望远镜微动螺旋，使望远镜上仰或下俯，若目标点始终在竖丝上移动，则说明此条件满足；否

经纬仪竖丝的检校

则，需进行校正。

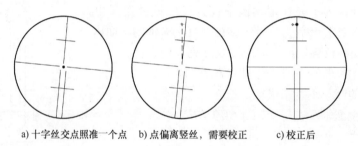

a) 十字丝交点照准一个点　b) 点偏离竖丝，需要校正　c) 校正后

图 3-15　十字丝竖线垂直于横轴的检验与校正

2. 校正

旋下目镜分划板护盖，松开 4 个压环螺丝，慢慢转动十字丝分划板座，使纵丝准确对准目标点。然后重复检验校正，如图 3-15c 所示，待条件满足后再拧紧压环螺丝，旋上护盖。

（三）望远镜视准轴垂直于横轴的检验与校正

望远镜视准轴不垂直于横轴所偏离的角度 C 称为视准轴误差。它是由于十字丝分划板平面左右移动，使十字丝交点位置不正确产生的。有视准轴误差的望远镜绕横轴旋转时，视准轴扫出的面不是一个竖直平面，而是一个圆锥面。因此，当望远镜瞄准同一竖直面内不同高度的点，它们的水平度盘读数各不相同，从而产生测量水平角的误差。

经纬仪视准轴的检校

当目标的竖直角相同时，盘左观测与盘右观测中，此项误差大小相等，符号相反。利用这个规律进行检验与校正。

1. 检验

如图 3-16 所示，在一平坦场地上，选择相距约 100m 的 A、B 两点，在 AB 的中点 O 安置经纬仪。在 A 点设置一观测目标，在 B 点横放一把有毫米分划的小尺，使其垂直于 OB，且与仪器大致同高。以盘左位置瞄准 A 点，固定照准部，倒转望远镜，在 B 点尺上读数为 B_1；再以盘右位置瞄准 A 点，倒转望远镜在 B 尺上读数为 B_2。若 B_1、B_2 两点重合，则此项条件满足，否则需要校正。

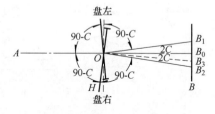

图 3-16　视准轴垂直于横轴的检验与校正

2. 校正

（1）设视准轴误差为 C，在盘左位置时，视准轴 OA 与其延长线与 OB_1 之间的夹角为 $2C$。同理，OA 延长线与 OB_2 之间的夹角也是 $2C$，所以 $\angle B_1OB_2 = 4C$。校正时只需校正一个 C 角。在尺上定出 B_3 点，使 $B_3 = B_1B_2/4$，此时 OB_3 垂直于横轴 OH。然后松开望远镜目镜端护盖，用校正针先稍微拨松上、下的十字丝校正螺丝后，拨动左右两个校正螺丝（图 3-17），一松一紧，左右移动十字丝分划板，使十字丝交点对准 B_3 点。

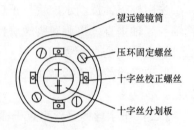

望远镜镜筒
压环固定螺丝
十字丝校正螺丝
十字丝分划板

图 3-17　视准轴垂直于横轴的校正

（2）反复进行此项检验校正，直到符合要求。

由于盘左、盘右观测时，视准轴误差为大小相等、方向相反，故取盘左和盘右观测值的平均值，可以消除视准轴误差的影响。

两倍视准轴误差 $2C$ 可用来检查测角质量，如果观测中 $2C$ 变动较大，则可能是视准轴在观测过程中发生变化或观测误差太大。为了保证测角精度，$2C$ 的变化值不能超过一定限度，DJ_6 级光学经纬仪测量水平角一测回，其 $2C$ 变动范围不能超过 30″。

（四）横轴垂直于竖轴的检验与校正

横轴不垂直于竖轴所产生的偏差角值，称为横轴误差。产生横轴误差的原因，是由于横轴两端在支架上不等高。由于有横轴误差，望远镜绕横轴旋转时，视准轴扫出的面将是一倾斜面，而不是竖直面。因此，在瞄准同一竖直面内高度不同的目标时，将会得到不同的水平度盘读数，从而影响测角精度。

经纬仪横轴的检校

1. 检验

如图 3-18 所示，在距一垂直墙面 20～30m 处，安置好经纬仪。以盘左位置瞄准墙上高处的 P 点（仰角宜大于 30°），固定照准部，然后将望远镜大致放平，根据十字丝交点在墙上定出 P_1 点。倒转望远镜成盘右位置，瞄准原目标 P 点后，再将望远镜放平，在 P_1 点同样高度上定出 P_2 点。如果 P_1 与 P_2 点重合，则仪器满足此条件，否则需要校正。

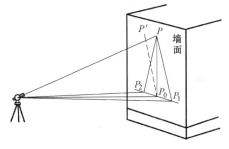

图 3-18 横轴垂直于竖轴的检验

2. 校正

取 P_1、P_2 的中点 P_0，将十字丝交点对准 P_0 点，固定照准部，然后抬高望远镜至 P 点附近。此时十字丝交点偏离 P 点，而位于 P' 处。打开仪器没有竖盘一侧的盖板，拨动横轴一端的偏心轴承，使横轴的一端升高或降低，直至十字丝交点照准 P 点为止，最后把盖板合上。

目前制造工艺已经很成熟，仪器的质量较好，横轴是密封的，此项条件一般能够满足，使用时通常只作检验，若要校正，须由仪器检修人员进行。

由图 3-18 可知，当用盘左和盘右观测一目标时，横轴倾斜误差大小相等，方向相反。因此，同样可以采用盘左和盘右观测取平均值的方法，消除它对观测结果的影响。

（五）竖盘指标差（i 角）和竖盘指标零点设置的检验与校正

1. 检验

（1）安置整平好仪器后开机，将望远镜照准任一清晰目标 A 得竖直角盘左读数 L。纵转望远镜再照准 A，得竖直角盘右读数 R。

（2）若竖直角天顶为 0°，则 $x=(L+R-360°)/2$；若竖直角水平为 0°，则 $x=(L+R-180°)/2$ 或 $(L+R-540°)/2$。

（3）若 $|x| \geqslant 16″$，则需对竖盘指标零点重新设置。

经纬仪竖盘
指标的检校

2. 校正

（1）整平仪器后，按住"置零"键开机，三声蜂鸣后松开按键，显示：

> 垂直　90°20′30″
>
> 补偿　SET-1

（2）转动仪器精确照准与仪器同高的远处任一清晰稳定目标 A，按"置零"键，显示：

垂直	90°20′30″
补偿	SET-2

（3）纵转望远镜，盘右精确照准同一目标 A，按"置零"键，设置完成，仪器返回测角模式。

（4）重复检验步骤重新测定指标差（l）。若指标差仍不符合要求，则应检查校正（指标零点设置）的步骤或操作是否有误，目标照准是否准确等，按要求再重新进行设置。

（5）经反复操作仍不符合要求时，应送厂检修。

（六）激光器的检校与校正

1. 检验

将仪器安置到三脚架上，在白纸上画十字丝并贴在墙上，三脚架距离墙面 20~30m。用仪器观察白纸上十字丝，使分划板中的十字丝中心与白纸上十字丝中心重合，调节调焦筒，使视野达到最清晰。开机，按照明键，点亮激光点，观察激光点的位置，若与白纸十字丝中心重合，则不必校正。若不重合则应进行校正。

2. 校正

（1）将激光器护盖取下，通过调节固定座上的 4 个顶丝使激光点与白纸十字丝的中心重合。假定激光点位置如图 3-19 所示，则紧右侧的顶丝使激光点左移至与白纸十字丝的竖线重合（若激光点在十字丝竖线的左边则紧左侧的顶丝）。

图 3-19　假定激光点位置图

（2）然后紧靠近目镜侧的顶丝使其与白纸十字丝中心重合（若激光点在十字丝横线的下边则紧靠近物镜侧的顶丝）。装上激光器护盖。

（3）用望远镜瞄准目标后，发射激光，目标处的光斑直径应最小，否则松开激光器座，紧定顶丝，将激光器座上下移动，直至光斑最小（一般此项调整只在更换激光管后进行）。

（七）激光器对中器的检校与校正

1. 检验

如图 3-20 所示，将经纬仪安置到三脚架上，在一张白纸上画一个十字交叉并放在仪器正下方的地面上，整平对中。旋转照准部，每转 90°，观察激光点的中心标志与十字交叉点的重合度，如果照准部旋转时，激光对中点的中心标志一直与十字交叉点重合，则不必校正，否则需按以下方法进行更换（本激光对中器件不可调）。

图 3-20　激光对中器的检验

2. 校正

（1）将仪器从三脚基座上取下。

（2）用内六角扳手拧开 2 个 M4 的螺钉将下壳取下，露出竖轴下面的激光对中器。

（3）再用内六角扳手拧开 2 个 M3 的螺钉，将激光对中器取下。

（4）拔下电线插头。

（5）换上新的激光对中器，安装回原位即可。

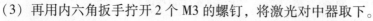

第 7 节　水平角观测的误差来源与注意事项

影响水平角观测精度的因素很多，主要有仪器误差、观测误差以及外界条件的影响。

一、仪器误差

仪器误差的来源主要有两个方面：一是由于仪器加工装配不完善而引起的误差，如度盘刻划误差、度盘中心和照准部旋转中心不重合而引起的度盘偏心误差等。这些误差不能通过检校来消除或减小，只能用适当的观测方法来予以消除或减弱。如度盘刻划误差，可通过在不同的度盘位置测角来减小它的影响。度盘偏心误差可采用盘左、盘右观测取平均值的方法来消除或减弱。

二是由于仪器检校不完善而引起的误差，如视准轴不完全垂直于横轴，横轴不完全垂直于竖轴等。这些误差经检校后的残余误差影响，可采用盘左、盘右观测取平均值的方法予以消除或减弱。

二、观测误差

1. 仪器对中误差

仪器存在对中误差时，仪器中心偏离目标的距离称为偏心距。对中误差使正确角值与实测角值之间存在误差。测角误差与偏心距成正比，即偏心距愈大，误差愈大；与测站到测点的距离成反比，即距离愈短，误差愈大。因此在进行水平角观测时，为保证测角精度，仪器对中误差不应超出相应规范的规定，特别是当测站到测点的距离较短时，更要严格对中。

2. 仪器整平误差

仪器整平误差是指安置仪器时没有将其严格整平，或在观测中照准部水准管气泡中心偏离零点，以致仪器竖轴不竖直，从而引起横轴倾斜的误差。整平误差是不能用观测方法消除其影响的，因此，在观测过程中，若发现水准管气泡偏离零点在一格以上，通常应在下一测回开始之前重新整平仪器。

整平误差与观测目标的竖直角有关，当观测目标的竖直角很小时，整平误差对测角的影响较小，随着竖直角增大，尤其当目标间的高差较大时，其影响亦随之增大。因此，在山区进行水平角测量时，更要注意仪器的整平。

3. 目标偏心误差

测量水平角时，所瞄准的目标偏斜或目标没有准确安放在地面标志中心，因而产生目标偏心误差，偏差的大小称为偏心距，它对水平角的影响与仪器对中误差类似，即误差与目标偏心距成正比，与边长成反比。因此，在测角时，应使观测目标中心和地面标志中心在一条铅垂线上。当用标杆作为观测目标时，应尽量瞄准标杆的底部。

4. 照准误差

影响望远镜照准精度的因素主要有人眼的分辨能力，望远镜的放大倍率，目标的形状、大小、颜色以及大气的温度、透明度等。为了减弱照准误差的影响，除了选择合适的经纬仪测角外，还应尽量选择适宜的标志，有利的气候条件和合适的观测时间，在瞄准目标时必须仔细对光并消除视差。

三、外界条件的影响

外界条件的影响很多，如大风、松软的土质会影响仪器的稳定；大气透明度会影响照准精度；温度的变化会影响仪器的整平；受地面辐射热的影响，物像会跳动等。在观测中完全避免这些影响是不可能的，只能选择有利的观测时间和条件，尽量避开不利因素，使其对观测的影响降低到最小程度。例如，安置仪器时要踩实三脚架腿；晴天观测时要撑伞，不让阳光直照仪器；观测视线应避免从建筑物旁、冒烟的烟囱上面或靠近水面的空间通过。这些地方都会因局部气温变化而使光线产生不规则的折光，使观测成果受到影响。

 思考与练习

3-1　什么是水平角？在同一铅垂面内，瞄准不同高度的目标，在水平度盘上的读数是否一样？

3-2　观测水平角时，对中整平的目的是什么？简述用带有激光对中器的电子经纬仪的对中整平的步骤与方法。

3-3　观测水平角时，若观测三个测回，各测回起始方向读数应是多少？

3-4　试述测回法水平角观测的方法和步骤。

3-5　什么是竖直角？竖直角的角值范围是多少？

3-6　什么是竖盘指标差？观测竖直角时如何消除竖盘指标差的影响？

3-7　经纬仪有哪些主要轴线？它们之间应满足什么关系？

3-8　观测水平角时，为什么要盘左、盘右观测？盘左、盘右观测能否消除仪器竖轴倾斜引起的水平角测量误差？

3-9　水平角观测时，应注意哪些事项？

3-10　整理表 3-3 测回法水平角的记录，并在备注栏内绘出测角示意图。

表 3-3　测回法观测水平角记录表

测站	测回	竖盘位置	目标	水平度盘读数			半测回角值			一测回角值			各测回平均角			备注
				°	′	″	°	′	″	°	′	″	°	′	″	
O	1	盘左	*A*	0	00	02										
			B	89	47	20										
		盘右	*A*	180	00	12										
			B	269	47	54										
	2	盘左	*A*	90	00	14										
			B	179	47	22										
		盘右	*A*	270	00	06										
			B	359	47	48										

3-11　整理表 3-4 竖直角观测记录表。

表 3-4　竖直角观测记录表

测站	目标	竖盘位置	竖盘读数			半测回竖直角			指标差	一测回竖直角			备注
			°	′	″	°	′	″	″	°	′	″	
A	1	盘左	64	35	55								
		盘右	295	23	10								
A	2	盘左	107	05	05								
		盘右	252	54	23								

距离与坐标测量

第4章

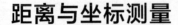

本章概述

  距离测量是测量的基本工作之一。距离是指地面两点的连线铅垂投影到水平面上的长度，亦称水平距离，简称平距。地面上高程不同的两点的连线长度称为倾斜距离，简称斜距。测量时需将斜距转换为平距。如果无特别说明，"距离"即指水平距离。钢尺量距、视距测量、光电测距、GPS测量等是距离测量的常用方法。钢尺量距是用钢卷尺沿地面直接丈量距离；视距测量是利用经纬仪或水准仪望远镜中的视距丝观测标尺按几何光学原理进行测距；光电测距是用仪器发射并接收电磁波，通过测量电磁波在待测距离上往返传播的时间或相位差解算出距离；GPS测量是利用两台GPS接收机接收空间轨道上4颗以上卫星发射的精密测距信号，通过距离空间交会的方法解算出两台GPS接收机架设点的坐标，再通过坐标反算出两点之间的距离，本章介绍前三种距离测量方法。

  坐标测量是在两点间水平距离的基础上，通过测定两点连线与标准方向之间的水平夹角，根据相应的数学公式，计算点的平面直角坐标。两点连线与标准方向之间的水平夹角，称为方位角，用来表示某直线的方向。方位角是测量的重要概念，在计算点位坐标和测设数据时经常用到。

了解知识

  了解距离测量的方法、直线定线的方法和三个基本方向。

掌握知识

  掌握经纬仪定线的方法、坐标方位角的定义以及相关方位角的推算计算、坐标正算和反算。

具备能力

  具备应用全站仪进行距离测量和坐标测量的能力。

第1节 钢尺量距

一、钢尺量距的使用工具

钢尺量距的主要工具是钢尺，丈量时还须其他辅助工具，如标杆、测钎及垂球等。

（1）钢尺指用钢制成的带状尺，尺的宽度 10~15mm，厚度约 0.4mm，长度有 20m、30m 和 50m 等。钢尺可分为盒装钢卷尺和摇把式钢卷尺两种，钢卷尺放在圆形盒内的称为盒装钢卷尺，如图 4-1a 所示；卷放在金属架或塑料架内的称为摇把式钢卷尺，如图 4-1b 所示。钢尺的基本分划为厘米，在每米和每分米处刻有数字注记，全长均有毫米刻划。

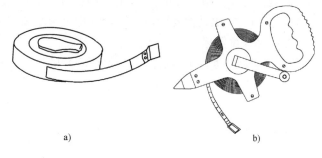

图 4-1　钢卷尺

钢尺的优点：抗拉强度高，变形小，精度较高，成果可靠，操作简单。钢尺的缺点：性脆，易折，易断，易生锈，出现折痕不易修复，会造成尺长误差，影响量距精度。

由于零点位置的不同钢尺可分为端点尺和刻线尺两类。端点尺是以尺的最外端作为尺的零点，如图 4-2 所示；刻线尺是在尺的起点一端的某位置刻一横线作为尺的零点，如图 4-3 所示。在做距离测量时要十分注意钢尺零点位置，以免出错。

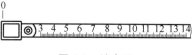

图 4-2　端点尺

图 4-3　刻线尺

（2）标杆又称为花杆，直径为 3~4cm，长 2~3m，杆身每隔 20cm 涂有红白相间的油漆，如图 4-4a 所示。在距离丈量中，标杆主要用来标点和定线。

（3）测钎由粗铁丝或细钢筋加工制成，长 30~40cm，一般以 6~11 根为一组，如图 4-4b 所示。测钎用于分段丈量时，标定每段尺端点位置和记录整尺段数。

（4）垂球用于在不平坦的地面上直接量水平距离时，将平拉的钢尺的端点投影到地面上，用来对点、标点和投点。

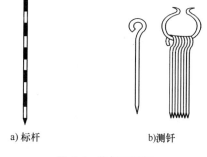

a) 标杆　　　　　b) 测钎

图 4-4　花杆和测钎

（5）弹簧秤用于对钢尺施加规定的拉力，避免因拉力太小或太大而引起量距的误差。

（6）温度计用于钢尺量距时测定温度，以便对钢尺长度进行温度改正，抵消或减弱因温度变化使尺长改变而造成量距的误差。

二、直线定线

当地面两点间距离大于钢尺的整尺长或地形起伏较大时，在距离测量之前，需在地面两点所确定的直线方向上标定出若干中间分段点，并使这些中间分段点位于同一直线上，以便用钢尺分段测量，这项工作称为直线定线。直线定线可分为目估法定线和经纬仪法定线两种。

（一）目估定线

目估法定线通常应用于一般量距。如图 4-5 所示，A、B 为地面上待测距离的两个端点，现要在 AB 直线上定出几个分段点。先在 A、B 点各立一根花杆，甲在 A 点花杆后通过同一侧

的 A、B 花杆边缘，指挥乙左右移动 1 点附近的花杆，直到 A、1、B 三杆在同一竖直面内时，定出 1 点；同法定出其他各分段点。定线也可与距离丈量同时进行。

（二）经纬仪定线

当直线测量精度要求较高时，为保证测量的精度，需采用经纬仪定线。如图 4-6 所示，欲在 AB 线内精确定出 1、2 等点的位置。可由甲将经纬仪安置于 A 点，用望远镜照准 B 点，固定照准部制动螺旋。然后将望远镜向下俯视，用手势指挥乙移动标杆，当标杆与十字丝纵丝重合时，便在标杆的位置打下木桩，桩顶高出地面 3~5cm，再根据十字丝在木桩上钉下铁钉，准确定出 1 点的位置。同理定出 2 点和其他各点的位置。

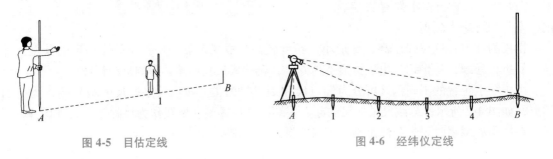

图 4-5   目估定线   图 4-6   经纬仪定线

三、钢尺量距的一般方法

（一）平坦地面的距离丈量

在平坦地面上，可直接沿地面丈量水平距离。如图 4-7 所示，欲测 A、B 两点之间的水平距离 D，其丈量工作可由后尺手、前尺手两人进行。后尺手先在直线起点 A 插一测钎，并将钢尺零点一端放在 A 点。前尺手持钢尺末端和一束测钎沿 AB 线行至一尺段距离后停下。后尺手以手势指挥前尺手将钢尺拉在 AB 直线上，待钢尺拉平、拉紧、拉稳后，前尺手喊"预备"，后尺手将钢尺零点对准 A 点后说"好"，前尺手立即将测钎对准钢尺末端分划插入地下得 1 点（如果在水泥地面上丈量插不下测钎时，也可以用笔在地面上做记号，此时要注意记录整尺段数），完成第一段丈量。后尺手拔出 A 点测钎，二人持尺前进，待后尺手到达 1 点时，再用同样方法丈量第二段，后尺手又拔出 1 点测钎继续丈量。每量完一段，后尺手增加一根测钎，因此，后尺手手中的测钎数为所量整尺段数。最后不足一整尺段的长度称为余长，用 q 表示，则 A、B 两点间的水平距离 D 为

$$D = n \times l + q \tag{4-1}$$

式中，n 为整尺段数，l 为钢尺长度。

为了防止错误和提高成果精度，一般需要进行往返观测，在符合精度要求时，取往返丈量的平均距离作为丈量结果，即

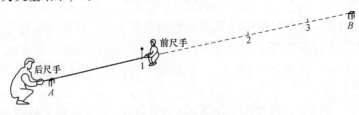

图 4-7   钢尺丈量

$$D = \frac{1}{2}(D_{往} + D_{返}) \qquad (4-2)$$

距离丈量的精度，一般用相对误差 K 表示，相对误差通常化为分子为 1，分母取整数的分式。

$$K = \frac{|D_{往} - D_{返}|}{D_{平}} \qquad (4-3)$$

如某段直线丈量，$D_{往} = 238.357\text{m}$，$D_{返} = 238.405\text{m}$，则

$$K = \frac{|238.357 - 238.405|}{238.381} \approx \frac{1}{4900}$$

相对误差分母越大，值越小，精度越高，反之，相对误差分母越小，值越大，精度越弱。平坦地面钢尺量距精度不应低于 1/3000，在山区不低于 1/2000。

（二）倾斜地面的量距

（1）平量法：当地势不平坦但起伏不大（即坡度不大）时，欲丈量 A、B 两点间的水平距离，可目估拉钢尺水平，由高处往低处分段多次丈量。如图 4-8 所示，甲在 A 点指挥乙将钢尺拉在 AB 线上，甲将钢尺零点对准 A 点，乙将钢尺抬高，并目估使钢尺水平，然后用垂球线紧贴钢尺上某一整刻划线，将垂球尖投入地面上，用测钎插在垂球尖所指的 1 点处，此时尺上垂线对应读数即为 $A1$ 的水平距离 d_1，同法丈量其余各段，直至 B 点。则有

$$D = \sum d \qquad (4-4)$$

用同样的方法对该段进行两次丈量，若符合精度要求，则取其平均值作为最后结果。

（2）斜量法：如图 4-9 所示，当地面倾斜坡度不均匀时，可用钢尺量出 AB 的斜距 L，然后用水准测量或其他方法测出 A、B 两点的高差 h，则

$$D = \sqrt{L^2 - h^2} \qquad (4-5)$$

斜量法也需测量两次，符合精度要求时，取平均值作为最后结果。

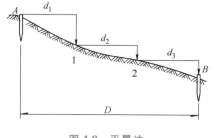

图 4-8　平量法

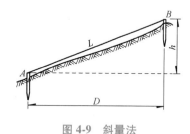

图 4-9　斜量法

四、钢尺量距的注意事项

利用钢尺进行直线丈量时，产生误差的可能性很多，主要有：尺长误差、拉力误差、温度变化的误差、尺身不水平的误差、直线定线误差、钢尺垂曲误差、对点误差、读数误差等。因此，在量距时应按规定操作并注意检核。此外还应注意以下几个事项：

（1）钢尺须检定后才能使用，精度要求高时要进行尺长改正和温度改正。

（2）量距时钢尺刻度线一面要全部朝上，避免尺面的翻转，拉力要符合要求，采用斜拉法时要进行倾斜改正。

（3）注意钢尺零端的位置，即区分端点尺还是刻线尺，以避免因零端的不同而量错。

（4）观测者读数应准确，记录者应回报读数，且记录要清晰，严禁涂改数据。

（5）钢尺在路面上丈量时，应防止人踩、车碾。移动时钢尺不能拖地，应抬起或收起。钢尺卷结时不能硬拉，必须解除卷结后再拉，以免钢尺折断。

（6）量距结束后，用软布擦去钢尺上的泥土和水，涂上机油，以防止生锈。

第2节　视距测量

视距测量是用经纬仪、水准仪等测量仪器的望远镜内的视距丝（即十字丝的上、下丝），配合视距标尺（与普通水准尺通用），根据几何光学和三角学原理，同时测定水平距离和高差的方法。该方法测距精度较低，相对误差约为1/300，低于钢尺量距；测定高差的精度亦低于水准测量。但这种方法操作简便、迅速，不受地面起伏的限制，广泛应用于地形图碎部测量中。

一、视距测量的原理

（一）视线水平时的水平距离与高差公式

1. 水平距离公式

如图4-10所示，在 A 点上安置经纬仪，B 点处竖立标尺，置望远镜视线水平，瞄准 B 点标尺，此时视线垂直于标尺。尺上 M、N 点成像在视距丝上的 m、n 处，MN 的长度可由上、下视距丝读数之差求得。上、下视距丝读数之差称为尺间隔。

图4-10中，l 为尺间隔；p 为视距丝间距；f 为物镜焦距；δ 为物镜至仪器中心的距离。由相似三角形 $\triangle MNF$ 与 $\triangle m'n'F$ 可得

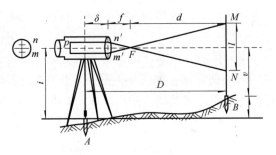

图 4-10　视距测量原理

$$\frac{d}{l}=\frac{f}{p}$$

则 $d=\dfrac{f}{p}l$

由图看出 $D=d+f+\delta$，则

$$D=\frac{f}{p}l+f+\delta$$

令 $f/p=K$，$f+\delta=C$，则有

$$D=Kl+C$$

式中，K 为视距乘常数，C 为视距加常数。目前使用的内对光望远镜的视距常数，设计时已使 $K=100$，C 接近于零，故水平距离公式可写为

$$D=Kl \tag{4-6}$$

2. 高差公式

在图4-10中，i 为地面标志到仪器望远镜中心线的高度，可用尺子量取；v 为十字丝中丝在标尺上的读数，称为瞄准高，h 为 A、B 两点间的高差。从图中可以看出高差公式为

$$h=i-v \tag{4-7}$$

（二）视线倾斜时的水平距离和高差公式

1. 水平距离公式

当地面起伏较大或通视条件较差时，必须使视线倾斜才能读取尺间隔。这时视距尺仍是竖直的，但视线与尺面不垂直，如图 4-11 所示，因而不能直接应用上述视距公式。需根据竖直角 α 和三角函数进行换算。

如图 4-11 所示上下丝视线所夹的角度很小，可以将 $\angle GM'M$ 和 $\angle GN'N$ 近似地看成直角，并且可以证明 $\angle MGM'$ 和 $\angle NGN'$ 均等于 α，则可以进行下列推导：

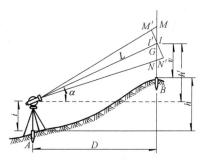

图 4-11　视距测量原理

$$M'N' = M'G + GN'$$
$$= MG\cos\alpha + GN\cos\alpha$$
$$= MN\cos\alpha$$

即

$$l' = l\cos\alpha$$

可推出斜距为

$$L = Kl\cos\alpha$$

再将斜距化算为水平距离得公式：

$$D = Kl\cos^2\alpha \qquad (4\text{-}8)$$

式中，D 为水平距离，K 为常数（100），l 为视距间隔，α 为竖直角。

2. 高差公式

由图 4-11 可以看出，A、B 两点的高差 h 为

$$h = h' + i - v$$

式中，h' 为初算高差，由图中可以看出

$$h' = D\tan\alpha$$

故得高差计算公式为

$$h = D\times\tan\alpha + i - v \qquad (4\text{-}9)$$

（三）视距测量的观测与计算

欲测定 A、B 两点间的平距和高差，已知 A 点高程求 B 点高程。观测和计算步骤如下：

（1）安置经纬仪于测站 A 点上，对中、整平、量取仪器高 i，置望远镜于盘左位置。

（2）瞄准立于测点上的标尺，读取上、下丝读数（读到毫米）求出视距间隔 l。

（3）读取标尺上的中丝读数 v（读到毫米）和竖盘读数 L（读到秒）。

（4）计算：

1）尺间隔 l＝上丝读数－下丝读数

2）视距 $Kl = 100l$

3）竖直角 $\alpha = 90° - L$

4）水平距离 $D = Kl\cos^2\alpha$

5）高差 $h = D\tan\alpha + i - v$

6）测点高程 $H_B = H_A + h$

以上各项，可用电子计算器计算，当在一个测站上观测多个点的距离和高程时，可列表（表 4-1）记录读数和计算结果。

【例4-1】 表4-1中，测站 A 点的高程为 $H_A = 78.673\text{m}$，仪器高 $i = 1.465\text{m}$，1点的上、下丝读数分别为 2.317m 和 2.643m，中丝读数 $v = 2.487\text{m}$，竖盘读数 $L = 87°42'25''$，求1点的水平距离和高程。

【解】 根据上述计算方法，具体计算过程如下：

尺间隔 $l = 2.643 - 2.317 = 0.326\text{m}$

视距 $Kl = 100 \times 0.326 = 32.6\text{m}$

竖直角 $\alpha = 90° - 87°42'25'' = 2°17'35''$

水平距离 $D = 32.6 \times \cos^2 2°17'35'' = 32.548\text{m}$

高差 $h = 32.548 \times \tan 2°17'35'' + 1.465 - 2.487 = 0.281\text{m}$

测点高程 $H_1 = 78.673 + 0.281 = 79.954\text{m}$

表 4-1　视距测量手簿

测站：A 点　　　A 高程：78.673m　　　仪器高：1.465m

点号	视距 (Kl)/m	中丝读数/m	竖盘读数 °	′	″	竖直角 °	′	″	水平距离/m	高差/m	高程/m	备注
1	32.6	2.487	87	42	25	2	17	35	32.5	0.281	78.954	
2	58.7	1.693	96	15	18	−6	15	42	58.003	−6.592	78.080	
3	89.4	2.172	88	51	33	1	08	27	89.364	1.072	79.746	

（四）视距测量误差及注意事项

1. 读数误差

由于人眼分辨力和望远镜放大率的限制，再加上视距丝本身具有一定宽度，它将遮盖尺上分划的一部分，因此会有估读误差。它使尺间隔 l 产生误差，该误差与距离远近成正比。由视距公式可知，如果尺间隔有 1mm 误差，将使视距产生 0.1m 误差。因此，有关测量规范对视线长度有限制要求。另外，由上丝对准整分米数，由下丝直接读出视距间隔可减小读数误差。

2. 视距乘常数 K 的误差

由于温度变化，改变了物镜焦距和视距丝的间隔，因此乘常数 K 不完全等于 100。通过测定求出 K，若 K 值在 100 ± 0.1 时，便可视其为 100。

3. 视距尺倾斜误差

视距尺倾斜对水平距离的影响较大，当视线倾角较大时，影响更大，因此在山区观测时此项误差较严重。为减少此项误差影响，应在尺上安置水准器，严格使尺竖直。

4. 仪器误差

由于竖盘指标差的存在，使测出的垂直角有误差，因此需对仪器进行竖盘指标差的检验和校正。当观测精度要求较高时，应盘左、盘右各观测一次，取其平均值作为结果。

5. 外界条件影响

主要是垂直折光影响，由于大气密度不均匀，越靠近地面，密度越大。视线越靠近地面，其受到的垂直折光影响越大，且上、下丝受到的影响不同。其次是空气对流使视距尺成像不清晰稳定。这种影响也是视线接近地面时较为明显，在烈日暴晒下尤为突出。一般要求在烈日下作业时，应使视线高出地面 1m 以上。

第 3 节 光电测距与全站仪的使用

光电测距仪是以光电波（激光或红外光）作为载波的精密测距仪器，在其测程范围内，能测量任何可通视两点间的距离，如高山之间、大河两岸。光电测距与传统的钢尺量距和视距测量相比，具有精度高、速度快、灵活方便、受气候和地形影响小等特点，已普遍用于各种工程测量中。

光电测距仪按其测程可分为短程光电测距仪（3km 以内，适用于城市测量和普通测量）、中程光电测距仪（3~15km，用于一般的控制测量）和远程光电测距仪（大于 15km，用于高级的控制测量）；按其采用的光源可分为激光测距仪和红外光测距仪等。本节以普通测量工作中广泛应用的短程红外光电测距仪为例，介绍光电测距仪的工作原理和测距方法。

一、光电测距的原理

如图 4-12 所示，欲测定 A、B 两点间的距离 D，在 A 点安置能发射和接收光波的光电测距仪，B 点安置反射棱镜。光电测距的基本原理是：测定光波在待测距离两端点间往返传播一次的时间 t，根据光波在大气中的传播速度 c，按下式计算距离 D：

光电测距原理

$$D = \frac{1}{2}ct \tag{4-10}$$

光电测距仪根据测定时间 t 的方式，分为直接测定时间的脉冲测距法和间接测定时间的相位测距法。高精度的短程测距仪，一般采用相位测距法，即直接测定测距信号的发射波与回波之间的相位差，间接测得传播时间 t，按式（4-10）求出距离 D。

相位测距法的大致工作过程是：给光源（如砷化镓发光二极管）注入频率为 f 的高

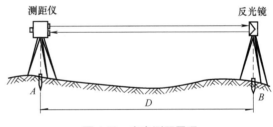

图 4-12 光电测距原理

频交变电流，使光源发出光的光强成为按同样频率变化的调制光，这种光射向测线另一端，经棱镜反射后原路返回，被接收器接收。由相位计将发射信号与接收信号进行相位比较，获得调制光在测线上往返传播引起的相位差 ϕ，从而求出传播时间 t。为说明方便，将棱镜返回的光波沿测线方向展开，如图 4-13 所示。

由物理学可知，调制光在传播过程中产生的相位差 ϕ 等于调制光的角频率 ω 乘以传播时间 t，即 $\varphi = \omega \cdot t$，又因 $\omega = 2\pi f$ 则传播时间为

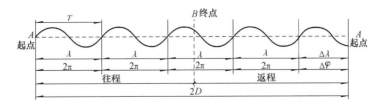

图 4-13 相位测距法原理

$$t = \frac{\varphi}{\omega} = \frac{\varphi}{2\pi f}$$

由图 4-13 还可看出：

$$\varphi = N \cdot 2\pi + \Delta\varphi = 2\pi(N + \Delta N)$$

式中，N 为零或正整数，表示相位差中的整周期数；$\Delta N = \Delta\varphi / 2\pi$ 为不足整周期的相位差尾数。将上列各式整理得

$$D = u(N + \Delta N) \tag{4-11}$$

式中，$u = c/2f = \lambda/2$，λ 为调制光波长。

式（4-11）为相位法测距基本公式。将此式与钢尺量距公式（4-1）比较，若把 u 当作整尺长，则 N 为整尺数，$u \cdot \Delta N$ 为余长，所以，相位法测距相当于用"光尺"代替钢尺量距，而 u 为光尺长度。

相位式测距仪中，相位计只能测出相位差的尾数 ΔN，测不出整周期数 N，因此对大于光尺的距离无法测定。为了扩大测程，应选择较长光尺。但由于仪器存在测相误差，一般为 1/1000，测相误差带来的测距误差与光尺长度成正比，光尺愈长，测距精度愈低。例如，1000m 的光尺，其测距精度为 1m。为了解决扩大测程与保证精度的矛盾，短程测距仪上一般采用两个调制频率，即两种光尺。例如，$f_1 = 150\text{kHz}$，$u = 1000\text{m}$（称为粗尺），用于扩大测程，测定百米、十米和米；$f_2 = 15\text{MHz}$，$u = 10\text{m}$（称为精尺）用于保证精度，测定米、分米、厘米和毫米。这两种尺联合使用，可以准确到毫米的精度测定 1km 以内的距离。

二、光电测距仪的精度指标

测距仪的标称精度，按下式表示：

$$m_D = \pm(a + b \times D) \tag{4-12}$$

式中　m_D——测距中误差，单位为 mm；

　　　a——标称精度中的固定误差，单位为 mm；

　　　b——标称精度中的比例误差，单位为 mm/km；

　　　D——测距长度，单位为 km。

例如，某测距仪的标称精度为 ±（3+2×D），即固定测距中误差 m_D 为 ±3mm，与距离成比例增大的测距中误差为 2mm/km；若测距长度为 1km，其测距中误差为 $m_D = \pm(3 + 2 \times 1) = \pm 5\text{mm}$，则该测距仪称为 5mm 级仪器。有时（3+2×D）简写为 3+2ppm，其中 ppm 表示百万分之一，即 10^{-6}。

光电测距按精度可分为 Ⅰ 级（$m_D \leqslant 5\text{mm}$）、Ⅱ 级（$5\text{mm} < m_D \leqslant 10\text{mm}$）和 Ⅲ 级（$m_D > 10\text{mm}$），目前国内外生产的测距仪器一般是 5mm 级或更高精度的仪器，一些旧的测距仪器是 10mm 级仪器。

三、全站仪距离测量

较早的光电测距仪器一般是将测距主机通过连接器安置在经纬仪上部，现在的测距仪则与电子经纬仪集成在一起，组成能光电测距、电子测角并自动计算、存储坐标和高程的功能强大的电子全站仪，简称全站仪。下面介绍我国科力达测绘仪器公司生产的 KTS-440 系列全站仪的测距方法，全站仪的其他功能与使用方法见本章知识链接部分。

全站仪的构造

（一）科力达 **KTS-440** 系列全站仪简介

科力达 KTS-440 系列全站仪的测距精度为 2mm+2ppm，即固定测距中误差为 ±2mm，与距

离成比例增大的测距中误差为 ±2mm/km；使用单反光镜的最大测程为 5km。科力达 KTS-440 系列全站仪具体包括 KTS-440、KTS-440L 和 KTS-440R 三种型号，三种全站仪的基本构造与使用方法相同。科力达 KTS-440 系列全站仪的基本构造如图 4-14 和图 4-15 所示。

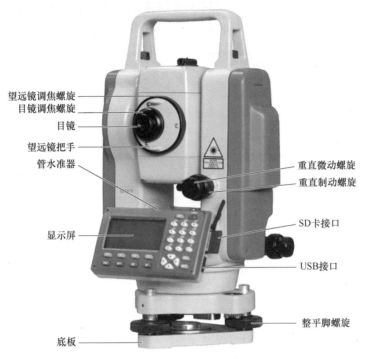

图 4-14　科力达 KTS-440 系列全站仪构造（一）

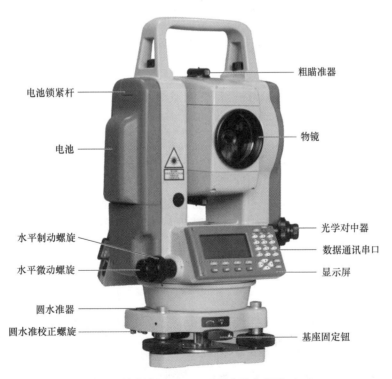

图 4-15　科力达 KTS-440 系列全站仪构造（二）

　　与全站仪配套使用的反光棱镜与觇牌如图 4-16 和图 4-17 所示，由于全站仪的望远镜视准轴与测距发射接收光轴是同轴的，故反光棱镜中心与觇牌中心一致。对中杆棱镜组的对中杆与两条铝脚架一起构成简便的三脚架系统，操作灵活方便，在低等级控制测量和施工放线测量中应用广泛。在精度要求不高时，还可拆去其两条铝脚架，单独使用一根对中杆，携带和使用更加方便。使用对中杆棱镜组时，将对中杆的下尖对准地面测量标志，两条架腿张开合适的角度并踏稳，双手分别握紧两条架腿上的握式锁紧装置，伸缩架腿长度，使圆气泡居中，便完成对中整平工作。对中杆的高度是可伸缩的，在接头处有杆高刻划标志，可根据需要调节棱镜的高度。

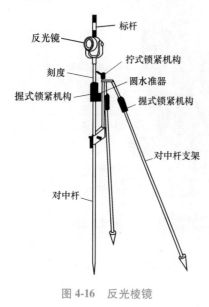

图 4-16　反光棱镜

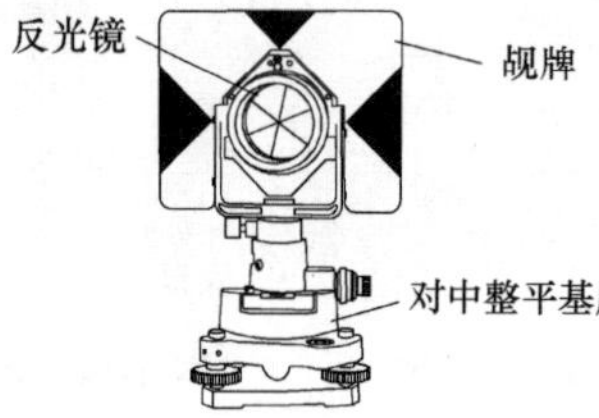

图 4-17　觇牌棱镜

（二）科力达 KTS-440 系列全站仪特点

1. 功能全面

科力达 KTS-400 系列全站仪除具备丰富的测量程序，同时还具有参数设置、数据存储等功能，适用于进行各种专业测量和工程测量。

2. SD 卡功能

科力达 KTS-440 系列全站仪的 SD 卡具备高记忆容量、快速传输数据、极大的移动灵活性以及很好的安全性等功能，在作业当中各种数据都可以方便地保存到 SD 卡中，通过笔记本电脑插槽或读卡器就可以轻松在电脑上读取 SD 卡内的数据。需要注意的是在进行 SD 卡内的文件操作过程当中不能拔取 SD 卡，否则会导致数据丢失或者损坏。

3. 强大的内存管理

具有大容量内存，并且可以方便地进行文件系统管理，实现数据的增加、删除、修改、传输等。

4. 绝对编码度盘

科力达 KTS-440 系列全站仪预装绝对编码度盘，仪器开机即可直接进行测量。即使中途重置电源，方位角信息也不会丢失。

5. 免棱镜测距

科力达 KTS-440 系列全站仪中带激光测距的 KTS-440R 的免棱镜测距功能可直接对各种材

质、不同颜色的物体（如建筑物的墙面、电线杆、电线、悬崖壁、山体、泥土、木桩等）进行远距离、高精度的测量。这给那些不易到达或根本无法到达的测量目标，带来了福音。

6. 测量程序丰富

此新型全站仪具备常用的基本测量程序（角度测量、距离测量、坐标测量）与特殊测量程序，可进行悬高测量、偏心测量、对边测量、放样、后方交会，满足专业测量的多种需求。

（三）功能键

如图 4-18 所示，KTS-440 的键盘有 28 个按键，即电源开关键 1 个、照明键 1 个、软键 4 个、操作键 10 个和字母数字键 12 个。

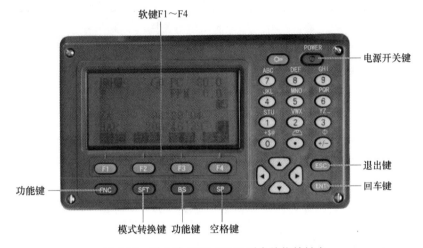

图 4-18　科力达 KTS-440 系列全站仪的键盘

电源开关键，打开电源：按<POWER>键；关闭电源：按住<POWER>键 3 秒钟。照明键：按打开或关闭显示窗口照明。科力达 KTS-440 显示窗的底部显示出软键的功能，这些功能通过键盘左下角对应的 "F1" 至 "F4" 来选取，若要查看另一页的功能按<FNC>键。仪器出厂时在测量模式下各软键的功能见表 4-2~表 4-5。

表 4-2　第一页

名称	功能
平距（斜距或高差）	开始距离测量
切换	选择测距类型（在平距、斜距、高差之间切换）
置角	预置水平角
参数	距离测量参数设置

表 4-3　第二页

名称	功能
置角	水平角置零
坐标	开始坐标测量
放样	开始放样测量
记录	记录观测数据

表 4-4　第三页

名称	功能
对边	开始对边测量
后交	开始后方交会测量
菜单	显示菜单模式
高度	设置仪器高和目标高

表 4-5　操作键

名称	功能
ESC	取消前一操作，退回到前一个显示屏或前一个模式
FNC	1. 软键功能菜单，翻页 2. 在放样、对边、悬高等功能中可输入目标高功能
SFT	打开或关闭转换（SHIFT）模式，在输入法中切换字母和数字功能
BS	删除左边一空格
SP	1. 在输入法中输入空格 2. 在非输入法中为快捷功能键 A——激光指向开关；B——对中器亮度调节；C——十字丝照明调节； D——棱镜常数修改；E——测量模式切换；　F——反射体类型切换
▲	1. 光标上移或向上选取选择项 2. 在数据列表和查找中为查阅上一个数据
▼	1. 光标下移或向下选取选择项 2. 在数据列表和查找中为查阅下一个数据
◀	1. 光标左移或选取另一选择项 2. 在数据列表和查找中为查阅上一页数据
▶	1. 光标右移或选取另一选择项 2. 在数据列表和查找中为查阅下一页数据
ENT	确认输入或存入该行数据并换行

（四）显示符号

在测量模式下要用到若干个符号，这些符号及其含义见表 4-6。

表 4-6　符号含义

符号	含义
PC	棱镜常数
PPM	气象改正数
ZA	天顶距（天顶 0°）
VA	垂直角（水平 0°／水平 0°±90°）
%	坡度

（续）

符号	含义
S	斜距
H	平距
V	高差
HAR	右角
HAL	左角
HAh	水平角锁定

（五）模式结构

科力达 KTS-440 系列全站仪各功能界面模式结构如图 4-19 所示。

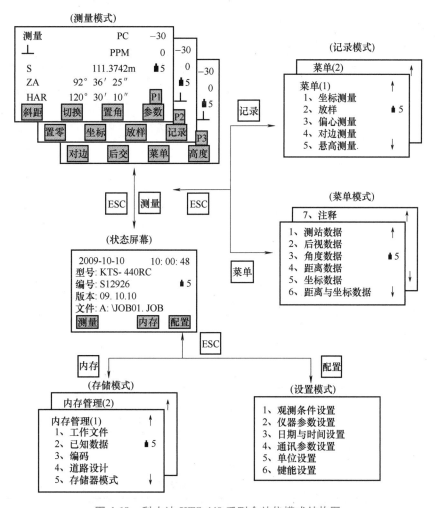

图 4-19 科力达 KTS-440 系列全站仪模式结构图

（六）科力达 KTS-440 系列全站仪菜单表

科力达 KTS-440 系列全站仪测量模式菜单各功能详细介绍见表 4-7。

表 4-7　测量模式菜单表

名称	功能
斜距（平距或高差）	进行距离测量
切换	选择测距类型（在斜距、平距、高差之间转换）
置零	水平角置零
置角	预置一个水平角
左/右角	水平角左/右角的选取
复测	水平角重复测量
锁角	水平角的锁定与解锁
ZA/%	天顶距与坡度的转换
高度	仪器高和目标高的设置
记录	记录数据
悬高	进行悬高测量
对边	进行对边测量
最新	显示最新测量的数据
查阅	显示所选工作文件中的观测数据
参数	设置测距参数和模式（大气改正数、棱镜常数和测距模式等）
坐标	进行坐标测量
放样	进行放样测量模式
偏心	进行偏心测量
菜单	进入菜单模式
后交	进行后方交会测量
输出	向外部设备输出测量结果
F/M	距离单位英尺与米的转换
面积	进行面积计算功能
道路	进行道路的设计与放样
投点	点投影计算
放线	直线放样测量

科力达 KTS-440 系列全站仪记录模式菜单各功能详细介绍见表 4-8。

表 4-8　记录模式菜单表

名称	功能
测站数据	记录测站数据
后视数据	记录后视方位角及坐标数据

（续）

名称	功能
角度数据	记录角度测量数据
距离数据	记录距离测量数据
坐标数据	记录坐标测量数据
距离与坐标数据	记录距离和坐标数据
注释	记录注释数据
查阅数据	调阅工作文件中的数据

科力达 KTS-440 系列全站仪内存模式菜单各功能详细介绍见表 4-9。

表 4-9　内存模式菜单表

名称	功能
工作文件	工作文件的选取和管理
已知数据	已知数据的输入与管理
编码	编码的输入与管理
道路设计	道路数据的设计
存储器模式	与 PC 机相连接
初始参数	参数恢复出厂设置
所有文件	所有文件的编辑和管理
格网因子	格网因子

（七）科力达 KTS-440 全站仪距离测量

1. 仪器开箱和存放

（1）开箱：轻轻地放下箱子，让其盖朝上，打开箱子的锁栓，开箱盖，取出仪器。

（2）存放：盖好望远镜镜盖，使照准部的垂直制动手轮和基座的水准器朝上，将仪器平卧（望远镜物镜端朝下）放入箱中，轻轻旋紧垂直制动手轮，盖好箱盖，并关上锁栓。

全站仪光电测距

2. 安置仪器

将仪器安装在三脚架上，精确整平和对中，以保证测量成果的精度（应使用专用的中心连接螺旋的三脚架）。

（1）架设三脚架

将三脚架伸到适当高度，确保三腿等长、打开，并使三脚架顶面近似水平，且位于测站点的正上方。将三脚架腿支撑在地面上，使其中一条腿固定。

（2）安置仪器和对点

将仪器小心地安置到三脚架上，拧紧中心连接螺旋，开机并打开激光点。双手握住另外两条未固定的架腿，通过眼睛观察激光的位置。当激光点大致对准测站点时，使三脚架三条腿均固定在地面上。调节全站仪的三个脚螺旋，使激光点精确对准测站点。

（3）利用圆水准器粗平仪器

伸缩其中的两个脚架，使圆气泡居中。观察圆气泡所处位置，调整靠近圆气泡的两个脚架，使圆气泡居中。

（4）利用管水准器精平仪器

1）松开水平制动螺旋，转动仪器使管水准器平行于某一对脚螺旋 AB 的连线，再旋转脚螺旋 A、B，使管水准器气泡居中，如图 4-20 所示。

2）将仪器绕竖轴旋转 90°，再旋转另一个脚螺旋 C，使管水准器气泡居中，如图 4-21 所示。

图 4-20　精平第一步

图 4-21　精平第二步

3）再次旋转仪器 90°，重复步骤 1）、2），直到四个位置上的气泡均居中为止。

3. 距离测量

安置仪器完成以后，安置反光镜于另一点上，经对中整平后，将反光镜朝向全站仪。图 4-22 为距离测量的界面，按<斜距>键即可测出仪器至棱镜的斜距，"S"为测出的距离。按<切换>键可将"斜距"切换为"平距"，测出的距离即为"平距"。

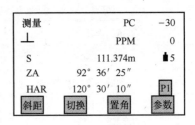

图 4-22　距离测量

第 4 节　直线定向与坐标的计算

确定地面两点在平面上的相对位置，除了测定两点之间的距离外，还应确定两点所连直线的方向。一条直线的方向是根据某一标准方向来确定的。确定直线与标准方向之间的关系，称为直线定向。

全站仪坐标测量

一、标准方向

在工程测量工作中，通常是以子午线作为直线定向的标准方向。子午线分真子午线、磁子午线和轴子午线三种，相对的标准方向分别为真北方向、磁北方向和坐标北方向。

（一）真子午线方向（真北方向）

包含地球北南极的平面与地球表面的交线称为真子午线。过地面点的真子午线切线方向，称为该线的真子午线方向，指向北方的一端叫真北方向，如图 4-23a 所示。真子午线方向用天文观测方法或陀螺经纬仪测定，地面上各点的真子午线方向是互相不平行的。

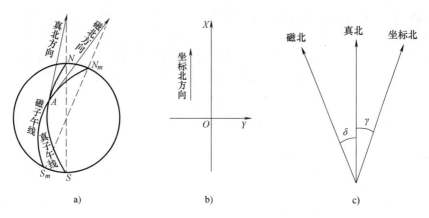

图 4-23　三个北方向及其关系

（二）磁子午线方向（磁北方向）

包含地球磁北南极的平面与地球表面的交线称为磁子午线。过地面点的磁子午线切线方向，指向北方的一端称为该点的磁北方向，如图 4-23a 所示。磁北方向用指南针或罗盘仪测定。

（三）轴子午线方向（坐标北方向）

在测量工作中通常采用高斯平面直角坐标系或独立平面直角坐标系确定地面点的位置，取坐标纵轴（X 轴）的方向作为直线定向的标准方向，如图 4-23b 所示。高斯平面直角坐标系中的坐标纵轴，是高斯投影带的中央子午线的平行线；独立平面直角坐标系中的坐标纵轴，可以由假定获得。

上述三种北方向的关系如图 4-23c 所示。过一点的磁北方向与真北方向之间的夹角称为磁偏角，用 δ 表示；过一点的坐标北方向与真北方向之间的夹角称为子午线收敛角，用 γ 表示。磁北方向或坐标北方向偏在真北方向东侧时，δ 或 γ 为正；偏在真北方向西侧时，δ 或 γ 为负。

二、表示直线方向的方法

1. 方位角

测量工作中，直线的方向通常用方位角来表示。由直线一端的标准方向顺时针旋转至该直线的水平夹角，称为该直线的方位角，其取值范围是 0°～360°。由于标准方向有真北、磁北和轴北方向三种，因此对应的方位角分别被称为真方位角（用 A 表示）、磁方位角（用 A_m 表示）和坐标方位角（用 α 表示）。为了标明直线的方向，通常在方位角的右下方标注直线的起终点。如 α_{02} 表示直线 O 到 2 的坐标方位角，直线的起点是 O，终点是 2，如图 4-24

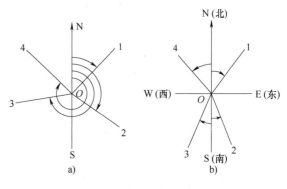

图 4-24　坐标方位角

所示。例如直线 O 至 2 的方位角为 $125°20'34''$，表示为 $\alpha_{02} = 125°20'34''$，$O$ 点至 C 点直线的方

位角为 $330°28'35''$，表示为 $\alpha_{OC} = 330°28'35''$。

2. 象限角

由标准方向的北端或南端起，顺时针或逆时针量到某直线所夹的水平锐角，称为该直线的象限角，并注记象限，通常用 R 表示，角值为 $0° \sim 90°$。如图 4-24b 所示，直线 $O1$、$O2$、$O3$、$O4$ 的象限角分别为北东 R_{O1}、南东 R_{O2}、南西 R_{O3}、北西 R_{O4}。象限角也有真象限角、磁象限角和坐标象限角之分。测量工作一般采用坐标象限角。

三、坐标方位角的计算

（一）正反坐标方位角

由图 4-25 可以看出，任意一条直线存在两个坐标方位角，它们之间相差 $180°$，即

$$\alpha_{BA} = \alpha_{AB} \pm 180° \qquad (4\text{-}13)$$

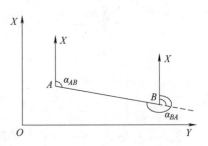

图 4-25　正反坐标方位角

如果把 α_{AB} 称为正方位角，则 α_{BA} 称为其反方位角；反之亦然。在测量工作中，经常要计算某方位角的反方位角。

例如：$\alpha_{AB} = 115°10'23''$，则其反方位角为 $\alpha_{BA} = 115°10'23'' + 180° = 295°10'23''$

$\alpha_{AB} = 238°24'10''$，则其反方位角为 $\alpha_{BA} = 238°24'10'' - 180° = 58°24'10''$

由上可知，可得正反方位角关系的规律：若正方位角大于 $180°$，则算反方位角时取减 $180°$ 即可；若正方位角小于 $180°$，则算反方位角时取加 $180°$ 即可。

（二）坐标方位角的增减

如图 4-26 所示，若已知直线 AB 的坐标方位角，又观测了它与直线 AC、AD 所夹的水平角分别为 β_1、β_2，由于方位角是顺时针方向增大，由图可知

$$\alpha_{AC} = \alpha_{AB} - \beta_1 \qquad (4\text{-}14)$$

$$\alpha_{AD} = \alpha_{AB} + \beta_2 \qquad (4\text{-}15)$$

如图 4-26 所示，若已知直线 AB 的坐标方位角为 $\alpha_{AB} = 126°28'42''$，观测水平夹角 $\beta_1 = 48°16'26''$，$\beta_2 = 130°23'25''$，求其他各边的坐标方位角。

$$\begin{aligned}
\alpha_{AC} &= \alpha_{AB} - \beta_1 \\
&= 126°18'42'' - 48°16'26'' \\
&= 78°02'16''
\end{aligned}$$

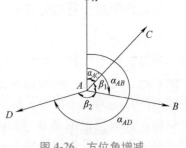

图 4-26　方位角增减

$$\begin{aligned}
\alpha_{AD} &= \alpha_{AB} + \beta_2 \\
&= 126°28'42'' + 130°23'25'' \\
&= 326°52'07''
\end{aligned}$$

由上可知坐标方位角增减的规律：顺时针转动时取"加"；逆时针转动时取"减"。

（三）坐标方位角的推算

实际工作中，为了获取多条直线的坐标方位角，把这些直线首尾相接，依次观测各接点处两条直线之间的转折角（即水平角），若已知第一条直线的坐标方位角，便可根据上述两种方法将其他各条直线的坐标方位角依次推出。

如图 4-27 所示，已知直线 12 的坐标方位角为 α_{12}；2、3 点的水平转折角分别为 β_2 和 β_3，

其中 β_2 在推算路线前进方向左侧，称为左角；β_3 在推算路线前进方向的右侧，称为右角。欲推算此路线上另两条直线的坐标方位角 α_{23}、α_{34}。

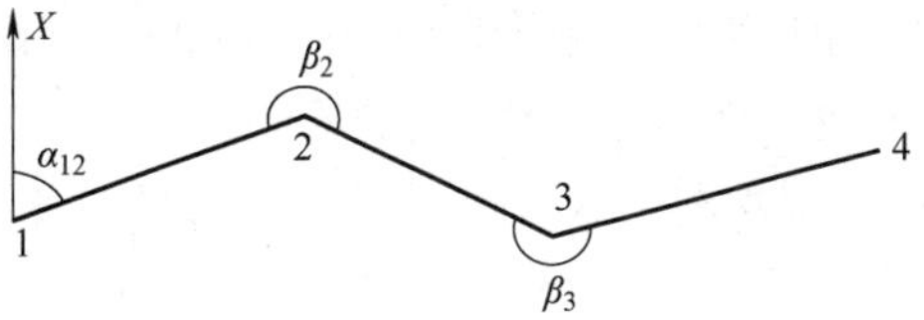

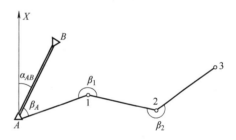

图 4-27　坐标方位角推算

根据反方位角计算公式（4-13）式得

$$\alpha_{21} = \alpha_{12} \pm 180°$$

再由坐标方位角增减计算公式（4-15）式可得

$$\alpha_{23} = \alpha_{21} + \beta_2 = \alpha_{12} \pm 180° + \beta_2$$

同理可由 α_{23} 和 β_3 计算直线 34 的坐标方位角：

$$\alpha_{34} = \alpha_{23} \pm 180° - \beta_3$$

上述两个等式分别为推算直线 23 和 34 各边坐标方位角的递推公式。由以上推导过程可以得出坐标方位角推算的规律为：下一条边的坐标方位角等于上一条边坐标方位角加 180°，再加上或减去转折角（转折角为左角时加，转折角为右角时减），即

$$\alpha_{下} = \alpha_{上} \pm 180° \pm \beta \qquad (4\text{-}16)$$

【例 4-2】　如图 4-28 所示，直线 AB 的坐标方位角为 $\alpha_{AB} = 36°15'36''$，转折角 $\beta_A = 47°16'25''$，$\beta_1 = 226°20'18''$，$\beta_2 = 215°50'38''$，求其他各边的坐标方位角。

【解】　根据式（4-15）得：

$\alpha_{A1} = \alpha_{AB} + \beta_A$

$\quad = 36°15'36'' + 47°16'25''$

$\quad = 83°32'01''$

根据式（4-16）得：

$\alpha_{12} = \alpha_{A1} + \beta_1 \pm 180°$

$\quad = 83°32'01'' + 226°20'18'' - 180°$

$\quad = 129°52'19''$

$\alpha_{23} = \alpha_{12} - \beta_2 \pm 180°$

$\quad = 129°52'19'' - 217°56'54'' + 180°$

$\quad = 91°35'15''$

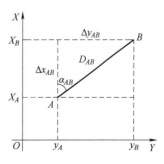

图 4-28　坐标方位角推算略图

四、坐标正反算

（一）坐标正算

根据已知点坐标、已知边长和坐标方位角，计算未知点坐标，称为坐标正算。

如图 4-29 所示，设 A 点的已知坐标为 (X_A, Y_A)，又已知 A 至 B 点的边长为 D_{AB}，坐标方位角为 α_{AB}。求 B 点坐标 (X_B, Y_B)。

设 A 至 B 点的纵坐标增量和横坐标增量分别为 Δx_{AB} 和 Δy_{AB}，由图中关系可知，计算 Δx_{AB} 和 Δy_{AB} 的公式为：

$$\begin{cases} \Delta x_{AB} = D_{AB} \times \cos\alpha_{AB} \\ \Delta y_{AB} = D_{AB} \times \sin\alpha_{AB} \end{cases} \qquad (4\text{-}17)$$

则 B 点坐标的计算公式为：

$$\begin{cases} X_B = X_A + \Delta x_{AB} \\ Y_B = Y_A + \Delta y_{AB} \end{cases} \qquad (4\text{-}18)$$

图 4-29　坐标计算示意图

在计算时，坐标增量 Δx_{AB} 和 Δy_{AB} 有正有负。由于边长 D_{AB} 是正值，则 Δx_{AB} 和 Δy_{AB} 的正负号取决于坐标方位角 α_{AB} 的象限。

【例 4-3】 设 A 点的已知坐标为（8000m，4000m），又已知 A 至 B 点的边长为 150m，坐标方位角为 $136°48'20''$，求 B 点坐标（X_B，Y_B）。

【解】 根据式（4-17）计算坐标增量为：

$$\Delta x_{AB} = 150\text{m} \times \cos 136°48'20'' = -109.355\text{m}$$

$$\Delta y_{AB} = 150\text{m} \times \sin 136°48'20'' = 102.671\text{m}$$

根据式（4-18）计算 B 点坐标为：

$$X_B = 8000 - 109.355 = 7890.645\text{m}$$

$$Y_B = 4000 + 102.671 = 4102.671\text{m}$$

（二）坐标反算

根据两个已知点的平面坐标计算两点间水平距离和坐标方位角，称为坐标反算。

图 4-30 中，设已知 A 点的已知坐标为（X_A，Y_A），B 点的已知坐标为（X_B，Y_B），求 A 至 B 点的边长 D_{AB} 和坐标方位角 α_{AB}。

计算顺序与上述的坐标正算相反，先根据两点坐标值计算坐标增量 Δx_{AB} 和 Δy_{AB}：

$$\begin{cases} \Delta x_{AB} = X_B - X_A \\ \Delta y_{AB} = Y_B - Y_A \end{cases} \tag{4-19}$$

再计算边长 D_{AB} 和方位角 α_{AB}：

$$D_{AB} = \sqrt{\Delta x_{AB}^2 + \Delta y_{AB}^2} \tag{4-20}$$

$$R_{AB} = \arctan \left| \frac{\Delta y_{AB}}{\Delta x_{AB}} \right| \tag{4-21}$$

R_{AB} 为点 A 至 B 的象限角，可用计算器按反三角函数计算出，再根据象限角与方位角的关系（图 4-30 和表 4-10）推算点 A 至 B 的方位角。

如图 4-30 所示，由标准方向线的北端或南端，顺时针或逆时针量到某直线的水平夹角，称为象限角，用 R 表示，其值在 $0° \sim 90°$ 之间。象限角不但要表示角度的大小，而且还要注记该直线位于第几象限。象限角分别用北东、南东、南西和北西表示。

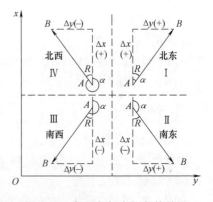

图 4-30　象限角与方位角的关系

象限角一般只在坐标计算时用，这时所说的象限角是指坐标象限角。坐标象限角与坐标方位角之间的关系见表 4-10。

表 4-10　坐标象限角与坐标方位角关系

象限	坐标方位角范围	坐标方位角推算象限角	象限角推算坐标方位角
第一象限	$0° \sim 90°$	$R = \alpha$	$\alpha = R$
第二象限	$90° \sim 180°$	$R = 180° - \alpha$	$\alpha = 180° - R$
第三象限	$180° \sim 270°$	$R = \alpha - 180°$	$\alpha = 180° + R$
第四象限	$270° \sim 360°$	$R = 360° - \alpha$	$\alpha = 360° - R$

【例 4-4】 设 A 点的已知坐标为（4500m，5500m），B 点的已知坐标为（4280m，5660m），求 A 至 B 点的边长 D_{AB} 和坐标方位角 α_{AB}。

【解】 根据式计算坐标增量为：

$$\Delta x_{AB} = 4280 - 4500 = -220\text{m}$$

$$\Delta y_{AB} = 5660 - 5500 = 160\text{m}$$

根据式计算边长 D_{AB} 为：

$$D_{AB} = \sqrt{(-220)^2 + 160^2} = 272.029\text{m}$$

因为 Δx_{AB} 为负，Δy_{AB} 为正，在第二象限，对照表 4-10，根据（4-21）计算方位角 α_{AB} 为：

$$\alpha_{AB} = 180° - \arctan\left|\frac{160}{-220}\right| = 180° - 36°01'38'' = 143°58'22''$$

第 5 节 全站仪坐标测量

一、安置仪器

先将全站仪安置在已知点上，包括对中、粗平和精平，具体操作步骤与距离测量的安置方法一样，详见第 3 节。

二、设置测站

在开始坐标测量之前，需要先输入测站坐标、仪器高和目标高。仪器高和目标高可使用卷尺量取。坐标数据可预先输入仪器。测站数据可以记录在所选择的工作文件中。坐标测量也可以在测量模式第 3 页菜单下，按菜单进入菜单模式后选"1、坐标测量"来进行，具体步骤见表 4-11。

表 4-11 设置测站

操作过程	操作键	显示
（1）在测量模式的第二页菜单下，按 <坐标>键，显示坐标测量菜单	"坐标"	坐标测量 1、测量 2、设置测站　　　　　📶5 3、设置后视
（2）选取"2、设置测站"后按<ENT>键（或直接按数字键2），输入测站数据	选择"2、设置测站" + "ENT"	N0 ：　　　1234.688 E0 ：　　　1748.234 Z0 ：　　　5121.579　📶5 仪器高：　　　0.000　m 目标高：　　　0.000　m 取值　　记录　　　　确定

（续）

操作过程	操作键	显示
（3）输入下列各数据项：N0、E0、Z0（测站点坐标）、仪器高和目标高。每输入一数据项后按<ENT>键	输入测站数据 + "ENT"	N0　：　　　1234.688 E0　：　　　1748.234 Z0　：　　　5121.579　📶5 仪器高：　　　　1.600　m 目标高：　　　　2.000　m 　　　　记录　　　　　确定
（4）按<确定>键结束测站数据输入操作，显示返回坐标测量菜单屏幕	"确定"	坐标测量 1、测量 2、设置测站 3、设置后视

三、设置后视

后视方位角可通过输入后视坐标或后视方位角度来设置。这里主要介绍输入后视坐标的方法定后视方位角。

在输入测站点和后视点的坐标后，屏幕显示测站点到后视点方向的方位角。照准后视点，通过按键操作，仪器便根据测站点和后视点的坐标，自动完成后视方向方位角的设置，具体步骤见表4-12。

表4-12　设置后视

操作过程	操作键	显示
（1）在设置后视菜单中，选择"2、坐标定后视"	选择"2、坐标定后视"	设置后视 1、角度定后视 2、坐标定后视　　　📶5
（2）输入后视点坐标NBS、EBS和ZBS的值，每输入完一个数据后按<ENT>键，然后按<确定>键。若要调用作业中的数据，则按<取值>键	输入后视坐标 + "ENT" + "确定"	后视坐标 NBS：　　　1382.450　m EBS：　　　3455.235　m ZBS：　　　1234.344　m 取值　　　　　　　　确定

（续）

操作过程	操作键	显示
（3）系统根据设置的测站点和后视点坐标计算出后视方位角，屏幕显示如右图所示（HAR 为应照准的后视方位角）		设置方位角 请照准后视　　　　　5 HAR　　40° 00′ 00″ 否　　是
（4）照准后视点，按<是>键，结束方位角设置返回坐标测量菜单屏幕		坐标测量 1、测量 2、设置测站　　　　　5 3、设置后视

四、坐标测量

在完成了测站数据的输入和后视方位角的设置后，通过距离和角度测量便可确定目标点的坐标，具体步骤见表 4-13。

表 4-13　坐标测量

操作过程	操作键	显示
（1）精确照准目标棱镜中心后，在坐标测量菜单屏幕下选择"1、测量"后按<ENT>键（或直接按数字键 1）	选择 "1、测量" + "ENT"	坐标测量 坐标　镜常数 = 0 　　　PPM　 = 0　　5 　　　单次精测 停止
（2）测量完成后，显示出目标点的坐标值以及到目标点的距离、垂直角和水平角（若仪器设置为重复测量模式，按停止键来停止测量并显示测量值）		N ：　　　 1534.688 E ：　　　 1048.234 Z ：　　　 1121.579　　5 S 　　　　 1382.450　m HAR 　　 12° 34′ 34″ 停止 N ：　　　 1534.688　m E ：　　　 1048.234　m Z ：　　　 1121.579　m　5 S 　　　　 1382.450　m HAR 　　 12° 34′ 34″ 记录　测站　　　观测

（续）

操作过程	操作键	显示
（3）若需将坐标数据记录于工作文件，按<记录>键，显示如右图所示。输入下列各数据项： "1、点名"：目标点点号 "2、编码"：编码或备注信息等每输入完一数据项后按▼ 当光标位于编码行时，显示编码功能键，按此功能，显示编码列表，按▲或者▼使光标位于待选取的编码上，选择预先输入内存的一个编码，按<ENT>键返回。 或输入编码对应的序列号直接调用，如输入数字"1"，就可调用编码文件中相对应的编码。按<存储>键记录数据。	"记录" + "存储"	*N : 1534.688 m *E : 1048.234 m *Z : 1121.579 m 点名: KOLIDA 编码: 存储　标高　编码 001: 1VS 002: 123 查阅　查找　删除　添加 *N : 1534.688 m *E : 1048.234 m *Z : 1121.579 m 点名: KOLIDA 编码: 1VS 存储　标高　编码
（4）照准下一目标点，按<观测>键开始下一目标点的坐标测量。按<测站>键可进入"测站"数据输入屏幕，重新输入测站数据将对下一观测起作用。因此当目标高发生变化时，应在测量前输入变化后的值	"观测"	N : 1534.688 m E : 1848.234 m Z : 1821.579 m　▮5 S : 482.450 m HAR 92° 34′ 34″ 测站　　　　　观测
按<ESC>键结束坐标测量并返回坐标测量菜单屏幕	"ESC"	坐标测量 1、观测 2、设置测站　　　　▮5 3、设置后视

思考与练习

4-1　何谓直线定线？在距离丈量之前为什么要进行直线定线？经纬仪定线通常是怎样进行的？

4-2　距离测量有哪些常用方法？各有什么优缺点？

4-3　影响量距精度的因素有哪些？如何提高量距精度？

4-4　直线定向和直线定线有什么区别？

4-5　什么是视距测量？视距测量中应注意什么？

4-6　同一直线的正反方位角有什么关系？

4-7　用钢尺丈量一直线段距离，往测丈量的长度为 316.254m，返测为 316.386m，先规定其丈量的相对误差应小于 1/3000，试问：

（1）此测量成果是否满足精度要求？

（2）按规定的精度要求，若丈量 200m 的距离，往返丈量最大允许偏差为多少？

4-8　用钢尺量得 AB、CD 两段距离为：$D_{AB往} = 216.895m$，$D_{AB返} = 216.827m$，$D_{CD往} = 354.535m$，$D_{CD返} = 354.624m$。这两段距离的相对误差各为多少？哪段精度较高？

4-9　试计算表 4-14 中视距测量各栏数据。

表 4-14　视距测量记录计算表

测站：M　　　M 点高程：78.893m　　　仪器高：1.462m

点号	视距 (Kl)/m	中丝读数/m	竖盘读数	竖直角	水平距离/m	高差/m	高程/m	备注
1	48.8	3.84	86°12′48″					
2	32.7	0.89	95°45′52″					
3	86.4	2.23	82°41′24″					

4-10　如图 4-31 所示，$\alpha_{12} = 236°$，五边形各内角分别为 $\beta_1 = 76°$，$\beta_2 = 129°$，$\beta_3 = 80°$，$\beta_4 = 135°$，$\beta_5 = 120°$，求其他各边的坐标方位角。

4-11　如图 4-32 所示，$\alpha_{AB} = 76°$，$\beta_1 = 96°$，$\beta_2 = 79°$，$\beta_3 = 82°$，求 α_{B1}，α_{B2}，求 α_{B3}。

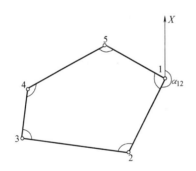

图 4-31　题 4-10 图

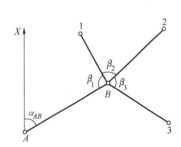

图 4-32　题 4-11 图

测量误差的基本知识

第5章

在测量工作实践中我们发现，不论测量仪器多么精密，观测者多么仔细认真，当对某一未知量，如一段距离、一个角度或两点间的高差进行多次重复观测时，所测得的各次结果总是存在着差异。这些现象说明观测结果中不可避免地存在着测量误差。

研究测量误差的目的是：分析测量误差产生的原因和性质；掌握误差产生的规律，合理地处理含有误差的测量结果，求出未知量的最可靠值；正确地评定观测值的精度。

需要指出的是，错误（粗差）在观测结果中是不允许存在的。例如，水准测量时，转点上的水准尺发生了移动；测角时测错目标；读数时将9误读成6；记录或计算中产生的差错等。所以，含有错误的观测值应舍去不用。为了杜绝和及时发现错误，测量时必须严格按测量规范去操作，工作中要认真仔细，同时必须对观测结果采取必要的检核措施。

了解误差产生的原因及误差传播定律。

掌握系统误差和偶然误差产生的原因及处理办法。

具备准确计算中误差、相对误差、极限误差的能力以及熟练应用误差传播定律。

一、测量误差产生的原因

测量误差的来源很多，其产生的原因主要有以下三个方面。

（一）仪器的原因

观测工作中所使用的仪器，由于制造和校正不可能十分完善，受其一定精度的限制，使其观测结果的精确程度也受到一定限制。

（二）人的原因

在观测过程中，由于观测者感觉器官的鉴别能力的限制，如人的眼睛最小辨别的距离为 0.1mm，所以，在仪器的对中、整平、瞄准、读数等工作环节时都会产生一定的误差。

（三）外界条件的原因

观测是在一定的外界自然条件下进行的，如温度、亮度、湿度、风力和大气折光等因素的变化，也会使测量结果产生误差。

观测结果的精度简称为精度，其取决于观测时所处的条件，上述三个方面综合起来就称作观测条件。观测条件相同的各次观测，称为同精度观测；观测条件不同的各次观测，则称为非等精度观测。

二、测量误差的分类

由于测量结果中含有各种误差，除需要分析其产生的原因，采取必要的措施消除或减弱对观测结果的影响之外，还要对误差进行分类。测量误差按照对观测结果影响的性质不同，可分为系统误差和偶然误差两大类。

（一）系统误差

1. 系统误差的定义

在相同的观测条件下，对某量进行一系列的观测，如果误差出现的符号相同，数值大小保持为常数，或按一定的规律变化，这种误差称为系统误差。例如，某钢尺的注记长度为 30m，鉴定后，其实际长度为 30.003m，即每量一整尺段，就会产生 0.003m 的误差，这种误差的数值和符号都是固定的，误差的大小与所量距离成正比。又如，水准仪经检验校正后，水准管轴与视准管轴之间仍会存在不平行的残余误差 i 角，使得观测时在水准尺上读数会产生误差，这种误差的大小与水准尺至水准仪的距离成正比，也保持同一符号。这些误差都属于系统误差。

2. 系统误差消除或减弱的方法

系统误差具有积累性，对测量结果的质量影响很大，所以，必须使系统误差从测量结果中消除或减弱到允许范围之内，通常采用以下方法：

（1）用计算的方法加以改正。对某些误差应求出其大小，加入测量结果中，使其得到改正，消除误差影响。例如，用钢尺量距时，可以对观测值加入尺长改正数和温度改正数，来消除尺长误差和温度变化误差对钢尺的影响。

（2）检校仪器。对测量时所使用的仪器进行检验与校正，把误差减小到最小程度。例如，水准仪中水准管轴是否平行于视准轴检校后，i 角不得大于 20″。

（3）采用合理的观测方法，可使误差自行消除或减弱。例如，在水准测量中，用前后视距离相等的方法能消除 i 角的影响；在水平角测量中，用盘左、盘右观测值取中数的方法，可以消除视准轴不垂直于横轴、横轴不垂直于竖轴或照准部偏心差等的影响。

（二）偶然误差

1. 偶然误差的定义

在相同的观测条件下，对某量进行一系列的观测，如果误差在符号和大小都没有表现出一致的倾向，即每个误差从表面上来看，不论其符号上或数值上都没有任何规律性，这种误差称为偶然误差。例如，测角时照准误差，水准测量在水准尺上的估读误差等。

由于观测结果中系统误差和偶然误差是同时产生的，但系统误差可以用计算改正或适当

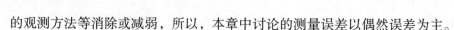

的观测方法等消除或减弱，所以，本章中讨论的测量误差以偶然误差为主。

2. 偶然误差的特性

偶然误差就其单个而言，看不出有任何规律，但是随着对同一量观测次数的增加，大量的偶然误差就能表现出一种统计规律性，观测次数越多，这种规律性越明显。例如，在相同的观测条件下，观测了某测区内 168 个三角形的全部内角，由于观测值存在着偶然误差，使三角形内角观测值之和 L 不等于真值 180°，其差值 Δ 称为真误差，可由下式计算，真值用 X 表示。

$$\Delta = L - X \tag{5-1}$$

由上式计算出 168 个真误差，按其绝对值的大小和正负，分区间统计相应真误差个数，列于表 5-1 中。

表 5-1　误差个数统计表

误差区间	正误差个数	负误差个数	总数
0″~0.4″	25	24	49
0.4″~0.8″	21	22	43
0.8″~1.2″	16	15	31
1.2″~1.6″	10	10	20
1.6″~2.0″	6	7	13
2.0″~2.4″	3	3	6
2.4″~2.8″	2	3	5
2.8″~3.2″	0	1	1
3.2″以上	0	0	0
总和	83	85	168

从上表中可以看出，绝对值小的误差比绝对值大的误差出现的个数多，例如，误差在 0″~0.4″内有 49 个，而 2.8″~3.2″内只有 1 个。绝对值相同的正、负误差个数大致相等，例如，上表中正误差为 83 个，负误差为 85 个。本例中最大误差不超过 3.2″。

大量的观测统计资料结果表明，偶然误差具有如下特性：

（1）在一定的观测条件下，偶然误差的绝对值不会超过一定的限值。

（2）绝对值较小的误差比绝对值较大的误差出现的机会多。

（3）绝对值相等的正负误差出现的机会相同。

（4）偶然误差的算术平均值，随着观测次数的无限增加而趋近于零，即

$$\lim_{n \to \infty} \frac{[\Delta]}{n} = 0 \tag{5-2}$$

式中　n——观测次数。

$$[\Delta] = \Delta_1 + \Delta_2 + \cdots + \Delta_n$$

偶然误差的第四个特性是由第三个特性导出的，说明大量的正负误差有互相抵消的可能，当观测次数无限增加时，偶然误差的算术平均值必然趋近于零。事实上对任何一个未知量不可能进行无限次的观测，因此，偶然误差不能用计算改正或用一定的观测方法简单地加以消除。只能根据偶然误差的特性，合理地处理观测数据，减少偶然误差的影响，求出未知量的最可靠值，并衡量其精度。

"精度"就是观测成果的精确程度。为了衡量观测成果的精度，必须建立衡量的标准，在测量工作中通常采用中误差、容许误差和相对误差作为衡量精度的标准。

一、中误差

（一）已知真值，利用真误差计算中误差

设在相同的观测条件下，对真值为 x 的某量进行了 n 次观测，其观测值为 L_1、L_2、$\cdots$、L_n 由式（5-1）得出相应的真误差为 Δ_1，Δ_2，$\cdots$，Δ_n 为了防止正负误差互相抵消的可能和避免明显地反映个别较大误差的影响，取各个真误差平方和的平均值平方根，作为该组各观测值的中误差（或称为均方误差），以 m 表示，即

$$m = \pm\sqrt{\frac{[\Delta\Delta]}{n}} \tag{5-3}$$

上式表明，观测值的中误差并不等于它的真误差，只是一组观测值的精度指标，中误差越小，相应的观测成果的精度就越高，反之精度就越低。

【例5-1】　设有 A、B 两个小组，对一个三角形同精度的进行了 10 次观测，分别求出其真误差∠为：

A 组　$-6''$、$+5''$、$+2''$、$+4''$、$-2''$、$+8''$、$-8''$、$-7''$、$+9''$、$-4''$

B 组　$-11''$、$+6''$、$+15''$、$+23''$、$-7''$、$-2''$、$+13''$、$-21''$、$0''$、$-18''$

试求 A、B 两组观测值的中误差。

【解】　按式（5-3）：

$$m_A = \pm\sqrt{\frac{(-6)^2+(+5)^2+(+2)^2+(+4)^2+(-2)^2+(+8)^2+(-8)^2+(-7)^2+(+9)^2+(-4)^2}{10}} = \pm6.0''$$

$$m_B = \pm\sqrt{\frac{(-11)^2+(+6)^2+(+15)^2+(+23)^2+(-7)^2+(+13)^2+(-21)^2+0+(-18)^2}{10}} = \pm13.8''$$

比较 m_A 和 m_B 可知，A 组的观测值的精度高于 B 组。

在观测次数 n 有限的情况下，中误差计算公式首先能直接反映出观测成果中是否存在着大误差，如上面 B 组就受到几个较大误差的影响。中误差越大，误差分布的越离散，说明观测值的精度较低。中误差越小，误差分布的就越密集，说明观测值的精度较高，如上面 A 组误差的分布要比 B 组密集得多。另外，对于某一个量同精度观测值中的每一个观测值，其中误差都是相等的，如上例中，A 组的 10 个三角形内角和观测值的中误差都是 $\pm6.0''$。

（二）未知真值，求算术平均值，利用观测值改正数计算中误差

观测值的精度最理想的是以标准差 σ 来衡量，其表达式为（5-2）。但是，由于在实际工作中不可能对某一量进行无穷多次观测，因此，只能根据有限次数观测，用式（5-3）估算中误差 m 来衡量其精度。但是应用此式时，需要知道观测对象的真值 X，然后计算得真误差 $\langle math\rangle$，例如上面的例子，用经纬仪观测平面三角形的三个内角，每个三角形的内角和的真值为 $180°$ 为已知，因此求得三角形闭合差为真误差。

在一般情况下，观测值的真值 x 是未知的，真误差 Δ_i 也无法求得，此时就不可能用

式（5-3）求中误差，可以采取在同等精度条件下对某一观测对象进行多次观测，取其算术平均值 $\overline{X}$ 作为最或然值，可以算得各个观测值的改正数 v_i；可以把 $\overline{X}$ 代替 X，v_i 代替 Δ_i，参照式（5-2），得到按观测值的改正值数计算的中误差公式为

$$m = \pm\sqrt{\frac{[vv]}{n-1}} \tag{5-4}$$

式（5-3）与式（5-4）对照，可见除了以 $[\Delta\Delta]$ 代替 $[vv]$ 之外，还以（$n-1$）代替 n，简单直观地解释为：在真值已知的情况下，所有 n 个观测值均为多余观测；在真值未知的情况下，则有一个观测值是必要观测，其余（$n-1$）个观测值是多余观测。因此，两个公式中的 n 和（$n-1$）是分别代表真值已知和真值未知两种不同情况下的多余观测数。

二、容许误差

由偶然误差的第一个特性可知，在一定的观测条件下，偶然误差的绝对值不会超过一定的限值。根据大量的实践和误差理论统计证明，在一系列同精度的观测误差中，偶然误差的绝对值大于中误差的出现个数约占总数的 32%；绝对值大于 2 倍中误差的出现个数约占总数的 4.5%；绝对值大 3 倍中误差的出现个数约占总数的 0.27%。因此，在测量工作中，通常取 2~3 倍中误差作为偶然误差的容许值，称为容许误差，即

$$\begin{cases} |\Delta_{\text{容}}| = 2|m| \\ |\Delta_{\text{容}}| = 3|m| \end{cases} \tag{5-5}$$

如果观测值的误差超过了 3 倍中误差，可认为该观测结果不可靠，应舍去不用或重测。现行作业规范中，为了严格要求，确保测量成果质量，常以 2 倍中误差作为容许误差。

三、相对误差

在某些情况下，用中误差还不能完全表达出观测值的精度高低。例如，丈量了两段距离，第一段为 100m，第二段为 200m，它们的中误差都是 ±0.01m，显然，后者的精度要高于前者。因此，观测量的精度与观测量本身的大小有关时，还必须引入相对误差的概念。相对误差是中误差的绝对值与相应观测值之比。相对误差是个无名数，测量中常用分子为 1 的分式表示，即

$$K = \frac{|m|}{D} = \frac{1}{\dfrac{D}{|m|}} \tag{5-6}$$

在上例中

$$K_1 = \frac{|m_1|}{D_1} = \frac{0.01}{100} = \frac{1}{10000}$$

$$K_2 = \frac{|m_2|}{D_2} = \frac{0.01}{200} = \frac{1}{20000}$$

由上式可直观地看出，后者的精度高于前者。

真误差、中误差、容许误差都是带有测量单位的数值，统称为绝对误差，而相对误差是个无名数，分子与分母的长度单位要一致，同时要将分子约化为 1。

第 3 节　误差传播定律

在测量工作中，有一些未知量是不能直接测定，而且与观测值有一定的函数关系，通过间接计算求得。例如，高差 $h = a - b$，是独立观测值后视读数 a 和前视读数 b 的函数。建立独立观测值中误差与观测值函数中误差之间的关系式，测量上称为误差传播定律。

一、线性函数

（一）倍数函数

设函数 $z = kx$，式中，k 为常数；x 为独立观测值；z 为 x 的函数。当观测值 x 含有真误差 Δx 时，使函数 z 也将产生相应的真误差 Δz，设 x 值观测了 n 次，则

$$\Delta z_n = k \Delta x_n$$

将上式两端平方，求其总和，并除以 n，得

$$\frac{[\Delta z \Delta z]}{n} = k^2 \frac{[\Delta x \Delta x]}{n}$$

根据中误差的定义，则有

$$m_z^2 = k^2 m_x^2 \text{ 或 } m_z = k m_x \tag{5-7}$$

由此得出结论：倍数函数的中误差等于倍数与观测值中误差的乘积。

【例 5-2】 在 $1:500$ 的图上，量得某两点间的距离 $d = 51.2mm$，d 的量测中误差 $m_d = \pm 0.2mm$。试求实地两点间的距离 D 及其中误差 m_D。

【解】

$D = 500 \times 51.2mm = 25600mm = 25.6m$

$m_D = 500 \times (\pm 0.2mm) = \pm 100mm = \pm 0.1m$

所以，$D = 25.6m \pm 0.1m$

（二）和差函数

设有函数 $z = x \pm y$，式中 x 和 y 均为独立观测值；z 是 x 和 y 的函数。当独立观测值 x、y 含有真误差 $\Delta x \Delta y$ 时，函数 z 也将产生相应的真误差 Δz，如果对 x、y 观测了 n 次，则

$$\Delta z_n = \Delta x_n + \Delta y_n$$

将上式两端平方，求其总和，并除以 n，得

$$\frac{[\Delta z \Delta z]}{n} = \frac{[\Delta x \Delta x]}{n} + \frac{[\Delta y \Delta y]}{n} + \frac{2[\Delta x \Delta y]}{n}$$

根据偶然误差的抵消性和中误差定义，得

$$m_z^2 = m_x^2 + m_y^2$$

或

$$m_z = \pm \sqrt{m_x^2 + m_y^2} \tag{5-8}$$

由此得出结论：和差函数的中误差等于各个观测值中误差平方和的平方根。

【例 5-3】 分段丈量一直线上两段距离 AB、CD，丈量结果及其中误差为：$AB = 180.15m \pm 0.01m$，$BC = 200.18m \pm 0.13m$。试求全长 AC 的中误差。

【解】

$AC = 180.15m + 200.18m = 380.33m$

$m_{AC} = \pm \sqrt{0.10^2 + 0.13^2} = \pm 0.17m$

若各观测值的中误差相等，即 $m_{x_1} = m_{x_2} = \cdots = m_{x_n} = m$ 时，则有

$$m_z = \pm m\sqrt{n}$$

【例 5-4】 在水准测量中，若水准尺上每次读数的中误差为 ±1.0mm，则根据后视读数减前视读数计算所得高差中误差是多少？

【解】 一个测站的高差 $h = a - b$

$m_{读} = \pm 1.0\text{mm}$

$m_h = \sqrt{m_{读}^2 + m_{读}^2} = m_{读}\sqrt{2} = \sqrt{2} \times (\pm 1.0) = \pm 0.14\text{mm}$

（三）一般线性函数

设有线性函数

$$z = k_1 x_1 + k_2 x_2 + \cdots + k_n x_n$$

式中，x_1，x_2，$\cdots$，x_n 为独立观测值；k_1，k_2，$\cdots$，k_n 为常数，根据（5-7）和（5-8）式可得

$$m_z^2 = (k_1 m_1)^2 + (k_2 m_2)^2 + \cdots + (k_n m_n)^2$$

$$m_z = \sqrt{(k_1 m_1)^2 + (k_2 m_2)^2 + \cdots + (k_n m_n)^2}$$

式中，m_1，m_2，$\cdots$，m_n 分别是 x_1，x_2，$\cdots$，x_n 观测值的中误差。

由此得出结论：线性函数中误差，等于各常数与相应观测值中误差乘积的平方和的平方根。

根据上式可导出等精度观测算术平均值中误差的计算公式

$$M = \pm \frac{m}{\sqrt{n}} \tag{5-9}$$

【例 5-5】 用测回法观测某一水平角，按等精度观测了 3 个测回，各测回的观测中误差 $m = \pm 8''$，试求 3 个测回的算术平均值的中误差 M。

【解】

$$M = \pm \frac{m}{\sqrt{n}} = \pm \frac{8''}{\sqrt{3}} = \pm 4.6''$$

二、非线性函数

设有函数 $z = f(x_1, x_2, \cdots, x_n)$，上式中，$x_1$，$x_2$，$\cdots$，$x_n$ 为独立观测值，其中误差为 m_1，m_2，$\cdots$，m_n。当观测值 x_i 含有真误差 Δx_i 时，函数 z 也必然产生真误差 Δz，但这些真误差都是很小值，故对上式全微分，并以真误差代替微分，即

$$\Delta z = \frac{\partial f}{\partial x_1} \Delta x_1 + \frac{\partial f}{\partial x_2} \Delta x_2 + \cdots + \frac{\partial f}{\partial x_n} \Delta x_n$$

上式中 $\dfrac{\partial f}{\partial x_1}$，$\dfrac{\partial f}{\partial x_2}$，$\cdots$，$\dfrac{\partial f}{\partial x_n}$ 是函数 z 对 x_1，x_2，$\cdots$，x_n 的偏导数，当函数值确定后，则偏导数值恒为常数，故上式可以认为是线性函数，于是有

$$m_z = \pm \sqrt{\left(\frac{\partial f}{\partial x_1}\right) m_{x_1}^2 + \left(\frac{\partial f}{\partial x_2}\right) m_{x_2}^2 + \cdots + \left(\frac{\partial f}{\partial x_n}\right) m_{x_n}^2} \tag{5-10}$$

由此得出结论：非线性函数中误差等于该函数按每个观测值所求得的偏导数与相应观测值中误差乘积之和的平方根。

思考与练习

5-1　系统误差与偶然误差有哪些本质上的区别？

5-2　偶然误差有哪些特性？

5-3　衡量精度的指标有哪些？

5-4　设在图上量得一圆的半径 $R=60\text{mm}$，其中误差为 $m_R=\pm0.5\text{mm}$，求圆的周长及中误差。

小区域控制测量

第6章

本章概述

测量过程中，不可避免地会产生误差，因此必须采取正确的测量程序和方法，即遵循"由高级到低级，从整体到局部，先控制后碎部"的原则进行测量工作。开展测量工作前必须建立控制网，然后在进行碎部测量或施工放样。控制测量的作用是限制误差的传播和积累，保证必要的测量精度，起到统一坐标和高程系统的作用。

了解知识

了解控制测量的目的、意义、等级和形式。

掌握知识

掌握用导线测量方法在小区域内建立平面控制的外业测量工作和内业计算，用四等水准测量、三角高程测量方法在小区域内建立高程控制的外业测量工作和内业计算。

具备能力

熟练掌握导线的外业测量和内业成果计算，具备四等水准测量、三角高程测量的能力。

第1节 控制测量概述

控制测量是精确地测定地面点的空间位置的工作，就是在测区中选定若干个具有控制意义的点，用较高的精度测量出它们的三维坐标 (X、Y、H)，这些具有控制意义的点称为控制点，它们按一定规律和要求组成网状几何图形，称为控制网。通过外业测量、内业计算，来获得控制点的平面坐标和高程，这项工作称为控制测量。其中，测定控制点的平面位置的工作，称为平面控制测量，测定控制点的高程的工作，称为高程控制测量。

控制测量概述

一、平面控制测量

1. 平面控制测量的形式

平面控制测量的形式主要有卫星定位测量、导线测量和三角形网测量。

（1）卫星定位测量是利用多台接收机同时接收多颗卫星信号，确定地面点三维坐标的方法。卫星定位测量技术以其精度高、速度快、全天候、操作简便而著称，已被广泛应用于测绘领域，是平面控制网建立的首要方法。目前全球有四大卫星定位系统，美国的 GPS 于 1992 年正式启用；俄罗斯的 GLONASS 于 1996 年正式启用；欧盟的 Galileo 已能初步导航应用，并计划在 2020 年具备完全操作能力；中国的北斗系统已于 2020 年 7 月 31 日建成开通。

（2）导线测量如图 6-1a 所示，导线测量是将选定的控制点连成一条折线，依次观测各转折角和各边长度，然后根据起始点坐标和起始边方位角，推算各导线点的坐标。导线测量只要求相邻两点通视，布点灵活方便，随着全站仪的普及，量距已经非常方便，因此导线测量在工程测量中得到广泛应用。如测区较小，可直接采用导线测量建立控制网；如果测区较大，首级网大多采用卫星定位测量建立，加密网则采用导线测量建立。

（3）三角形网测量如图 6-1b 所示，三角形网是由一系列相连的三角形构成的测量控制网，三角形网测量是通过测定三角形网中各三角形的顶点水平角和边的长度，来确定控制点位置的方法，它是对三角测量、三边测量和边角网测量的统称。三角形网测量曾经是我国建立国家平面控制网和城市平面控制网的主要方式，随着卫星定位测量和导线测量的发展，三角形网测量目前已较少使用，因此本章不作具体介绍。

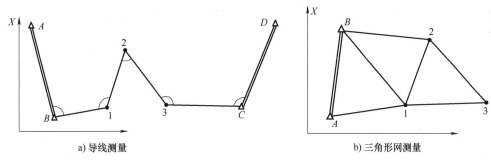

a) 导线测量　　　　　　　　　　　　　b) 三角形网测量

图 6-1　导线与三角形网测量

2. 平面控制网的精度要求

在工程测量领域，平面控制网精度要求根据采取的技术措施有《全球定位系统实时动态测量（RTK）技术规范》（CH/T 2009—2010）、《工程测量规范》（GB 50026—2007）、《公路勘测规范》（JTG C10—2007）等，根据设计书所采取的规范不同，测量工作就必须遵守相应规范的要求，在此不一一列出。

3. 平面控制网的布设原则

首级控制网的布设，应因地制宜，且适当考虑发展。当与国家坐标系统联测时，应同时考虑联测方案。首级控制网的等级，应根据工程规模、控制网的用途和精度要求合理选择。加密控制网，可越级布设或同等级扩展。

4. 平面控制网的坐标系统

平面控制网的坐标系统，应满足测区内投影长度变形不大于 2.5cm/km，即相对中误差为 1/40000 的要求，在此基础上根据具体情况作下列选择：

（1）采用统一的高斯正形投影 3°带平面直角坐标系统。

（2）采用高斯正形投影 3°带，投影面为测区抵偿高程面或测区平均高程面的平面直角坐标系统；或采用高斯正形投影任意带，投影面为 1985 国家高程基准面平面直角坐标系统。

（3）小测区或有特殊精度要求的控制网，可采用独立坐标系统。

（4）在已有平面控制网地区，可沿用原有的坐标系统。

（5）厂区内可采用建筑坐标系统。

二、高程控制测量

1. 高程控制测量的形式与等级

高程控制测量的主要形式是水准测量，也可以采用三角高程测量和 GPS 拟合高程测量。高程控制测量精度等级的划分，依次为二、三、四、五等。各等级高程控制宜采用水准测量，四等及以下等级可采用光电测距三角高程测量，五等也可采用 GPS 拟合高程测量。

水准测量的主要技术要求应符合表 6-1 的规定。

表 6-1　水准测量主要技术要求

等级	每千米高差全中误差/mm	路线长度/km	水准仪型号	水准尺	观测次数		测段往返测高差不符值/mm	
					与已知点联测	附合或环路	平地	山区
二等	2	—	DS1	因瓦	往返各一次	往返各一次	$4\sqrt{L}$	—
三等	6	≤50	DS1	因瓦	往返各一次	往一次	$12\sqrt{L}$	$4\sqrt{n}$
			DS3	双面		往返各一次		
四等	10	≤16	DS3	双面	往返各一次	往一次	$20\sqrt{L}$	$6\sqrt{n}$
五等	15	—	DS3	单面	往返各一次	往一次	$30\sqrt{L}$	—

注：表中结点之间或结点与高级点之间，其路线的长度，不应大于表中规定的 0.7 倍；L 为往返测段，附合或环线的水准路线长度，n 为测站数。

图根水准测量的主要技术要求应符合表 6-2 的规定。

表 6-2　图根水准测量的主要技术要求

每千米高差中误差/mm	附合路线长度/km	仪器类型	视线长度/m	观测次数		往返较差、附合或环线闭合差/mm	
				附合或闭合路线	支水准路线	平地	山地
20	≤5	DS_{10}	≤100	往一次	往返各一次	$40\sqrt{L}$	$12\sqrt{n}$

注：表中 L 为往返测段、附合或环线的水准路线长度；当水准路线布设成支线时，其线路长度不应大于 2.5km。

2. 高程控制测量的布设

首级高程控制网的等级，应根据工程规模、控制网的用途和精度要求合理选择。首级网应布设成环形网，加密网布设成附合路线或结点网。高程控制点间的距离，一般地区应为 1~3km，工业厂区、城镇建筑区宜小于 1km。一个测区及周围至少应有 3 个高程控制点。

测区的高程系统，宜采用 1985 国家高程基准。在已有高程控制网的地区测量时，可沿用原有的高程系统；当小测区联测有困难时，也可采用假定高程系统。

第 2 节　导线控制测量

将测区内的相邻控制点组成连续的折线或闭合多边形称为导线。构成导线的控制点称为导线点，导线点之间的连线称为导线边。导线测量就是依次测定导线边的长度和各转折角，根据起始数据，即可求出各导线点的坐标。导线测量是建立小区域平面控制网的主要方法，特别适用于地物分布比较复杂的城市建筑区、通视较困难的隐蔽地区、带状地区以及地下工程等控制点的测量。

用经纬仪测定各转折角,用钢尺测定其边长的导线,称为经纬仪导线,用光电测距仪测定边长的导线,则称为光电测距导线。用全站仪直接观测导线点坐标的导线称为坐标导线。下面重点介绍光电测距导线的外业和内业工作。

一、光电测距导线测量的外业工作

光电测距导线测量就是依次测量各导线边的水平距离以及相邻导线边的转折角,然后根据起算数据,推算各导线边的坐标方位角,并进一步求出各导线点的平面坐标。

导线测量是建立小区域平面控制网的一种常用方法,特别适合在建筑物比较密集、视线不十分开阔的地区,只要求相邻导线点之间通视即可,便于布设和测量,精度比较均匀。

导线外业测量

光电测距导线的主要技术要求见表6-3,图根导线控制测量的技术要求见表6-4。

表6-3　光电测距导线的主要技术要求

等级	导线长度/km	平均边长/km	测角中误差/″	测距中误差/mm	测距相对中误差	测回数			方位角闭合差	导线全长相对闭合差
						1″级仪器	2″级仪器	6″级仪器		
三等	14	3	1.8	20	1/150000	6	10	—	$3.6\sqrt{n}$	1/55000
四等	9	1.5	2.5	18	1/80000	4	6	—	$5\sqrt{n}$	1/35000
一级	4	0.5	5	15	1/30000	—	2	4	$10\sqrt{n}$	1/15000
二级	2.4	0.25	8	15	1/14000	—	1	3	$16\sqrt{n}$	1/10000
三级	1.2	0.1	12	15	1/7000	—	1	2	$24\sqrt{n}$	1/5000

表6-4　图根导线控制测量的技术要求

导线长度/m	相对闭合差	测角中误差/″			首级控制	
		一般	首级控制	6″级仪器	一般	首级控制
$\leq a\times M$	$\leq 1/(2000\times a)$	30	20	1测回	$60\sqrt{n}$	$40\sqrt{n}$

(一)导线的布设形式

根据测区的实际情况与要求,如图6-2所示,导线布设成以下三种形式。

a) 闭合导线　　　b)附合导线　　　c)支导线

图6-2　导线布设形式

1. 闭合导线

如图6-2a所示,从一个控制点A出发,经过若干点,最后仍回到同一个控制点A,控制点的连线组成一个闭合多边形。导线起始边的方位角和起始平面坐标可以分别测定或假定,但导线附近如存在高等级控制点，应尽量与高等级控制点相连，并通过高等级控制点获得起算数据，使之与高等级控制点连成一个整体。闭合导线本身具有严格的几何条件，具有检验观测成果的作用。闭合导线多用在面状地区控制测量。

2. 附合导线

如图 6-2b 所示，从一个高级控制点 A 出发，经过若干点，最后到达另一个高级控制点 C，控制点的连线形成一条连续的折线。导线首尾点的平面坐标已知，起始高等级控制点的坐标方位角也是已知的。附合导线也具有严格的几何条件，便于进行校核，常用于线路的控制测量以及带状地区的控制测量，也是在高等级控制点下进行控制点加密的最常用方式。

3. 支导线

如图 6-2c 所示，由一个已知点 A 出发，延伸出去的导线最后既未回到起始点，也没有附合其他已知控制点。由于缺乏必要的校核条件，当测角、量距发生错误时，无法进行检核，有关规范对其点数均有限制，支导线一般用于图根控制点的加密。

（二）测量的外业工作

光电测距导线测量的外业工作包括：踏勘选点与建立标志、边长测量、角度测量。

1. 踏勘选点与建立标志

在开始踏勘选点以前，应先到相关部门收集测量区域内原有地形图和高等级控制点的成果资料，然后在原有地形图上初步设计导线的走向和导线点的位置，再到现场实地踏勘，具体确定各点的位置。当需要分级布设导线时，应首先选定首级导线。

现场选定导线点的位置，应注意以下几个方面：

（1）导线点应选择在土质坚实、便于设置与保存标志和安置仪器的地方，避免设置在车辆频繁出入或容易磕碰地区；也应避免设置在低洼地，以免雨天积水影响使用。

（2）各测点周围视野应开阔，便于测绘周围的地物和地貌。

（3）相邻导线点之间通视良好，便于测角与量距；如采用钢尺量距，则测量沿线应选择地势平缓，没有妨碍量距的障碍物。

（4）导线点在测区内尽量均匀分布，便于控制整个测区，保证精度。

（5）导线边长应符合表 6-3 和表 6-4 的规定，最长不超过平均边长的两倍，避免相邻边长相差悬殊，引起局部测量误差过大。

导线点选定后，如在泥地或沙石地面，可以在点位上打入一木桩，如图 6-3a、b 所示，木桩顶部钉一小钉表示具体位置；如为沥青路面，可用顶面刻十字交叉纹的大铁钉代替；在硬质地面上，如测点为临时点，也可以用油漆标示，中间凿一十字；当需要长久保存时，应埋设混凝土制成的导线点标石。

导线点应分等级统一按顺序编号，便于测量资料的保存与管理。为便于以后观测时寻找，可在附近房角或电线杆等起指示作用的地物上，用油漆标示导线点位置。同时应为每一导线点绘制表示与周围地物相对关系的点之记，如图 6-3c 所示，便于以后寻找与使用。

2. 边长测量

导线边长一般采用全站仪进行测距，对于等级导线，必须选定满足精度要求的全站仪及按规定的测回数进行观测，精度要求见表 6-5。对于图根导线，一般方法是往返测量同一条边的水平距离，取其平均值，并要求其相对误差不应大于 1/3000。对于二、三级及图根导线，在平坦地区也可以选用钢尺进行量距，量距结束后，应进行尺长改正、温度改正和倾斜改正，三项改正后的结果作为最终成果。

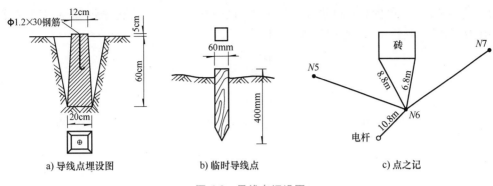

a) 导线点埋设图　　　　b) 临时导线点　　　　c) 点之记

图 6-3　导线点埋设图

表 6-5　测距的主要技术要求

平面控制网 等级	仪器精度	观测次数		总测回数	一测回读数 较差/mm	单程各测回 较差/mm
		往	返			
一级	≤10mm 级	1	—	2	≤10	≤15
二、三级	≤10mm 级	1	—	1	≤10	≤15

3. 角度测量

角度测量用经纬仪按测回法对转折角进行观测。转折角是相邻两导线边在导线点上形成的水平角，沿导线测量或计算前进方向，水平角度在该方向左侧的称为左角，反之为右角。为了避免后期计算方位角出错，在导线测量时，应全部观测一个侧向的转折角，对附合导线或支导线一般观测左角，对闭合导线一般观测内角。

除了观测转折角之外，还要观测导线边与已知边之间的连接角，如图 6-2a 所示，闭合导线的连接角为 AB 边与 $A2$ 或 $A4$ 的夹角 $\angle BA2$ 或 $\angle BA4$；如图 6-2b 所示，附合导线的连接角为 $\angle BA1$ 和 $\angle 4CD$；如图 6-2c 所示，支导线的连接角为 $\angle BA1$。

二、光电测距导线测量的内业计算

光电测距导线测量内业计算的主要目的是求得各导线点的平面坐标。计算之前，应注意以下几点：

（1）应全面检查导线外业测量记录表中的计算是否正确、完整，成果是否符合精度要求。

（2）绘制导线略图，把点号、角度、距离和已知点坐标标在图上相应位置。

（一）支导线计算

如图 6-4 所示是一条支导线的已知数据和观测数据略图，拟计算 1、2 导线点的坐标。

1. 各导线边坐标方位角的推算

从略图可知，A、B 两点为已知控制点，根据提供的两点坐标可以反算出 AB 的坐标方位角，也可以根据略图提供的 AB 坐标方位角 α_{AB} 直接计算第一条边的方位角。坐标反算在第 4 章已经介绍，在此不重复。

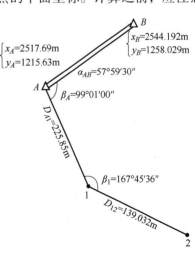

图 6-4　支导线略图

第一条边 $A1$ 方位角计算：该边与已知边 AB 是同起点关系，方位角计算原则为"顺加逆减"，由 AB 顺时针旋转角 β_A 至 $A1$ 方向，有

$$\begin{aligned}\alpha_{A1} &= \alpha_{AB}+\beta_A\\&= 57°59'30''+99°01'00''\\&= 157°00'30''\end{aligned}$$

第二条边 12 方位角计算：先求出 $A1$ 边的反方位角 α_{1A}，这样 $1A$ 与 12 是同起点关系，由 $1A$ 边顺时针旋转角 β_1 至 12 方向，有

$$\begin{aligned}\alpha_{12} &= \alpha_{A1}+180°+\beta_1\\&= 157°00'30''+180°+167°45'36''\\&= 144°46'06''\end{aligned}$$

2. 各导线边的坐标增量计算

第一条边的坐标增量计算：

$$\Delta x_{A1} = D_{A1}\times\cos\alpha_{A1} = 225.85\times\cos157°00'30'' = -207.909\text{m}$$
$$\Delta y_{A1} = D_{A1}\times\sin\alpha_{A1} = 225.85\times\sin157°00'30'' = 88.216\text{m}$$

第二条边的坐标增量计算：

$$\Delta x_{12} = D_{12}\times\cos\alpha_{12} = 139.03\times\cos144°46'06'' = -113.563\text{m}$$
$$\Delta y_{12} = D_{12}\times\sin\alpha_{12} = 139.03\times\sin144°46'06'' = 88.204\text{m}$$

3. 各导线点的坐标计算

点 1 坐标：

$$x_1 = x_A+\Delta x_{A1} = 2517.69-207.909 = 2309.781\text{m}$$
$$y_1 = y_A+\Delta y_{A1} = 1215.63+88.216 = 1303.846\text{m}$$

点 2 坐标：

$$x_2 = x_1+\Delta x_{12} = 2309.781-113.563 = 2196.218\text{m}$$
$$y_2 = y_1+\Delta y_{12} = 1303.846+88.204 = 1392.050\text{m}$$

（二）闭合导线计算

闭合导线和附合导线的计算过程中会产生角度闭合差和距离闭合差，需要对导线转折角和坐标增量进行改正，使之满足理论值的要求。

闭合导线与附合导线虽然形式有所不同，但也可以将闭合导线看成是附合导线的特殊形式，则闭合导线与附合导线的计算过程完全相同，仅有两处闭合导线所用公式进行了简化，下面结合实例讲述闭合导线和附合导线的计算过程。

1. 填入已知数据与观测数据

在表 6-6、表 6-7 中的第一列填写点号，然后将已知数据（已知点坐标、已知方位角）和观测数据（水平角、水平距离）分别填进表格上相应的位置，检查填写无误后再开始计算。

对于已知方位角，附合导线一般是通过两个已知点通过坐标反算计算得到，闭合导线则通过反算出的已知边方位角和观测的连接角计算。

如图 6-5 所示的闭合导线，已知点坐标为 $A(500，500)$，$B(586.603，550)$，连接角 $\beta_0 = 95°30'00''$。先通过坐标反算求得 AB 边方位角 $\alpha_{AB} = \arctan\dfrac{550-500}{586.603-500} = 30°00'00''$，则 $A2$ 边方位角 $\alpha_{A2} = 30°00'00''+95°30'00'' = 125°30'00''$，将 $A2$ 边方位角填入计算表，作为整个闭合导线的起算方位角。

2. 角度闭合差的计算与检核

（1）角度闭合差的计算：多边形的内角之和应为 $(n-2) \times 180°$，本例中各内角值 β_1、β_2、β_3 和 β_4 之和理论值应为

$$\sum \beta_{理} = (n-2) \times 180° = (4-2) \times 180° = 360°$$

由于角度观测中必然存在误差，因此实际观测的内角之和不可能与理论值正好相等，其差值称为角度闭合差：

$$f_\beta = \sum \beta_{测} - \sum \beta_{理} = \sum \beta_{测} - (n-2) \times 180° \qquad (6\text{-}1)$$

（2）角度闭合差的容许值：按照导线测量的要求（参见表 6-4），图根导线角度闭合差的允许值为

$$f_{\beta容} = \pm 40'' \sqrt{n} \qquad (6\text{-}2)$$

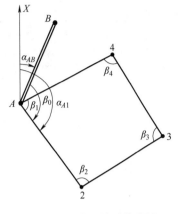

图 6-5　闭合导线计算略图

本例中在表 6-6 第 2 栏最后已经求得四边形内角的观测值之和为 $359°59'10''$，则角度闭合差为

$$f_\beta = \sum \beta_{测} - \sum \beta_{理} = 359°59'10'' - 360° = -50''$$

由于 $f_{\beta容} = \pm 40'' \sqrt{n} = \pm 40'' \sqrt{4} = \pm 80'' > f_\beta$，则测角成果合格。

3. 角度闭合差的分配

经检核确认角度测量成果合格后，可将角度闭合差反号，按"平均原则，短边优先"的原则对各观测角进行改正，各角改正数均为：

$$v_\beta = -f_\beta / n \qquad (6\text{-}3)$$

当 f_β 不能被 n 整除时，将余数均匀分配到若干短边所在的角度的改正数中。改正后角值为：

$$\beta_{改} = \beta_{测} + v_\beta \qquad (6\text{-}4)$$

本例中改正数为 $50''/4 = 12.5''$，并记入表 6-6 中第 3 列。表中，第 4 列改正后角值为观测角（第 2 列）与对应改正数（第 3 列）之和。

4. 坐标方位角的计算

根据起始边的已知方位角及改正后的水平角，即可按下式推算其他导线边的方位角：

$$\begin{cases} \alpha_{前} = \alpha_{后} - 180° + \beta_{左} & （a） \\ \alpha_{前} = \alpha_{后} + 180° - \beta_{右} & （b） \end{cases} \qquad (6\text{-}5)$$

上式在推算过程中须注意：如果推算出的 $\alpha_{前} \geqslant 360°$，则应减去 $360°$；如果推算出的 $\alpha_{前} \leqslant 0°$，则应加上 $360°$；例如在闭合导线计算表 6-6 中，转折角为左角，因此按公式（6-5）a 方位角推算公式为：

$$\alpha_{23} = \alpha_{A1} - 180° + \beta_{2改} = 125°30'00'' - 180° + 107°48'43'' = 53°18'43''$$
$$\alpha_{34} = \alpha_{23} - 180° + \beta_{3改} = 53°18'43'' - 180° + 73°00'32'' = 306°19'15''$$
$$\alpha_{4A} = \alpha_{34} - 180° + \beta_{4改} = 306°19'15'' - 180° + 89°34'02'' = 215°53'17''$$
$$\alpha_{A1} = \alpha_{4A} - 180° + \beta_{A改} = 215°53'17'' - 180° + 89°36'43'' = 125°30'00''$$

推算出导线各边的坐标方位角，填入表 6-6 中第 5 列。

5. 坐标增量的计算

如图 6-6 所示，根据各边坐标方位角和实测导线各边边长，按式（6-6）依次计算出相邻导线点间的初始坐标增量，填入表 6-6 第 7 列和第 8 列。闭合导线增量计算公式为：

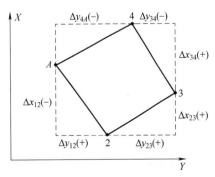

图 6-6　坐标增量示意图

表6-6　闭合导线计算表

点号	观测角 ° ′ ″	改正数/(″)	改正后角值 ° ′ ″	坐标方位角 ° ′ ″	距离 D/m	Δx	改正数	改正后值	Δy	改正数	改正后值	X	Y	点号
	(2)	(3)	(4)	(5)	(6)	(7)	(8)	(9)	(10)	(11)	(12)	(13)	(14)	(1)
A	107 48 30	+13	107 48 43									500.000	500.000	A
				125 30 00	105.268	−61.129	−0.010	−61.139	+85.700	0.007	+85.707			
2	73 00 20	+12	73 00 32									438.861	585.707	2
				53 18 43	80.171	+47.899	−0.008	+47.891	+64.289	0.005	+64.294			
3	89 33 50	+12	89 34 02									486.752	650.001	3
				306 19 15	129.318	+76.596	−0.012	+76.584	−104.193	0.009	−104.184			
4	89 36 30	+13	89 36 43									563.336	545.817	4
				215 53 17	78.168	−63.329	−0.007	−63.336	−45.822	0.005	−45.817			
A				125 30 00								500.000	500.000	A
2														
Σ	359 59 10	+50	360 00 00		392.925	+0.037	−0.037	0	−0.026	0.026	0			

辅助计算

$f_\beta = \sum \beta_测 - \sum \beta_理$
$= 359°59'10'' - 360° = -50''$
$f_{\beta容} = \pm 40''\sqrt{4} = \pm 80''$
$f_\beta \leqslant f_{\beta容}$
角度闭合差合格

$f_x = \sum \Delta x_测 = +0.037\text{m}$，$f_y = \sum \Delta y_测 = -0.026\text{m}$
导线全长闭合差 $f_D = \sqrt{f_x^2 + f_y^2} = 0.045\text{m}$
导线全长相对闭合差 $K = \dfrac{0.045}{392.925} = \dfrac{1}{8700}$
容许的相对闭合差 $K_容 = \dfrac{1}{2000} > K$
坐标增量闭合差合格

简图

（图：闭合导线 A、2、3、4 及角 β_1、β_2、β_3、β_4，方位角 α_{AB}、α_{41}、α_0 等。）

$$\begin{cases} \Delta x_{12} = D_{12}\cos\alpha_{12} \\ \Delta y_{12} = D_{12}\sin\alpha_{12} \end{cases} \tag{6-6}$$

6. 坐标增量闭合差的计算与检核

（1）纵、横坐标增量闭合差的计算：闭合导线从 A 点回到 A 点，其坐标增量在 X 和 Y 方向之和理论值均应等于零。即

$$\begin{cases} \sum \Delta x_{\text{理}} = 0 \\ \sum \Delta y_{\text{理}} = 0 \end{cases}$$

而在测量过程中虽然角度闭合差进行调整，但仍存在一定的残余误差，同时距离丈量也会有一定误差，则实测后计算得到 X 与 Y 方向坐标增量之和不等于零，即存在坐标增量闭合差：

$$\begin{cases} f_x = \sum \Delta x_{\text{测}} - \sum \Delta x_{\text{理}} = \sum \Delta x_{\text{测}} \\ f_y = \sum \Delta y_{\text{测}} - \sum \Delta y_{\text{理}} = \sum \Delta y_{\text{测}} \end{cases} \tag{6-7}$$

（2）导线全长闭合差的计算：由于 f_x、f_y 的存在，闭合导线从 A 点出发，经 2、3、4 点后，再推算出 A 点坐标时，其位置在 A' 处，A 至 A' 点的距离 f_D 称为导线全长闭合差，其值由下式计算：

$$f_D = \sqrt{f_x^2 + f_y^2} \tag{6-8}$$

（3）如图 6-7 所示，导线全长相对闭合差的计算，仅从 f_D 的大小还不能说明导线测量的精度是否满足要求，故应将于 f_D 导线全长 $\sum D$ 相比，以分子为 1 的分数来表示导线全长相对闭合差，即

$$K = \frac{f_D}{\sum D} = \frac{1}{\dfrac{\sum D}{f_D}} \tag{6-9}$$

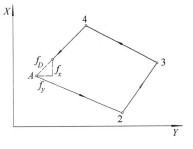

图 6-7　导线全长闭合差

（4）导线全长相对闭合差容许值：导线计算以导线全长相对闭合差 K 来衡量导线的精度较为合理。K 值分母越大，即 K 值越小，则精度越高。不同等级导线全长相对闭合差容许值已经列入表 6-6 中，如图根导线对应的允许值为 1/2000。

本例题中 K 的计算详见表 6-6 中的辅助计算，显然实测的 K 值 1/8700 是达到 1/2000 以上的，满足规范有关要求，可以进行坐标增量误差的分配。如果达不到要求，由于前面角度已经进行过平差，一般认为是符合要求的，则距离部分应检查是否出错或者重新测量。

7. 坐标增量改正数的计算与调整

（1）坐标增量改正数计算：当 K 值符合要求以后，将 f_x、f_y 反符号，按照"比例原则，长边优先"的原则分别对纵横坐标增量进行改正，若以 v_{xi}、v_{yi} 分别表示第 i 边纵、横坐标增量的改正数，则

$$\begin{cases} v_{xi} = -f_x \times \dfrac{D_i}{\sum D_i} \\ v_{yi} = -f_y \times \dfrac{D_i}{\sum D_i} \end{cases} \tag{6-10}$$

纵、横坐标增量改正数之和应分别等于反号后的闭合差，但是由于余数取舍不平衡的原

因，可能会使改正数之和与总闭合差不相等，出现这种情况时，则将不相等的值分配到最长边所对应的坐标增量改正数上。

（2）改正后的坐标增量计算：各边坐标增量计算值与改正数之和即为改正后增量 $\Delta x_i'$、$\Delta y_i'$，其表达式为

$$\begin{cases} \Delta x_i' = \Delta x_i + v_{xi} \\ \Delta y_i' = \Delta y_i + v_{yi} \end{cases} \tag{6-11}$$

8. 导线点坐标值的计算

根据起始点的坐标值和各导线边改正后坐标增量值，按式（6-12），依次计算各导线点纵横坐标值。X、Y 坐标分别记入表 6-6 中的第 13、14 两列。

$$\begin{cases} x_B = x_A + \Delta x_{AB} \\ y_B = y_A + \Delta y_{AB} \end{cases} \tag{6-12}$$

闭合导线最后推算出起始点坐标，此推算坐标应等于原已知点坐标，作为计算的最后检核。

（三）附合导线计算

附合导线的坐标计算步骤基本与闭合导线一样，但是两者基本形式不同，所以在角度闭合差与坐标增量闭合差的计算中还是有明显的不同，在这里着重介绍两者不同之处。

1. 方位角闭合差的计算

如图 6-8 所示的附合导线，观测转折角为左角，根据前例中公式（6-5）可以依次计算各边的坐标方位角：

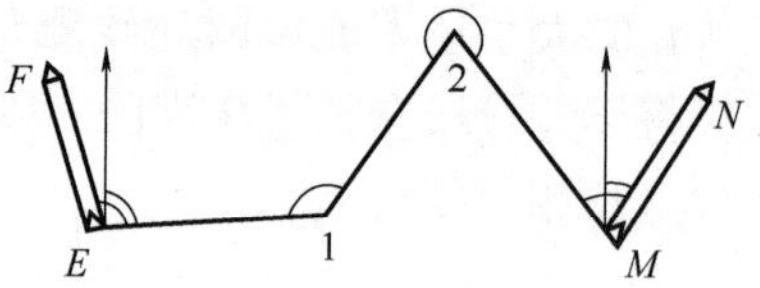

$$\alpha_{E1} = \alpha_{FE} + \beta_E - 180°$$
$$\alpha_{12} = \alpha_{E1} + \beta_1 - 180°$$
$$\alpha_{2M} = \alpha_{12} + \beta_2 - 180°$$
$$\alpha_{MN}' = \alpha_{2M} + \beta_M - 180°$$

图 6-8　附合导线示意图

即：$\alpha_{MN}' = \alpha_{FE} + \sum \beta_{测} - 4 \times 180°$

用通式表示为

$$\alpha_{终}' = \alpha_{始} + \sum \beta_{测左} - n \times 180° \tag{6-13}$$

或

$$\alpha_{终}' = \alpha_{始} - \sum \beta_{测右} + n \times 180° \tag{6-14}$$

则方位角闭合差为

$$f_\beta = \alpha_{终}' - \alpha_{终} \tag{6-15}$$

计算得到方位角闭合差后，同样应与角度闭合差允许值进行比较，计算方法同闭合导线的计算。计算结果符合要求后，进行角度闭合差的分配。计算中如为左折角，则改正数符号与角度闭合差 f_β 符号相反；而如果采用右折角，则改正数符号与角度闭合差 f_β 符号相同。改正数在各个观测角度上也是平均分配的。

2. 坐标增量闭合差的计算

在附合导线中，起点与终点的坐标是已知的，因此坐标增量理论值也是确定的，即

$$\begin{cases} \sum \Delta x_{理} = x_{终} - x_{始} \\ \sum \Delta y_{理} = y_{终} - y_{始} \end{cases} \tag{6-16}$$

而根据实测值计算得到的坐标增量之和由于存在一定的误差，所以无法与理论值一致，其差值即为坐标增量闭合差：

$$\begin{cases} f_x = \sum \Delta x_{测} - \sum \Delta x_{理} = \sum \Delta x_{测} - (x_{终} - x_{始}) \\ f_y = \sum \Delta y_{测} - \sum \Delta y_{理} = \sum \Delta y_{测} - (y_{终} - y_{始}) \end{cases} \tag{6-17}$$

在计算了坐标增量闭合差后，同样应计算导线全长闭合差以及导线全长相对闭合差 K，计算方法同闭合导线的相关计算，具体可参看表 6-6 中辅助计算。

坐标增量闭合差的调整方法与闭合导线相同，计算改正后坐标增量以及最后高程的方法也是与闭合导线一致的。在最后的检验中，计算坐标最终值应该与该点已知的坐标一致；同样在计算坐标方位角时最终计算值也应与理论值一致。

具体计算结果请参看表 6-7。

三、坐标导线测量

目前，全站仪作为先进的测量仪器，具有坐标测量功能，在外业观测时可直接得到观测点的坐标，已在公路工程测量中得到了广泛的应用。全站仪坐标导线测量是应用全站仪中的程序，依次测量导线点的坐标，再进行坐标平差。

（一）坐标导线相关计算

全站仪坐标导线测量的近似平差计算过程如下。

在图 6-9 中，设 A 点坐标的已知值为 (x_A, y_A)，由于其坐标的观测值为 (x'_A, y'_A)，则纵、横坐标闭合差为

$$\begin{cases} f_x = x'_A - x_A \\ f_y = y'_A - y_A \end{cases}$$

由此可计算出导线全长闭合差为

$$f_D = \sqrt{f_x^2 + f_y^2}$$

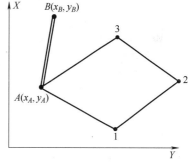

图 6-9　导线闭合差

导线全长闭合差 f_D 是随着导线长度的增大而增大的，所以导线测量的精度是用导线全长相对闭合差 k 来衡量的，即

$$k = \frac{f_D}{\sum D} = \frac{1}{\dfrac{\sum D}{f_D}}$$

式中，$\sum D$ 为导线全长，对于图根导线，当 $k \leqslant 1/2000$ 时，可将 f_x、f_y 以相反符号按边长成正比例分配到各增量中去，其改正数为

$$\begin{cases} v_{xi} = \left(-\dfrac{f_x}{\sum D} \right) \times \sum D_i \\ v_{yi} = \left(-\dfrac{f_y}{\sum D} \right) \times \sum D_i \end{cases}$$

式中　$\sum D$——导线的全长；

　　　$\sum D_i$——第 i 点之前导线边长之和。

根据起始点的已知坐标和各点坐标的改正数，可按下列公式依次计算各导线点的坐标，即

$$\begin{cases} x_j = x'_i + v_{xi} \\ y_j = y'_i + v_{yi} \end{cases}$$

式中　x'_i、y'_i——第 i 点的坐标观测值。

表 6-7　附合导线计算表

点号	观测角 ° ′ ″	改正数 ″	改正角 ° ′ ″	坐标方位角 ° ′ ″	距离 D/m	Δx	改正数	改正后值	Δy	改正数	改正后值	X	Y	点号
1	2	3	4	5	6	7	8	9	10	11	12	13	14	
1				149 40 00										1
F	168 03 24	−8	168 03 16											F
E				137 43 16	237.076	−175.408	−0.038	−175.446	159.491	−0.032	159.459	1453.840	2709.650	E
1	145 20 48	−8	145 20 40	103 03 56	188.247	−42.556	−0.030	−42.586	183.374	−0.026	183.348	1278.394	2869.109	1
2	216 46 26	−7	216 46 19	139 50 15	147.006	−112.345	−0.023	−112.368	94.813	−0.020	94.793	1235.808	3052.457	2
M	49 02 48	−8	49 02 40	8 52 55								1123.440	3147.250	M
N												−330.400	437.600	N
Σ	579 13 26	−31	579 12 55		572.329	−330.309	−0.091	−330.400	437.678	−0.078	437.600			

辅助计算

$f_\beta = \alpha_{FE} + \sum\beta_测 - n\times180° - \alpha_{MN}$

$= 149°40'00'' + 579°13'26'' - 4\times180° - 8°52'55''$

$= 31''$

$f_{\beta容} = \pm60''\sqrt{4} = \pm120'' > f_\beta$

方位角闭合差合格

$\sum\Delta_x = -330.309$m

$x_M - x_E = -330.400$m

$f_x = \sum\Delta_x - x_M - x_E = +0.091$m

$f_D = \sqrt{f_x^2 + f_y^2}$

$f_D = \pm0.120$m

$K = f_D/\sum D = 0.120/572.329 = 1/4700$

$K容 = 1/2000$,　$K \le K容$

坐标增量相对闭合差合格

$\sum\Delta_y = +437.678$m

$y_M - y_E = +437.600$m

$f_y = \sum\Delta_y - y_M - y_E = +0.078$m

简图

（二）坐标导线外业观测

1. 坐标导线测量的实施要点

（1）用于控制测量的全站仪的精度要达到相应等级控制测量的要求。

（2）测量前要对仪器按要求进行鉴定、校准，出发前要检查仪器电池的电量。

（3）必须使用与仪器配套的反射棱镜测距。

（4）在等级控制测量中不能使用气象、倾斜、常数的自动改正功能，应把这些功能关闭，而在测量数据中应人工逐项改正。

（5）测量前要检查仪器参数和状态设置，如角度、距离、气压、温度的单位，最小显示、测距模式、棱镜常数、水平角和垂直角形式、双轴改正等。可提前设置好仪器，在测量过程中不再改动。

（6）手工记录，以便检核各项限差。内存记录用作对照检查。

2. 操作方法与步骤

（1）如图 6-10 所示，闭合导线 A123A，其中 A、B 为已知点，B 点作后视点，按测回法观测一测回。

（2）观测必须从已知点开始，先在 A 点架设全站仪，对中、整平后置为盘左状态，设置好温度、气压和棱镜常数，输入站点 A 坐标，再输入 B 点坐标，后视 B 点，确认后视方向后检查后视点坐标偏差，一般情况下偏差 ±1cm 以内即认为合格。

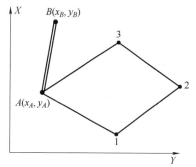

图 6-10　坐标导线

（3）顺时针旋转望远镜瞄准 1 号点，测量出 1 号点盘左坐标，并测出 A1 的水平距离并记录下来。同理，将仪器置为盘右状态，后视 B 点完成定向，逆时针旋转至 1 号点，测出 1 号点盘右坐标，取盘左盘右坐标的平均值作为 1 号点的最终坐标值。

（4）将仪器搬至 1 号点，后视 A 点，盘左盘右状态分别观测出 2 号点的坐标，再取平均值作为 2 号点的最终坐标值，并测出 12 的水平距离。

（5）以此类推，将仪器分别搬至 2、3 号点，分别后视它们的上一个点，盘左盘右状态分别观测出 3 号点和 A' 点的坐标，再取平均值作为 3 号点和 A' 点的最终实测坐标值，并测出 23 和 3A 的水平距离。

（三）坐标导线计算

观测结束，记录、计算表格见表 6-8。

计算过程如下：

（1）增量闭合差：

$$\begin{cases} f_x = (7603.174 - 7603.190)\,\text{m} = -0.016\,\text{m} \\ f_y = (1936.498 - 1936.507)\,\text{m} = -0.009\,\text{m} \end{cases}$$

（2）导线全长闭合差：

$$f_D = \sqrt{(-0.016)^2 + (-0.009)^2}\,\text{m} = 0.018\,\text{m}$$

（3）导线相对闭合差：

$$k = \frac{f_D}{\sum D} = \frac{1}{\dfrac{379.574}{0.018}} = \frac{1}{20677}$$

表 6-8　坐标导线观测计算表

点号	观测坐标/m		边长/m	坐标改正数/m		平差后坐标值/m	
	x	y		V_x	V_y	X	Y
A	7603.190	1936.507				7603.190	1936.507
			53.397				
1	7622.969	1886.908		0.002	0.001	7622.971	1886.909
			106.572				
2	7605.620	1781.758		0.007	0.004	7605.627	1781.762
			126.979				
3	7528.061	1882.298		0.012	0.007	7528.073	1882.305
			92.626				
A	7603.174	1936.498		0.016	0.009	7603.190	1936.507
Σ			379.574	+0.016	+0.009		

$f_x = -0.016\text{m}$, $f_y = -0.009\text{m}$, $f_D = 0.018\text{m}$, $K = 1/20677 < 1/2000$, 成果合格

（4）改正数计算：

$$\begin{cases} v_{x1} = \left(\dfrac{-0.016}{379.574}\right) \times 53.397\text{m} = 0.002\text{m} \\ v_{y1} = \left(\dfrac{-0.009}{379.574}\right) \times 53.397\text{m} = 0.001\text{m} \end{cases}$$

$$\begin{cases} v_{x2} = \left(\dfrac{-0.016}{379.574}\right) \times (53.397+106.572)\text{m} = 0.007\text{m} \\ v_{y2} = \left(\dfrac{-0.009}{379.574}\right) \times (53.397+106.572)\text{m} = 0.004\text{m} \end{cases}$$

$$\begin{cases} v_{x3} = \left(\dfrac{-0.016}{379.574}\right) \times (53.397+106.572+126.979)\text{m} = 0.012\text{m} \\ v_{y3} = \left(\dfrac{-0.009}{379.574}\right) \times (53.397+106.572+126.979)\text{m} = 0.007\text{m} \end{cases}$$

$$\begin{cases} v_{x4} = \left(\dfrac{-0.016}{379.574}\right) \times (53.397+106.572+126.979+92.626)\text{m} = 0.016\text{m} \\ v_{y4} = \left(\dfrac{-0.009}{379.574}\right) \times (53.397+106.572+126.979+92.626)\text{m} = 0.009\text{m} \end{cases}$$

（四）注意事项

（1）观测必须按规范要求进行，观测成果应做到记录真实、字迹工整、注记明确。

（2）观测完后应立即检查记录，计算各项观测误差是否在限差范围内，确认全部符合规定方可离去，以免造成不必要的返工或重测。

 第 3 节　高程控制测量

高程控制测量的主要方法有水准测量、三角高程测量和 GPS 拟合高程测量。水准测量又

分为一、二、三、四、五等水准测量和图根水准测量。图根水准测量已经在第2章做了详细介绍，下面主要介绍三、四等水准测量和三角高程测量的观测和计算方法。

一、三、四等水准测量

三、四等水准测量，一般用于国家高程控制网的加密，一级公路、高速及高架桥的首级高程控制网。三、四等水准网应与附近的国家高一级水准点联测。

四等水准测量

（一）三、四等水准测量的主要技术要求

三、四等水准路线一般沿道路布设，尽量避开土质松软地段，水准点间的距离以 1～1.5km 为宜；山丘、山岭区可根据需要适当加密；大桥、隧道口及其他大型构造物两端应增设水准点，特大型构造物每一端应埋设 2 个（含 2 个）以上水准点。水准点距离道路中心线应大于 50m，宜小于 300m；应选在地基稳固，远离施工干扰，能长期保存且便于观测的地方。应埋设普通水准标石或临时水准标志，也可利用平面控制点作为水准点。

三、四等水准测量使用的水准尺，通常是双面水准尺。两根标尺黑面的尺底均为 0，红面的尺底一根为 4.687m，一根为 4.787m。

三、四等水准测量主要技术要求见表6-1，在观测中，每一站的观测技术指标要求见表6-9。

表6-9　三、四等水准测量观测主要技术指标

等级	仪器类型	视线长度/m	水准尺	前后视距差/m	前后视距累积差/m	视线离地面最低高度/m	红黑面读数差/mm	红黑面测高差之差/mm
三等	DS₁	≤100	铟瓦	≤3	≤6	≥0.3	≤1	≤1.5
	DS₃	≤75	双面				≤2	≤3
四等	DS₃	≤100	双面	≤5	≤10	≥0.2	≤3	≤5

（二）三、四等水准观测方法

三、四等水准测量观测应在通视良好、望远镜成像清晰的情况下进行，下面介绍用双面水准尺法在一个测站的观测顺序。

1）后视水准尺黑面，读取上、下视距丝和中丝读数，记入表6-10中的（1）、（2）、（3）。

2）前视水准尺黑面，读取上、下视距丝和中丝读数，记入表6-10中的（4）、（5）、（6）。

3）前视水准尺红面，读取中丝读数，记入表6-10中的（7）。

4）后视水准尺红面，读取中丝读数，记入表6-10中的（8）。

这样的观测顺序简称"后-前-前-后"（黑-黑-红-红），其优点是可以抵消水准标尺下沉产生的误差。四等水准测量每站的观测顺序也可以"后-后-前-前"（黑-红-黑-红）。每站共需观测8个读数，并应立即进行测站计算与检核。满足三、四等水准测量的有关限差要求后方可迁站。

（三）三、四等水准测量的测站计算与检核

（1）视距计算与检核，根据前、后视的上、下视距丝读数计算前、后视的视距：

后视距离：　　　　　　　　　　（9）＝100×[（1）-（2）]

前视距离：　　　　　　　　　　（10）＝100×[（4）-（5）]

前后视距差：　　　　　　　　　（11）＝（9）-（10）

三等水准小于 3m，四等水准小于 5m。

累积视距差：　　　　　　　　　（12）＝上站（12）+本站（11）

表 6-10　三（四）等水准测量观测手簿

测段: *A-B*　　　　　　日期: 2018 年 6 月 1 日　　　　仪器型号: 北光 DZS₃₋₁

开始: 7 时 10 分　　　　　天气: 晴　　　　　　　　观测者: ＊＊＊

结束: 8 时 10 分　　　　　成像: 清晰稳定　　　　　记录者: ＊＊＊

测站编号	点号	后尺　上丝 下丝	前尺　上丝 下丝	方向及尺号	水准尺读数		K+黑-红/mm	平均高差/m	备注
		后视距	前视距		黑面	红面			
		视距差 d	累积差 ∑d						
		(1)	(4)	后	(3)	(8)	(14)	(18)	
		(2)	(5)	前	(6)	(7)	(13)		
		(9)	(10)	后-前	(15)	(16)	(17)		
		(11)	(12)						
1	BM*A*-ZD₁	1.426	0.801	后 K8	1.211	5.996	2	0.6230	
		0.995	0.377	前 K7	0.586	5.275	-2		
		43.1	42.4	后-前	0.625	0.721	4		
		0.7	0.7						*K* 为水准尺常数, 表中 *K*7 = 4.687　*K*8 = 4.787
2	ZD₁-ZD₂	1.812	0.770	后 K7	1.554	6.244	-3	1.0450	
		1.296	0.252	前 K8	0.511	5.297	+1		
		51.6	51.8	后-前	1.043	0.947	-4		
		-0.2	0.5						
3	ZD₂-ZD₃	0.889	1.718	后 K8	0.698	5.486	-1	-0.8260	
		0.507	1.330	前 K7	1.523	6.213	-3		
		38.2	36.8	后-前	-0.825	-0.727	2		
		-0.6	-0.1						
4	ZD₃-BM*B*	1.891	0.758	后 K7	1.708	6.398	-3	1.1355	
		1.525	0.390	前 K8	0.574	5.361	0		
		36.6	36.8	后-前	1.134	1.037	-3		
		-0.2	-0.3						
每页检核		∑(9) = 169.5　　　　　∑(15) = 1.977　　　∑(15)+∑(16) = 3.955 -∑(10) = 169.8　　　　∑(16) = 1.978　　　2∑(18) = 3.955 =-0.3=末站(12)　　　∑(18) = 1.9775 总视距=∑(9)+∑(10) = 339.3							

以上计算得到前、后视距, 视距差及视距差累计差均应满足表 6-9 的要求。

（2）尺常数 *K* 检核尺常数 *K* 为同一水准尺黑面与红面读数差, 尺常数误差计算式为:

$$(13) = (6) + K_i - (7)$$

$$(14) = (3) + K_j - (8)$$

K_i、K_j 为双面水准尺的红面分划与黑面分划的零点差, *A* 尺: $K_1 = 4.687$m; *B* 尺: $K_2 = 4.787$m。对于三等水准测量, 尺常数误差不得超过 2mm; 对于四等水准测量, 不得超过 3mm。

（3）高差计算与检核按前、后视水准尺红、黑面中丝读数分别计算该站高差：

黑面高差： $(15)=(3)-(6)$

红面高差： $(16)=(8)-(7)$

高差之差： $(17)=(15)-(16)\pm0.100$

对于三等水准测量，红黑面高差之差不得超过 3mm；对于四等水准测量，红黑面高差之差不得超过 5mm。

红黑面高差之差在容许范围内时，取其平均值，作为该站的观测高差，即

$$(18)=[(15)+(16)\pm0.100]/2$$

计算式中 0.100 系前后尺红面起点读数之差（即两把尺常数之差）。计算中"±"具体取值：当（15）>（16）时取+；反之取-。总之，平均高差（18）应与黑面高差（15）接近。

（4）每页水准测量记录计算检核：每页水准测量记录应作总的计算校核。

高差校核： $\sum(3)-\sum(6)=\sum(15)$

$\sum(8)-\sum(7)=\sum(16)$

或

$$\sum(15)+\sum(16)=2\sum(18)（偶数站）$$

$$\sum(15)+\sum(16)=2\sum(18)\pm100mm（奇数站）$$

视距差检核： $\sum(9)-\sum(10)=本页末站(12)$

本页总视距： $\sum(9)+\sum(10)$

（四）三、四等水准测量的成果整理

三、四等水准测量的闭合或附合路线的成果整理首先应按表 6-9 的规定，检核测段往返测高差不符值及附合或闭合路线的高差闭合差。如果在容许范围以内，则测段高差取往、返测的平均值，线路的高差则应反其符号按测段的长度或测站数成正比例进行分配。

二、三角高程测量

在地形起伏较大不便于水准测量时，宜采用三角高程测量。三角高程测量是测定地面点高程的常用方法之一，它是根据地面两点之间的水平距离和垂直角，利用三角函数关系求该两点的高差，再根据其中一个点的已知高程，求出另一个点的高程。当距离和垂直角精度较高时，三角高程测量能达到图根、五等甚至四等水准测量的精度。

（一）三角高程测量的计算公式

三角高程测量是根据测站与待测点间的水平距离以及在测站向目标点所观测的垂直角来计算两点间高差。

如图 6-11 所示，A 点的高程为 H_A，要测定 B 点的高程 H_B，可安置全站仪于 A 点，量取仪器高 i_A；在 B 点安置棱镜，量取其高度称为棱镜高 v_B；用全站仪中丝瞄准棱镜中心，测定垂直角 α。再测定 AB 两点间的水平距离 D，则 AB 两点间的高差计算式为

$$h_{AB}=D\tan\alpha+i_A-v_B \tag{6-18}$$

求得高差 h_{AB} 后，按下式计算 B 点高程：

$$H_B=H_A+h_{AB} \tag{6-19}$$

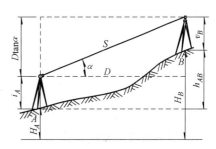

图 6-11 三角高程测量原理图

上述是在假定地球表面为水平面，认为观测视线是直线的条件下导出的。当地面上两点间的距离小于 300m 时是适用的。当两点间距离大于 300m 时就要顾及地球曲率，地球曲率使高差偏小，需加以曲率改正，称为球差改正。同时，观测视线受大气垂直折光的影响而成为一条向上凸起的弧线，是垂直角偏大，必须加以大气垂直折光差改正，称为气差改正。如图 6-12 所示，f_1 为球差改正，f_2 为气差改正，两项改正合称为球气差改正，用 f 表示。

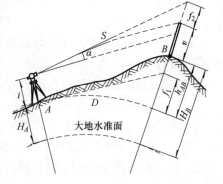

$$f = (1-K) \cdot \frac{D^2}{2R} \qquad (6\text{-}20)$$

式中　R——地球平均曲率半径，一般取 $R = 6371km$；

　　　K——大气垂直折光系数，随温度、气压、日照、时间、地面情况和视线高度等因素而改变，一般取其平均值，令 $K = 0.14$。

图 6-12　地球曲率及大气折光影响

考虑球气差改正时，三角高程测量的高差计算公式为

$$h_{AB} = D\tan\alpha + i_A - v_B + f \qquad (6\text{-}21)$$

由于折光系数的不定性，使球气差改正中的气差改正是有较大的误差。但是如果在两点间进行对向观测，即测定 h_{AB} 及 h_{BA} 而取其平均值，则由于气差改正在短时间内不会改变，而高差 h_{BA} 必须反其符号与 h_{AB} 取平均，因此，气差改正可以抵消，故 f 的误差也就不起作用，所以作为高程控制点进行三角高程测量时必须进行对向观测。

（二）三角高程测量的观测与计算

1. 三角高程测量的观测

三角高程测量

如图 6-11 所示，安置全站仪于测站 A 点，量取仪器高 i，在目标点上安置棱镜，量取棱镜高 v。i 和 v 用小卷尺量两次取平均，读数至 1mm。分别用盘左、盘右瞄准觇标顶端，测定垂直角。然后将全站仪安置于 B 点，在 A 点树立觇标，量仪器高和觇标高，同法测定垂直角。为减少垂直折光变化的影响，对向观测应在较短时间内进行，应避免在大风或雨后初晴时观测，也不宜在日出后和日落前 2 小时内观测。

若 A、B 点是平面控制点，则两点间的水平距离已知，即可按式（6-20）计算直反觇高差及其平均值。若水平距离未知，则应在直反觇观测的同时，用全站仪或钢尺进行水平距离观测。

光电测距三角高程测量的主要技术要求见表 6-11。

表 6-11　三角高程测量的主要技术指标

等级	仪器	测距边测回数	竖直角测回数		指标差较差/″	竖直角测回差/″	对向观测高差较差/mm	附合路线或环线闭合差/mm
			三丝法	中丝法				
四等	DJ$_2$	往返各一次	—	3	≤7	≤7	$40\sqrt{D}$	$20\sqrt{\sum D}$
五等	DJ$_2$	1	1	2	≤10	≤10	$60\sqrt{D}$	$30\sqrt{\sum D}$

注：D 为光电测距边长度，单位为 km。

2. 三角高程测量的计算

如图 6-13 所示为四等三角高程测量点位略图，在 A、B、C 三点间进行三角高程测量，构成闭合路线，已知 A 点的高程为 80.112m。

在表 6-12 中进行往、返测高差及高差平均值计算，其中对向观测高差之差（经球气差改正后）的容许值为：

$$f_{\Delta h容} = \pm 40\sqrt{D} \tag{6-22}$$

式中　D——光电测距边长，单位 km。

表 6-13 中进行闭合路线的高差闭合差、高差调整及高程计算。其中闭合路线或附合路线的高差闭合差的容许值为

$$f_{h容} = \pm 40\sqrt{\sum D} \tag{6-23}$$

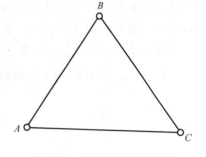

图 6-13　三角高程测量略图

表 6-12　三角高程测量计算表　　　　　　　　　　单位：（m）

测站点	A	B	B	C	C	A
目标点	B	A	C	B	A	C
水平距离 D	487.441	487.448	409.799	409.791	377.110	377.117
垂直角 α	$-0°06'31''$	$0°05'39''$	$-0°00'43''$	$0°01'16''$	$0°07'19''$	$-0°08'57''$
仪器高 i	1.525	1.485	1.530	1.522	1.572	1.531
目标高 v	1.420	1.500	1.580	1.580	1.480	1.480
初算高差 h'	-0.803	0.802	-0.124	0.104	0.904	-0.921
球气差改正数 f	0.016	0.016	0.011	0.011	0.010	0.010
单向高差 h	-0.787	0.818	-0.113	0.115	0.914	-0.911
平均高差	-0.8025		-0.1140		0.9125	

表 6-13　三角高程测量及成果整理

点号	水平距离/m	观测高差/m	改正值/m	改正后高差/m	高程/m
A					80.112
	487.446	-0.802	0.002	-0.800	
B					79.312
	409.795	-0.114	0.001	-0.113	
C					79.199
	377.115	0.912	0.001	0.913	
A					80.112
$\sum$	1274.356	-0.004	0.004	0	
备注	$f_h = -0.004$m，$\sum D = 1.274$km $f_{h容} = \pm 40\sqrt{1.27} = \pm 45$mm，$f_h < f_{h容}$，合格				

第 4 节　利用计算机进行控制测量的内业计算

为了提高测量计算的工作效率，人们开发了各种测量计算软件，只需输入已知数据和观测数据，软件便可自动完成所有的计算，输出最终结果和一些有用的中间计算过程，甚至还

可输出相应的图形。一些软件还可以对不合格的成果进行分析，给出返工重测的参考依据。下面介绍一款有代表性的测量计算软件——工程测量数据处理系统（ESDPS），如图 6-14 所示，着重介绍它在导线计算和高程计算中的使用方法。

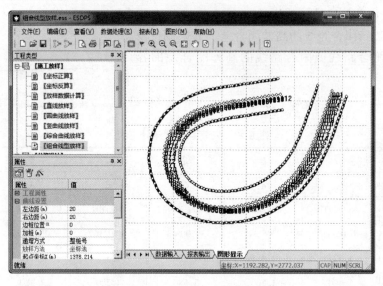

图 6-14　ESDPS 主界面图

ESDPS 具有强大的测量数据处理功能，并具备完善的报表、图形输入输出、格式转换等功能。各项功能操作都非常直观，易于上手。该软件可以把计算结果转换到 WORD、CAD、TXT、EXCEL 等文件格式。数据输入、显示、打印均采用规范的表格形式。下面以 ESDPS4.0 为例，对该软件的使用作简单的介绍。

一、主界面

ESDPS 的工作环境由菜单栏、工具栏、项目工作区窗口、属性窗口、数据出入窗口、报表输出窗口、图形显示窗口等组成，如图 6-14 所示。

二、用 ESDPS 进行附合导线计算

所有的导线计算均是按简易平差进行计算。计算输出平差后坐标、方位角、距离以及一些误差元素，适用于附合导线、闭合导线、支导线和不定向导线的解算。

附合导线成果计算　　　附合导线成果计算
（ESDPS 软件）　　　　（Excel 表格）

1. 数据的录入

在工程类型区选择"附合导线"工程类型，进入数据录入表格状态，录入观测数据和已知数据。必须按导线走向的顺序录入。输入已知点坐标，此软件不提供输入已知方位角的功能，如果知道已知方位而不知道另一已知点的坐标可用软件"施工放样"中的"坐标正算"计算出另一已知点坐标。输入转折角时，"角度"的输入格式以度分秒格式表示，如"12.3456"表示 12 度 34 分 56 秒。所有的观测数据和已知数据均输入到下一表格中，见表 6-14。

2. 导线计算与成果输出

所有数据输入完成后可进行计算，按工具条上的"开始计算"按钮进行数据处理，计算结果以表格的形式输入到屏幕，也可输出到 WORD 文档，见表 6-15。按"图形显示"选项查看导线图，并可在图形状态下对图形进行放大、缩小、平移等操作，能打印输出，还可以保存此导线图。

表 6-14　附合导线数据录入窗口

序号	点名	纵坐标 X/m	横坐标 Y/m	角度/dms	边长/m	备注
001	M	8566.976	3001.332			定向点
002	A	8640.970	3068.600	296.0748	164.340	已知点
003	1			146.5848	154.510	待定点
004	2			135.0954	179.150	待定点
005	3			145.3630	160.120	待定点
006	B	8538.880	3547.320	158.0036		已知点
007	N	8630.127	3588.234			定向点

表 6-15　附合导线输出为 WORD 文档

点名	观测角度/dms	改正数/s	方位角/dms	观测边长/m	改正数/mm	边长平差值/m	X	Y
M			42.1626				8566.976	3001.332
A	296.0748	11.86	158.2408	164.340	0.058	164.398	8640.970	3068.600
1	146.5848	11.86	125.2323	154.510	0.043	154.553	8488.115	3129.113
2	135.0954	11.86	80.3333	179.150	0.009	179.159	8398.608	3255.110
3	145.3630	11.86	46.0944	160.120	-0.025	160.095	8427.995	3431.843
B	158.0036	11.86	24.0903				8538.880	3547.320
N							8630.127	3588.234

角度闭合差 $w = 59.3s$
纵坐标差 $f_x = 0.221$
横坐标差 $f_y = -0.070$
全长闭合差 $f_s = 0.232$
相对闭合差 $k = 1 : 2839$
导线全长 $[s] = 658.120$

三、用 ESDPS 进行闭合导线计算

1. 数据的录入

用 ESDPS 进行闭合导线计算时，角度与边长的输入规则与附合导线相同，但要注意起点观测角度和终点观测角度这两个地方的输入，见表 6-16和如图 6-15 所示。

如图 6-15 所示，点名一列按 4-3-5-13-12-10-11-3 的顺序输入，4 号点为定向点，第一个 3 号点为起点，应该输入 4-3-5 对应的左角 236°24′00″，

闭合导线成果计算
（ESDPS 软件）

第二个 3 号点为终点，应该输入 11-3-4 对应的左角 178°13′39″。

闭合导线成果计算（Excel 表格）

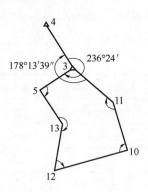

图 6-15　闭合导线示意图

表 6-16　闭合导线数据录入窗口

序号	点名	纵坐标 X/m	横坐标 Y/m	角度/dms	边长/m	备注
001	4	741816.391	763497.163			定向点
002	3	739728.280	764871.860	236.2400	1111.352	已知点
003	5			129.3506	1246.065	待定点
004	13			209.0002	1372.415	待定点
005	12			43.2842	1542.470	待定点
006	10			112.2926	1556.885	待定点
007	11			170.4907	1142.261	待定点
008	3			178.1339		已知点

2. 导线计算与成果输出

计算结果见表 6-17。

表 6-17　闭合导线输出为 WORD 文档

点名	观测角度/dms	改正数/s	方位角/dms	观测边长/m	改正数/mm	边长平差值/m	X	Y
4			146.3829				741816.391	763497.163
3	236.2400	0.29	203.0228	1111.352	0.000	1111.352	739728.280	764871.860
5	129.3506	0.29	152.3734	1246.065	0.001	1246.066	738705.587	764436.885
13	209.0002	0.29	181.3736	1372.415	0.001	1372.416	737599.049	765009.820
12	43.2842	0.29	45.0618	1542.470	0.000	1542.470	736227.186	764970.864
10	112.2926	0.29	337.3543	1556.885	−0.001	1556.884	737315.878	766063.551
11	170.4907	0.29	328.2450	1142.261	−0.001	1142.260	738755.241	765470.152

（续）

点名	观测角度/dms	改正数/s	方位角/dms	观测边长/m	改正数/mm	边长平差值/m	X	Y
3	178. 1339	0. 29	326. 3829				739728. 280	764871. 860
4							741816. 391	763497. 163

角度闭合差 $w = 2.0s$
纵坐标差 $f_x = 0.005$
横坐标差 $f_y = -0.006$
全长闭合差 $f_s = 0.008$
相对闭合差 $k = 1 : 1046839$
导线全长 $[s] = 7971.448$

四、用 ESDPS 进行高程计算

1. 数据的录入

该软件以简易平差的方式进行平差计算，适用于附合水准（图 6-16）、闭合水准、支水准进行平差计算。

数据录入见表 6-18。

表 6-18　水准测量数据录入窗口

点号	点名	高程/m	高差/m	距离/m	备注
001	A	100	1. 000	2000	已知点
002	B		2. 000	2000	待定点
003	C		-1. 500	2000	待定点
004	D		-1. 502	2000	待定点
005	A				已知点

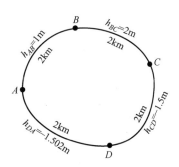

图 6-16　闭合水准高程计算略图

2. 导线计算与成果输出

计算结果见表 6-19。

表 6-19　闭合水准成果输出为 WORD 文档

点名	高程 H/m	高差 h/m	距离/m
A	100. 000	1. 000	2000. 000
B	101. 001	2. 001	2000. 000
C	103. 001	-1. 500	2000. 000
D	101. 502	-1. 502	2000. 000

水准点总数 = 5
线路总长 = 8000. 000m
闭合差 = -2. 0mm
每 km 高差中误差 = 0. 7mm

思考与练习

6-1 在全国范围、城市地区是如何进行高程控制网与平面控制网的布设的？

6-2 导线的布设形式有哪些？平面点位应如何选择？

6-3 导线外业测量应包含哪些内容？

6-4 附合导线与闭合导线内业计算中有哪些相似？又有哪些不同？

6-5 某闭合导线如图 6-17 所示，已知 $\alpha_{A5} = 45°$，列表计算各点的坐标。

6-6 某附合导线如图 6-18 所示，列表并计算 1、2 点的坐标。

6-7 四等水准测量建立高程控制时，应如何观测，如何记录及计算？

6-8 如采用三角高程测量时，如何观测、记录及计算？

6-9 已知 A 点的高程 25.000m，现用三角高程测量方法进行往返观测，数据见表 6-20，请计算 B 点的高程。

表 6-20 三角高程测量数据

测站	目标	直线距离 S/m	竖直角 α	仪器高 i/m	标杆高 v/m
A	B	213.634	3°32′12″	1.501	2.009
B	A	213.643	2°48′42″	1.521	3.319

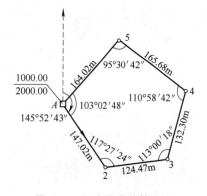

图 6-17 闭合导线计算略图

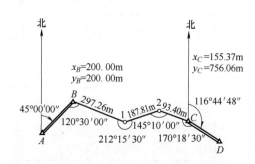

图 6-18 附合导线计算略图

第7章 地形图测绘与应用

本章第 1 节从地形图比例尺、地形图分幅、图名图号以及图廓、地形图符号、等高线等方面介绍地形图的基本知识，第 2 节简单介绍数字测图的方法和发展历程，重点介绍了数字测图全站仪外业数据采集的方法，以及利用 CASS 进行地形图编绘的方法。第 3 节介绍地形图的应用，先介绍纸质地形图上点线面的量算，如何在数字地形图上进行几何图形的特性查询、面积计算和点高程查询等，再进一步介绍如何在已有的数字地形图上生成断面图以及进行填挖方量的计算。

了解地形图的概念、比例尺的分类以及地形图比例尺的选择、数字测图的方法以及发展、纸质地形图量算的方法、数字地形图上绘制断面图以及挖填方量的计算。

掌握地形图比例尺的相关知识及计算，地形图矩形分幅、图幅编号方法，地形图符号及等高线的相关知识；掌握全站仪数字测图的外业数据采集以及内业成图方法；掌握简单的地形图应用知识。

具备数字测图的外业数据采集以及利用 CASS 编绘地形图的能力。

 第 1 节　地形图的基本知识

一、地形图概述

表示地表居民地、道路网、水系、境界、土质与植被等基本地理要素且用等高线表示地面起伏的普通地图称为地形图，以纸质介质为载体存储的地形图称为纸质地形图，以数字形式存储的地形图称为数字地形图。地形图采用正射投影的方法，将地表的地物和地貌，按一定比例尺缩小并用规定的符号及方法表达出来。地形图既能表示地物的平面位置，又能表示地面的高低起伏形态。地形图上用点、线、面等符号和文字表示地物和地貌的空间位置及属性信息。地物和地貌属于地形要素，地形图测量就是测定地形要素，从而绘制出地形图。

地形图测量经历了模拟测图和数字测图两个阶段。

模拟测图以白纸或聚酯薄膜为载体，在野外实测地形要素距离和角度，按一定的比例尺，用手工几何作图的方法，缩绘在载体上。最初的图件称为地形原图，然后晒蓝或印刷成纸质地形图，提供给用户使用。

自从电子全站仪（简称全站仪）广泛应用以来，数字测图逐步代替模拟测图，现在几乎不采用模拟测图方法了。数字测图过程如下：利用全站仪、RTK 等设备在外业测量或通过摄影测量的方法获得地形要素的坐标和高程数据，并记录相关的属性信息，利用绘图软件编辑处理，得到数字地形图数据，并保存在计算机的磁盘中。数字地形图使用更加方便，可以在屏幕上随意放大、缩小，进行各种量算，可以以此为底图进行规划设计等，也可以利用打印机按一定的比例尺打印成纸质图。以数字形式保存地形数据，图形的精度不会有任何损失。数字地形图的精度取决于获得地形要素的精度，对于数字测图来说地形图比例尺的意义有以下两个方面：在测量时综合取舍的程度取决于成图比例尺，内业绘图时，符号的大小取决于比例尺，只有按规定的尺寸绘制出来的符号，打印时其符号大小才符合图式规范的要求。因此，了解地形图比例尺的概念还是十分有必要的。

二、地形图比例尺

（一）比例尺的表示方法

图上一段直线长度与地面上相应线段的实际水平长度之比，称为地形图的比例尺。比例尺有两种表示方法：数字比例尺和图示比例尺。

比例尺

1. 数字比例尺

数字比例尺用分子为 1，分母为整数的分数表示。设图上距离为 d，相应实地的水平距离为 D，则该图的数字比例尺为

$$\frac{d}{D} = \frac{1}{\dfrac{D}{d}} = \frac{1}{M} \tag{7-1}$$

式中，M 为数字比例尺的分母。此分数值越大（M 值越小）则比例尺越大。数字比例尺在地形图上通常写成 1∶500、1∶1000、1∶2000 等形式。

2. 图示比例尺

在地形图上绘制的表示实地标准长度的分划尺称为图示比例尺。如图 7-1 所示，直线上部数字表示实地的距离，单位为米，下部为图上距离，单位为厘米。

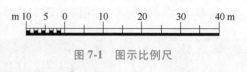

图 7-1　图示比例尺

图示比例尺放置在地形图图幅的下方，便于用分规（两脚规）直接在图上量取两点间距离。图示比例尺随图纸同步变形，因此利用图示比例尺量距离，可以抵消大部分的图纸伸缩影响。

（二）比例尺的分类

一般把地形图按比例尺的大小分为大比例尺地形图、中比例尺地形图和小比例尺地形图三类。

1. 大比例尺地形图

通常将比例尺分母值小于 1 万的地形图称为大比例尺地形图，如 1∶500、1∶1000、1∶2000、1∶5000 等。城市管理和工程建设等普遍采用大比例尺地形图，大比例尺地形图主要采用全站仪、RTK 进行全野外数字测图，或采用摄影测量方法成图。

2. 中比例尺地形图

比例尺分母值在 1 万~10 万之间的地形图称为中比例尺地形图，是国家的基本地图，由国家专业测绘部门负责测绘，主要采用航空摄影测量的方式测绘成图，也可以采用卫星遥感测绘的方式成图。

3. 小比例尺地形图

比例尺分母值大于 10 万的地形图称为小比例尺地形图。小比例尺地形图一般由中比例尺地形图缩小编绘而成。

（三）测图比例尺的选用

在道路工程建设中，应根据设计阶段、工程性质以及地形、地貌等因素选用测图比例尺，见表 7-1。

表 7-1　地形图比例尺的选用

设计阶段或工程性质	比例尺	设计阶段或工程性质	比例尺
工程可行性研究	1∶1 万	施工图设计	1∶1000、1∶2000、1∶5000
初步设计、技术设计	1∶2000、1∶5000	重点工程	1∶500

（四）比例尺的精度

人的肉眼分辨率的最小距离为 0.1mm，因此，一般在纸图上量测就只能达到 0.1mm 的准确性，我们把相当于图上 0.1mm 的实地水平距离称为比例尺精度，比例尺精度值 = 0.1mm×M（M 为比例尺分母）。地形图比例尺越大，其比例尺精度也越高。不同比例尺地形图的比例尺精度见表 7-2。

表 7-2　地形图的比例尺精度

比例尺	1∶500	1∶1000	1∶2000	1∶5000	1∶1 万
比例尺精度/m	0.05	0.1	0.2	0.5	1.0

比例尺精度的概念对于纸质地形图的测图和用图有重要的意义。例如，以 1∶500 比例尺测图时，实地距离小于 0.05m 在图上无法表示出来。反之，已知测图精度要求，则比例尺 = 0.1mm/比例尺精度。又如，要求图上能反映出 0.1m 的细节，则所选用的测图比例尺应不小于 1∶1000。

数字地形图保存的是地形图要素的坐标，不受比例尺精度影响，但当将数字地形图以一定的比例尺打印于图纸上，使用这种纸图则受比例尺精度的限制。

三、地形图的图号、图名和图廓

（一）地形图的分幅和编号

为了便于地形图的保管和使用，需要将地形图进行科学的分幅，并将分幅后的地形图进行系统的编号。地形图的分幅主要有两种方式：一种是按经纬线划分的梯形分幅，主要用于中小比例尺地形图分幅，另一种是按坐标格网划分的矩形分幅，用于大比例尺地形图分幅。图幅的编号也叫图号。《国家基本比例尺地形图分幅和编号》（GB/T 13989—2012）是目前分幅和编号的依据。

1. 梯形分幅及图号

我国 1∶100 万地形图图幅采用国际 1∶100 万地图分幅标准，每幅 1∶100 万地形图范围是经差 6°，纬差 4°。1∶50 万~1∶5000 地形图分幅以 1∶100 万地形图分幅为基础，按规定的经差和纬差划分图幅。例如，每幅 1∶100 万地形图分为 2 行 2 列，得到 1∶50 万地形图共 4 幅，其经差为 3°，纬差 2°。又如，1∶100 万图幅分为 192 行、192 列，得到 1∶5000 地形图共 36864 幅，其经差为 1′52.5″，纬差为 1′15″。

我国 1∶100 万地形图的编号采用国际编号标准，从赤道至南、北纬 88°每隔 4°为一行，依次用大写字母 A、B、C、…、V 表示行号。从 180°经线起，自西向东每隔经差 6°为一列，将全球分为 60 列，依次用阿拉伯数字 1、2、3、…、60 表示列号。1∶100 万地形图的图幅编号就是由其所在的行号和列号构成，北半球的图幅编号前加"N"，南半球的图幅编号前加"S"，我国均处在北半球，一般省略用于标志北半球的字母代码"N"，例如，广西南宁市所在 1∶100 万图幅的编号为"F49"。

1∶50 万~1∶5000 地形图图幅编号以 1∶100 万图幅编号为基础，采用行列编号方法。图幅号由 10 个字符组成，其含义如图 7-2 所示，比例尺代码见表 7-3。例如，某点的经纬度为（108°15′51″，22°50′27″），其所在的 1∶5000 地形图编号是"F49H056009"，其中"F49"是 1∶100 万图幅编号，"H"是比例尺代码，"056"是所在 1∶100 万图中的行号，"009"为所在的列号。

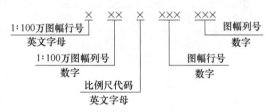

图 7-2　梯形分幅图幅编号

表 7-3　1∶50 万~1∶5000 地形图的比例尺代码

比例尺	1∶50 万	1∶25 万	1∶10 万	1∶5 万	1∶2.5 万	1∶1 万	1∶5000	1∶2000	1∶1000	1∶500
代码	B	C	D	E	F	G	H	I	J	K

2. 矩形分幅及图号

1∶500、1∶1000、1∶2000 比例尺地形图一般采用 50cm×50cm 的正方形分幅，有些也采用 50cm×40cm 的长方形分幅，根据实际需要也可以采用其他任意规格的分幅。

矩形分幅的地形图的图号，一般采用图廓西南角坐标公里数编号，也可以采用流水编号法和行列编号法。

（1）公里数编号法。采用图廓西南角坐标公里数编号时，X 坐标在前，Y 坐标在后，中间以短线"-"相连，1∶500 比例尺取位至 0.01km（如"25.50-20.75"），1∶1000、1∶2000 比例尺取位至 0.1km（如"27.5-23.0"）。

（2）流水编号法。带状测区或小面积测区可按测区统一顺序编号，一般从左到右，从上到下用阿拉伯数字 1、2、3……顺序编号。

（3）行列编号法。一般采用以字母（如 A、B、C……）为代号的横行从上到下排列，以阿拉伯数字为代号的纵列从左到右编定。

（二）地形图的图名和接图表

图名就是图幅的名称。一般选择本幅图内最大居民地的名称作为图名，没有居民地时可选其他地理名称作为图名，确实无法命名时，可以图幅内最高高程值作为图名，或不注记图名。作为图名的名称应远近闻名，用图人凭图名就知道这幅图的大概位置。当有多个名称可选时，尽量选择图幅中间的名称作为图名，道路、河流跨越多个图幅，其名称不宜作为图名。

接图表绘制在北图廓左上方，用来说明本图幅与相邻图幅的关系。中间绘制阴影的方格代表本图幅，四邻分别注明相应的图号或图名，便于查找相邻的图幅。

（三）地形图的图廓

地形图有内外图廓，内图廓用细实线表示，是图幅的范围线，外图廓用粗实线表示，起整饰作用，大比例尺地形图的内图廓同时也是坐标格网线，在内图廓边上和图内绘有坐标格网的交点，在内外图廓之间标注以千米为单位的坐标格网值。在图幅的左下角标注有测图时间、测图方法、坐标系统、高程系统和采用的图式规范版本，图幅的南图廓中间标注测图比例尺，有的图幅还绘制图示比例尺，测图单位名称注记在西图廓线下方。图 7-3 为正方形分幅地形图图廓示例。

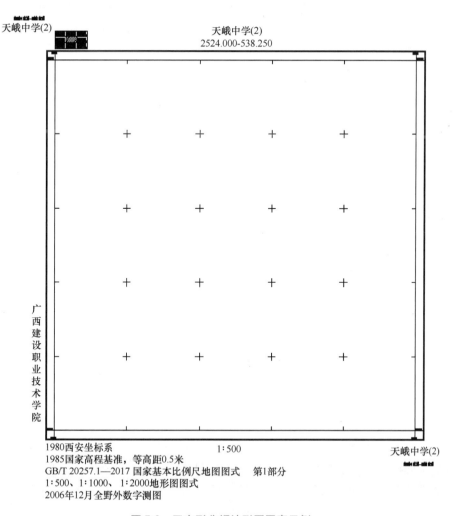

图 7-3　正方形分幅地形图图廓示例

四、地形图符号

地形图用符号表示地面的各种地物、地貌，这些符号的大小、形状、颜色都有标准可依。《国家基本比例尺地图图式》（GB/T 20257—2017）共分 4 部分，其中第 1 部分为 1∶500、1∶1000、1∶2000 比例尺地形图图式，第 2 部分为 1∶5000、1∶10000 比例尺地形图图式，第 3 部分为 1∶2.5 万、1∶5 万、1∶10 万比例尺地形图图式，第 4 部分为 1∶25 万、1∶50 万、1∶100 万比例尺地形图图式。

（一）符号分类

地球表面固定不动的物体，如房屋、道路、桥梁、森林、河流等，称为地物。地球表面高低起伏的形态称为地貌。地物和地貌合称地形。地形图符号可分为地物符号和地貌符号，用于表示地物的类别、形状、大小及其图上位置的符号称为地物符号，用于表示地貌形态的符号称为地貌符号。

地物符号绘制

地形图符号根据地物的大小和描绘方法的不同，分为依比例尺符号、半依比例尺符号和不依比例尺符号三种。

（1）依比例尺符号：地物依比例尺缩小后，其长度和宽度能依比例尺表示的地物符号，如房屋、球场、公路、河流等。地形图上依比例尺符号地物的轮廓与实地相似，可以根据比例尺直接进行度量和确定位置。

（2）半依比例尺符号：地物依比例尺缩小后，其长度能依比例尺表示而宽度不能依比例尺表示的地物符号，如小路、单线河流、通信线、管道等。这种地物符号的中心线一般代表其实地地物的中心位置，但当这些线状地物作为界线，如围墙、栅栏等，其定位点往往在界址点上。

（3）不依比例尺符号：地物依比例缩小后，其长度和宽度不能依比例尺表示的地物符号，如路灯、消防栓、控制点、旗杆等。

按符号的性质，符号可分为九大类：定位基础、水系、居民地及设施、交通、管线、境界、地貌、植被与土质以及注记。表 7-4 中列举了部分地形图符号及注记。

（二）地貌符号

地貌符号

地貌在地形图上主要用等高线表示，辅助以其他的地貌符号（如陡坎、斜坡、陡崖等）和高程注记，就能够准确描述地面起伏的形态。下面介绍用等高线表示地貌的方法。

1. 等高线的概念

地面上高程相等的相邻点所连成的一条闭合曲线称为等高线。静止的池塘水面与岸边的交线就是一条封闭的等高线，也可以想象用一个水平面对山体进行切割，得到的横截面外轮廓就是一条封闭的等高线，如图 7-4 所示。

2. 等高距和等高线平距

地形图上相邻两条等高线之间的高差称为等高距，用 h 表示。在同一幅图内等高距是相同的，因此有时也称为基本等高距。相邻两条等高线之间的水平距离称为等高线平距，用 d 表示，它随地面的起伏情况而变化。h 和 d 的比值就是地面坡度 i，即

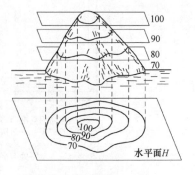

图 7-4　等高线示意图

表 7-4　部分地形图符号及注记

符号类别	符号名称	符号	符号类别	符号名称	符号	符号类别	符号名称	符号
定位基础	导线点	⊙ $\frac{\text{I 001}}{99.02}$	管线	配电线		地貌	未加固陡坎	
	卫星定位登记点	△ $\frac{\text{IV 101}}{87.198}$		通信线			加固斜坡	
	水准点	⊗ $\frac{\text{南田98}}{102.886}$		排水检修井	⊕		不依比例尺独立石	
水系	有坎池塘	塘		消防栓			等高线	
	单线沟渠			双杆上的变压器			高程点	•99.26
	红树林滩		交通	铁路			岩溶漏斗	○
	水井	井		国道		植被与土质	石块地	
	不通车水闸	ㅅ		单层车行桥			果园	
居民地及设施	一般房屋	混3		加油站			水田	
	棚房			内部通路			竹林	
	围墙			小路			阔叶独立树	
	依比例尺地下出入口		境界	已定国界		注记	地级以上政府驻地	南宁市
	路灯			已定乡镇界			水系名称	红水河
	阳台			未定乡镇界			政府机关	市民政局
	栏杆			自然保护区			性质注记	水泥
	地铁出入口	Ⓓ		宗地界址线			村庄名称	伏浪屯

$$i = \frac{h}{d} \times 100\% \qquad (7-2)$$

等高线平距的大小反映了地面起伏的情况，等高线平距小，相应等高线密，则对应地面坡度大，即该地面陡；等高线平距大，相应等高线稀，则对应地面坡度小，即该地面缓；如果一系列等高线平距相等，则该地的坡度相等，如图 7-5 所示。

3. 等高线分类

为了便于识图和用图，更好地表示地貌特征，地形图上采用首曲线、计曲线、间曲线和助曲线四种等高线，其中前三种经常使用，如图7-6所示。

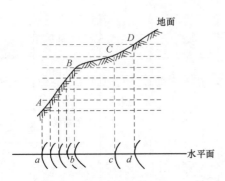

图7-5 等高距和等高线平距

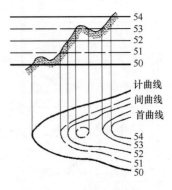

图7-6 等高线分类

（1）首曲线：按图幅的基本等高距绘制的等高线称为首曲线，也称基本等高线，是地形图上最主要的等高线。

（2）计曲线：为了便于看图和计算高程，从0m起，每隔若干条首曲线绘制一条加粗的等高线，并注记高程，这样的曲线称为计曲线。一般计曲线的高程为 2.5m、5m、10m 等的整倍数。

（3）间曲线：当局部地势比较平坦，用首曲线和计曲线无法准确表示地貌特征时，可以按二分之一基本等高距绘制辅助等高线，这种曲线称为间曲线。在地形图上用长虚线表示。

（4）助曲线：插绘间曲线仍不足以完全表示局部地貌特征时，可在相邻的两条间曲线之间绘制四分之一基本等高距的辅助等高线，称为助曲线。在地形图上用短虚线表示。

4. 典型地貌的等高线

地形图上的典型地貌可以归纳为以下几种：

（1）山头和洼地。从图7-7中可以看出，山头和洼地的等高线均为一组闭合的等高线，可以从高程注记或示坡线来区分。山头等高线内圈比外圈高程值大，洼地则相反。所谓示坡线就是等高线旁用于指向下坡方向的短线。

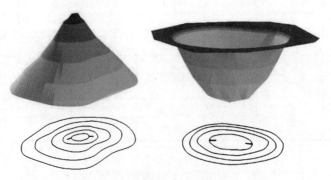

图7-7 山头和洼地的等高线

（2）山脊和山谷。如图7-8所示，山脊的等高线为一组凸向低处的曲线，各条曲线的方向改变处的连线称为山脊线，也称分水线。雨水必然以山脊为分界线分别向两侧流，山脊线

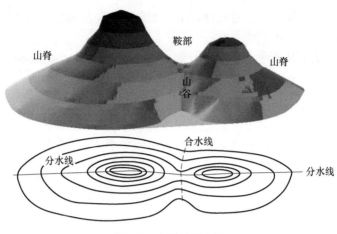

图 7-8　山地的等高线

是该区域内坡度最缓的地方。山谷的等高线为一组凸向高处的曲线，各条曲线的方向改变处的连线称为山谷线，也称合水线。山谷线是雨水汇集后流出的通道，是该区域内坡度较陡的地方。

山脊线和山谷线是地貌的特征线，在地形测量中，只要把这些特征线测好了，那么山的骨架也就表示出来了。

（3）鞍部。如图 7-8 所示，山的鞍部是处于两个相邻的山头之间的山脊与山谷的汇聚处，形状像马鞍，故而称为鞍部。鞍部等高线的特点是两组闭合等高线被另一组更大的等高线包围。

（4）陡崖和悬崖。陡崖是坡度在 70° 以上的难以攀登的陡峭崖壁，如图 7-9a 所示。陡崖分土质和石质两种，分别用图 7-9b 和图 7-9c 表示。

悬崖是上部突出，中间凹进的山坡，上部的等高线投影到水平面上，将与下部的等高线相交，下部凹进的部分等高线用虚线表示，如图 7-10 所示。

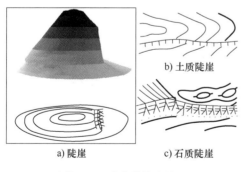

图 7-9　陡崖的等高线

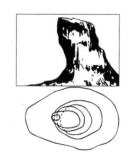

图 7-10　悬崖的等高线

5. 等高线的特性

等高线有如下特性：

（1）同一条等高线上各点的高程都相等。

（2）等高线是一条封闭的曲线，不能中断，如不能在同一幅图内闭合，必定在另一幅图内闭合。

（3）不同等高线不能相交。在特殊地貌中，如悬崖和陡崖等用符号或虚线表示。

（4）等高线与山脊线、山谷线正交。

（5）同一幅地形图中基本等高距相等，等高线越稀表示该区域地面坡度越缓；反之，等高线越密表示该区域地面坡度越陡。

五、地物、地貌特征点的确定

地形图用地物和地貌符号表示地表形态，为了能在图上准确绘制出地物地貌符号，需要测量一些关键点位，如只要把房屋的角点测出来，就可以准确表示房屋，又如，只要把消防栓的中心位置测出来，就可以准确表示消防栓符号，这些关键点称为特征点。地形图的外业测量就是要把地物地貌的特征点坐标测量出来。

1. 地物特征点的确定

地物的特征点有下面几种情况：

（1）依比例尺符号地物特征点为地物外围边界的拐点，如房屋的角点、道路的拐弯点、水面的拐点等。圆形地物一般需要测量三个点进行定位。

（2）半依比例尺符号地物的特征点比较复杂，单线水沟、小路、管线的特征点在线状地物的中心，陡坎、斜坡等线状地物的特征点位于坎顶上沿，围墙的特征点位于外转角点，电线、通信线特征点位于电杆中心。

（3）不依比例尺符号特征点位于地物的中心点上，如检修井的特征点位于井盖的中心位置，路灯的特征点位于路灯杆的中心位置等。

2. 地貌特征点的确定

地貌的特征点是地面坡度变化点，如山顶、山脊、山谷、山脚、陡坎上沿斜坡脚等。进行山地测量时，一般要把山脊线和山谷线上的特征点、山顶最高点以及山脚范围测出来，再测出山上的地类界、道路等地物，则山的形状大致可以描绘出来。陡坎、斜坡除了测上沿的点位，还需要测出坎底和坡脚的高程。

六、地形图测绘的一般要求

1. 地形类别

《国家基本比例尺地图 1∶500　1∶1000　1∶2000 地形图》（GB/T 33176—2016）对地形类别按坡度划分为平地、丘陵地、山地和高山地四类，其坡度范围见表7-5。

表7-5　地形类别

地形类别	地面坡度 θ	地形类别	地面坡度 θ
平地	$\theta<2°$	山地	$6°\leqslant\theta<25°$
丘陵地	$2°\leqslant\theta<6°$	高山地	$\theta\geqslant25°$

2. 基本等高距

《公路勘测规范》（JTG C10—2007）规定，地形图的基本等高距应符合表7-6的要求。其中，地形类别的划分大致可参照表7-6。

3. 地形图精度

《公路勘测规范》（JTG C10—2007）规定，地形图的平面精度应符合表7-7的要求，高程精度应符合表7-8的要求，高程注记点的精度要求按表7-7的0.7倍执行。

表 7-6　地形图基本等高距

地形类别	地形倾角 α	比例尺			
		1：500	1：1000	1：2000	1：5000
平坦地	$\alpha<2°$	0.5	0.5	1	2
丘陵地	$2°\leqslant\alpha<6°$	0.5	1	2	5
山　地	$6°\leqslant\alpha<25°$	1	1	2	5
高山地	$\alpha\geqslant25°$	1	2	2	5

表 7-7　图上地物点的点位中误差

重要地物/mm	一般地物/mm	水下地物/mm		
		1：500	1：1000	1：2000
$\leqslant\pm0.6$	$\leqslant\pm0.8$	$\leqslant\pm2.0$	$\leqslant\pm1.2$	$\leqslant\pm1.0$

表 7-8　等高线插值的高程中误差

地形类别	平原	微丘	重丘	山岭	水下
高程中误差	$\leqslant(1/3)H_d$	$\leqslant(1/2)H_d$	$\leqslant(2/3)H_d$	$\leqslant H_d$	$\leqslant1.2H_d$

注：表中 H_d 为基本等高距。

第 2 节　全野外数字测图

一、数字测图概述

（一）数字测图的方法

随着计算机硬件和软件的发展和向各个领域的渗透，以及电子全站仪、RTK 等先进测量仪器的广泛应用，测绘领域已经从模拟测绘时代完全过渡到数字测绘时代，随着互联网的发展，正在逐步进入信息化测绘时代。数字测图与模拟测图相比，以其特有的高自动化、全数字、高精度、应用灵活方便等显著优势受到广泛使用。

数字测图指的是通过数字化测绘手段获得地物、地貌特征点的坐标，并利用绘图软件根据这些坐标绘制地物地貌符号，获得数字地形图的技术方法。当前主流的数字测图的方法有全野外数字测图和数字摄影测量两种方法。

全野外数字测图，是指通过全站仪、RTK 等仪器设备在野外直接测量碎部点的坐标（或方位角和距离，内业转换为坐标），内业通过绘图软件绘制成数字地形图的技术方法。全野外数字测图主要用于大比例尺地形图测绘，在下列几种情况下特别适合采用全野外数字测图：①植被覆盖度大、地形破碎、建筑物密集的测区；②工程项目对地形图精度要求比较高时；③不动产测量。

数字摄影测量是基于数字影像和摄影测量的基本原理，应用计算机技术、数字影像处理、影像匹配、模式识别等多学科的理论与方法，提取所摄对象以数字方式表达的几何与物理信息的测量方法。数字摄影测量主要用于中小比例尺地形图测绘，在北方植被较少、地形平坦地区，大比例尺地形图测绘也常用数字摄影测量方法成图。影像获取的方法有卫星遥感、航空摄影、地面倾斜摄影、无人飞机航拍等。近几年随着影像处理理论和计算机软硬件的发展，摄影测量软件在自动化程度、处理速度和易用性等方面获得极大的提高，加上无人飞机航拍成本降低，使得无人飞机数字摄影测量在大比例尺地形图测绘领域崭露头角。

（二）数字测图的发展

20 世纪 50 年代美国国防制图局开始研究制图自动化问题，这一研究同时推动了制图自动化配套设备的研制与开发。至 20 世纪 70 年代初，制图自动化已形成规模生产。具有代表性的硬件设备主要包括数字化仪、扫描仪、计算机及显示系统等。

20 世纪 80 年代，摄影测量从模拟法、解析法发展为数字摄影测量。当时限于技术条件，数字摄影测量是把摄影所获得的胶片影像进行数字化处理得到数字化影像，由计算机进行数字处理，得到数字地形图、数字地面模型等数字化产品。

全野外数字测图是在 20 世纪 70 年代电子速测仪问世后发展起来的，20 世纪 80 年代初全站型电子速测仪（全站仪）的迅猛发展加速了数字测图的研究和应用。我国从 1983 年开始开展数字测图的研究工作，2000 年前后随着国产全站仪的问世，全站仪价格大幅度下降，因而获得迅速普及。

20 世纪 90 年代出现的 RTK（Real-time Kinematic，实时动态）测量技术，是全球卫星导航定位技术与数据通信技术相结合的载波相位实时动态差分定位技术，能够实时地提供测站点在指定坐标系中厘米级的三维定位结果。RTK 和全站仪已经成为全野外数字测图的主要仪器设备。近几年，CORS（Continuously Operating Reference Stations，连续运行基准站，简称 CORS）技术日臻成熟，在测绘行业获得迅速发展，该技术颠覆了传统测绘方法，利用 CORS，一个人就可以实现点位的测定，平面精度可达 3 厘米，结合大地水准面精化模型可以获得优于等外水准精度的正常高。CORS 技术还改变了"先控制后碎部点"的测图程序，因为利用 CORS 无须控制测量，可直接进行碎部测量。

二、全站仪数字测图外业数据采集

（一）准备工作

1. 资料准备

控制资料：收集测图区域的控制点资料，包括控制点坐标表、点之记、展点图等。全站仪测图要求控制点两两通视，均匀覆盖测区。如果没有控制点或数量不足，则需要先进行控制测量，后进行测图。

图件资料：收集已有各种比例尺地形图、影像图等资料，也可以在百度、高德等互联网地图上下载测区影像资料。

技术文档：收集项目技术设计书、项目合同、相关技术规范等。

2. 仪器准备

（1）出测前仪器检查

检查仪器电池电量是否足够、脚架棱镜是否齐全、仪器外观是否正常等，如果仪器较长时间未使用，还应架设仪器进行开机检查，测试各种功能是否正常。

（2）作业现场仪器准备

仪器对中整平：进行碎部点测量前，仪器必须进行对中整平。

仪器参数设置：仪器参数设置主要涉及温度、气压和棱镜常数。测距模式改为有棱镜、跟踪测量模式。

测站设置：碎部点测量一般采用坐标测量方法进行施测，测站设置流程：设置测站→后视定向→坐标检核，检核通过后方能开始进行碎部点数据采集。

（二）碎部点数据采集

1. 碎部点数据采集方法

碎部点数据采集实际上就是测量地物地貌特征点坐标，碎部点数据采集比较常用的方法有两种：草图法和简码法。

利用草图法进行数据采集，每个组需要 3 个人，其中 1 人观测，1 人立棱镜，1 人绘制草图。绘制草图和测量碎部点在现场同时进行在草图上记录地形要素、碎部点点号、地物属性信息和连接关系，内业根据草图上的信息绘制地形图。图 7-11 为外业现场绘制的草图。草图法测图观测人员不用输入碎部点代码，对观测人员要求较低，观测速度较快，其缺点是作业人员比简码法多 1 个，且内业绘图全靠手工绘制，速度较慢。由于草图法整体效率较低，现在多使用简码法进行测图。

利用简码法进行数据采集，每个组需要 2 人，其中 1 人观测，1 人立棱镜。每测量一个碎部点，均需要把这个点的相关属性信息和连线信息作为简码输入，和这个点的坐标一起保存。内业绘制成图时，可以根据代码实现自动绘图，如测路灯时，给这个点一个简码（如 "LD"），那么绘图程序根据简码 "LD" 在此点位绘制一个路灯符号。由此可见，简码法测图需要人员更少，内业绘图时，绘图软件根据简码可自动绘制部分符号，整体效率较高。

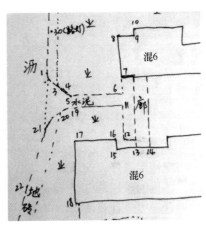

图 7-11　外业草图

2. 南方 CASS 简码

所谓简码，就是外业测量时给特征点赋予的代码，为了输入方便，外业代码总是设计得简单易记，因此称为简码。

南方 CASS 自带的简码在 "JCODE. DEF" 文件中定义（此文件位于 CASS 的安装目录下的 system 文件夹内），其把简码分为三类：线面状地物符号代码、点状地物符号代码和描述连接关系代码。简码文件如图 7-12 所示，每行定义一个地物简码，由两部分构成，逗号前为外业测图用的简码，逗号后面为该简码对应地物的 CASS 编码。简码由不超过三位的字符构成，第 1 位为字母，第 2、3 位为数字，第 2 位如果是 "0"，可以省略，如 "F01" 就等于 "F1"。图 7-12 中第一行 "K0, 204201"，其中 "K0" 为简码，"204201" 为未加固陡坎的 CASS 编码。部分线、面状地物代码后可跟参数，如 "F015" 或 "F1-5" 代表普通房屋 5 层。点状地物符号比较简单，一个简码代表一种符号，例如 "A24" 代表上水检修井。描述连接关系代码用于描述线状地物或面状地物特征点之间的连接关系。CASS 简码用户可以自行定义，连接关系代码为 CASS 内部约定符号，不能修改。表 7-9 为南方 CASS 连接关系代码表。

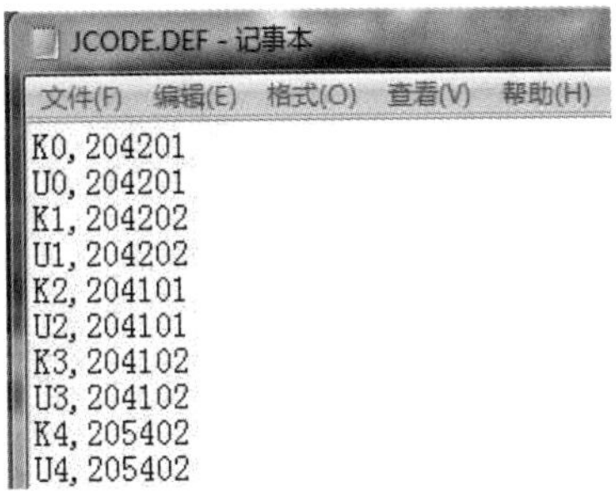

图 7-12　南方 CASS 简码文件

表7-9　南方CASS连接关系代码表

符号	含义
+	本点与上一点相连，连线依测点顺序进行
−	本点与下一点相连，连线依测点顺序相反方向进行
n^+	本点与上 n 点相连，连线依测点顺序进行
n^-	本点与下 n 点相连，连线依测点顺序相反方向进行
p	本点与上一点所在地物平行
np	本点与上 n 点所在地物平行
+A \$	断点标识符，本点与上点连
−A \$	断点标识符，本点与下点连

3. 碎部点测量

当仪器准备好，测站设置完后，还应进行测站检核，检查无误后，方可进行碎部点测量。碎部点测量的关键在于立镜员，测什么点、在哪个部位放置棱镜、先测哪些点后测哪些点，这些问题需要立镜员决定，可以说测图的速度、点位的精度都与立镜员有较大的关系，因此一个好的立镜员必须了解地形图图式的内容，掌握地物地貌的表示方法。

（1）立镜线路规划。立镜员利用观测员设置测站的空档，对周围环境进行考察，结合控制点分布情况，计划本测站应该测量哪些碎部点，哪些留到其他测站施测，哪些隐蔽地物点需要引点测量，在哪个位置引点等。根据碎部点的分布情况，规划立镜路线，尽量做到不遗漏，又不走重复路线。为减少观测员换简码的次数，同类地物相隔较近时尽量连续测量。

（2）立镜。近几年来生产销售的全站仪大部分都具备免棱镜激光测距功能，瞄准目标点，即可直接测量出点位的坐标，但实际工作中，还是应尽量利用棱镜测量碎部点坐标，只有立镜员无法到达的位置，才采用免棱镜测量。主要是因为利用棱镜进行坐标测量，碎部点的精度更加稳定、可靠，而用免棱镜测量，往往因为地物的反射面角度、特征点目标大小等因素，造成点位精度较低，甚至坐标错误。

立镜的位置就是地貌地物的特征点，有时候没有办法将棱镜立在特征点上，而点位精度要求又较高，如房屋角点、路灯等，这时候必须采用偏心测量，才能满足精度要求。常用的偏心测量方法是角度偏心测量，其立镜要求如图7-13所示，假设以测站点为圆心，待测点位为半径画圆，棱镜立应在该圆上，即棱镜中心和待测点到测站点的距离相等，都等于圆的半径。

（3）观测。调出仪器数据采集或坐标测量功能，调节全站仪目镜和物镜螺旋，消除视差，瞄准棱镜中心，按下仪器的观测键，屏幕上出现待测点坐标，修改目标高度（棱镜中心高度）和简码，按下记录键，保存碎部点信息。如果进行角度偏心测量，需要将测距模式切换至跟踪

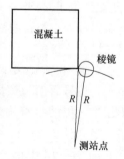

图7-13　角度偏心测量示意图

测量模式，则在屏幕出现待测点坐标后，旋转微动螺旋，准确瞄准特征点位置，此时仪器根据最新的角度值计算坐标和高程，再进行记录。有些仪器要求在观测前先设置目标高度和简码。如果采用草图法测量，需要将碎部点编号报给草图绘制人员，无须输入简码。有些点位

能看到，但无法放置棱镜，可切换至免棱镜测量模式，利用免棱镜功能进行施测。如果因为棱镜举高或斜放，无法知道目标高度，测出这个点的高程必然是错误的，此时可通过将目标高夸张放大输入，如输入"9999"，内业展绘高程点时，这个点的高程将是一个很小的负数，可将这类高程点过滤删除。

4. 引点

当已有控制点密度不足，一些关键碎部点没有办法测量时，可以增设测站点，这个增设测站点的工作便是引点。引点的点位应根据隐蔽点的分布情况选定，当有多个位置选择时，应分别到这些点上站立观察，选择看见隐蔽点多的位置引点。引点的点位精度要求达到图根点的精度要求，一般要求采用脚架或简易脚架来架设棱镜，确保对中准确，如果仪器能看见引点地面位置，也可以将棱镜倒置在引点上观测。一般不允许在引点上再发展引点，但可以在一个测站上施测多个引点。引点的点位精度中误差应小于 $0.1 \times M \times 10^{-3}$ m（ M 为测图比例尺分母），高程精度中误差小于 $H_d/5$（ H_d 为基本等高距）。

《1 : 500　1 : 1000　1 : 2000 外业数字测图规程》（GB/T 14912—2017）要求引点时联测两个已知点，两次计算引点坐标较差不能超过 $0.2 \times M \times 10^{-3}$ m，高程较差小于等于 $H_d/5$。在实际工作中，需要引点的地方都比较隐蔽，很难找到两个控制点联测，因此，引点时特别要注意检核，预防错误。

三、数字测图内业编绘

CASS 是广州南方测绘科技股份有限公司开发的地形地籍成图软件，1994 年推出 1.0 版本，目前的最高版本是 11.0，经过二十几年的发展，在其市场占有率达 90%，遥遥领先于其他同类型软件。CASS 基于 AutoCAD 平台进行二次开发，拥有 AutoCAD 的全部功能，继承 AutoCAD 强大的编辑能力，所有 AutoCAD 的命令在 CASS 中均可以运用。CASS 具有丰富的实体类型，如点、直线、多段线、圆弧、圆、椭圆、拟合曲线、文字、形（形为 AutoCAD 特有的一种实体类型，用于定义符号或字体等，比用图块定义符号占用内存更小）等，利用这些实体，可以绘制任意符号，表达各种地貌。有多种方法进行定制和二次开发，用户可以定制自己的菜单、快捷命令、符号库、模板等，也采用 VBA、AutoLISP、C++等计算机编程语言解决更加复杂的问题。

下面结合南方 CASS9.1 版本说明数字测图内业编绘的流程和方法。

（一）数据导出

外业测量时点位坐标、编码等信息保存在全站仪的内存中，必须先将其导出，方能在计算机上进行编辑。全站仪一般提供四种数据传输的方式：RS232 传输模式、USB 传输模式、存储器模式、SD 卡传输模式。

（1）RS232 传输模式采用数据线连接仪器与计算机 COM 接口，设置好通讯参数，计算机端启动接收软件，全站仪可将数据发送至计算机。近几年来生产的计算机一般不带有 COM 接口，因此 RS232 传输模式已经很少使用了。

（2）USB 传输模式采用 USB 数据线连接仪器和计算机 USB 接口，计算机端启动专用接收软件，可接收仪器发送的数据。USB 传输模式需要数据线和专门的接收软件，而且仪器端初始化 USB 接口时常常出错，导致传输不成功。

（3）存储器模式采用 USB 数据线连接仪器和计算机 USB 接口，在仪器端设置为存储器模式，仪器存储器变成一个可读写的移动磁盘，在计算机端可随意复制里面的数据。点位信息数据在全站仪中以二进制格式存储，复制出来的数据要经过专门的转换软件才能得到文本格式的坐标文件，因此这种数据传输使用起来也较为麻烦。

（4）SD卡传输模式是将SD卡插入到仪器的SD接口，将仪器内的数据导出到SD卡，通过读卡器（手提计算机一般配有SD卡接口），将SD卡上的数据拷贝到计算机磁盘。数据导出到SD卡时，自动转换为文本格式的坐标文件。SD卡传输不需要数据线和传输软件，无须设置通讯参数，操作非常简便，目前多用此模式传输数据。图7-14为导出来的碎部点坐标数据。

图7-14　南方NTS-362型全站仪660格式文件

（二）外业测量数据转为图形文件

1. 外业测量数据转为CASS的坐标文件

在南方CASS中展绘碎部点，必须先将外业的测量数据转换为CASS的坐标文件，其扩展名为dat格式，每行描述一点的信息，内容如下：点名、编码、Y坐标、X坐标、高程。图7-15为坐标文件。南方CASS提供了将多种全站仪数据格式转换为坐标文件的命令，用户也可以用电子表格将外业数据编辑成CASS坐标文件格式。下面介绍在CASS中将南方NTS-362型全站仪导出的660格式文件转为坐标文件的操作过程。

展绘外业测量数据

打开CASS9.1，单击下拉菜单"数据→读取全站仪数据"，出现"全站仪内存数据转换"对话框，如图7-16所示。在"仪器"下拉列表中选择"南方NTS600系列"，取消勾选"联机"选项，点选"选择文件"选择全站仪的导出数据文件，选择导出的CASS坐标文件路径及名称，单击"转换"，即可得到坐标文件。图7-14为转换前的文件，图7-15为转换后的坐标文件。

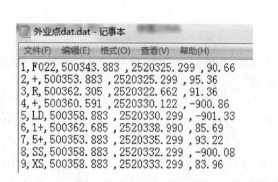

图7-15　南方CASS坐标文件

图7-16　"全站仪内存数据转换"对话框

2. 展点

CASS提供多种方式将坐标转换为图形，这些转换命令集中在下拉菜单"绘图处理

（W）"下，可以将点号、点位、代码、高程等信息展绘出来，也可以根据简码信息转换为地形图符号。

选择下拉菜单"绘图处理（W）→展绘野外测点点号"，选择坐标文件，得到图 7-17。为使更加显著的显示外业测点点位，可用"Ddptype"命令将点的样式改为"×"。如果需要展绘代码、高程等，只需要选择下拉菜单"绘图处理（W）"下相应的选项。

如果需要按简码展绘符号，选择下拉菜单"绘图处理（W）→简码识别"，选择坐标文件，可得按野外简码展点后的图形，如图 7-18 所示。可以同时展几种信息到同一幅图上，如先展绘点号和代码，然后再进行简码识别，则图上既有点号、代码信息，也有自动绘制的图形。

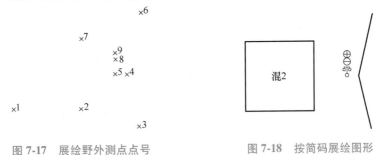

图 7-17　展绘野外测点点号　　　　　图 7-18　按简码展绘图形

（三）地形图编绘

地物地貌编绘包括很多内容，下面列举部分内容：①修正简码识别后错误的地物符号和连线不正确的线、面状地物；②按丈量尺寸绘制隐蔽地物和漏测地物；③挪开压盖注记，删除部分过于密集的高程注记；④名称、属性注记；⑤地貌编辑，如等高线绘制、等高线注记等。

地物地貌编辑要求作业员掌握 AutoCAD 编辑命令的使用方法、地形图表示方法、CASS 软件使用等方面的技能，是数字测图工作的重点和难点，要花费大量的时间和精力才能熟练掌握。提高编辑的技能，除多加练习、多向别人学习、平时注意积累外，没有其他捷径。

一幅好的地形图，应该符合以下要求：各种符号、注记符合图式规范，图面综合取舍得当，负载适中，看上去整洁美观，地物密集处显得多而不乱。图 7-19 为一幅编辑好的地形图。

（四）图块接边

当测区较大，需要多个组同时开展外业测量工作，组与组之间的成果需要进行接边，为了减少接边的工作，小组之间应以道路、河流等线状地物为界划分测图范围。图块接边内容有地物地貌几何形状接边和属性接边，接边后的相邻图块合并在一起，应没有漏洞，没有重复的几何体，接边处线条过渡自然、平顺，相接处两边属性一致，如相接等高线高程值相等，水沟内水流向一致，道路、管线的名称和类型一致等。图 7-20 为接近前后对比图形。

1. 图形清理

图块接边前应先运行"PURGE"命令清理图形，再运行"MANA GROUP"命令清理空编组，有时候图形面积不大，但图形保存所占存储空间很大，很可能就是该图形中有很多无用的图块和空编组，按上述两个命令进行清理后能明显减少图形文件的大小。

2. 接边处理

在 CASS 中打开其中一个图块 A，用外部参照命令"XREF"向当前图形中加入另一个图块 B，此时 A 和 B 在一个屏幕上显示，图块 A 处于可以编辑的状态，可以直接修改，双击图

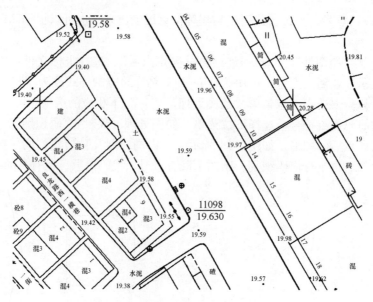

图 7-19　编辑好的数字化地形图

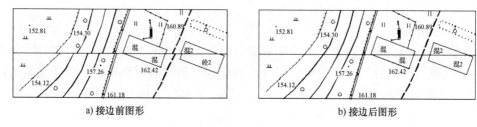

图 7-20　接边前和接边后的图形

块 *B* 或运行"REFEDIT"命令，进入参照编辑状态后可以编辑图块 *B*，编辑结束后保存到参照图形，结束参照编辑，图块 *A* 重新变为可编辑。如此反复切换可以在图块 *A* 和 *B* 之间轮流进行编辑。

（五）分幅

1. 合并图块

在分幅之前，应将测区所有经过接边的图块合并成一个文件，确保分幅后图幅数据完整。图块插入命令"INSERT"，可以将其他图块插入当前图形文件中，插入时不要勾选分解选项，插入完成后，再用分解命令"EXPLODE"分解，这样可以保存图块中的编组信息。

2. 设置图廓属性

选择 CASS 的下拉菜单"文件（F）→CASS 参数配置"，出现"CASS90 综合设置"对话框，如图 7-21 所示，单击左侧目录树中的"图廓属性"，可以设置文字注记的大小、测图单位、坐标系、高程系等图廓属性信息。

3. 分幅处理

选择下拉菜单"绘图处理（W）"→"标准分幅 50cm×50cm"，出现图幅整饰对话框，输入图名，选择或输入图幅左下角坐标，其他选择可根据需要设置，确定后在原位置插入图框，可以选择删除图框外的实体。

图 7-21　设置图廓属性

（六）图幅整饰

图幅整饰是对已经分好幅的分幅图进行整饰的工作。在分幅的过程中，图幅边经常会丢失一些短线和文字，跨越图幅的面状地物和线状地物分幅后，名称或属性注记往往只在一幅图中有，而另一幅图没有。图幅整饰除了检查图廓信息是否正确，还要补绘分幅后缺失的几何图形和文字注记。

四、地形图检查

地形图测绘成果一般执行"二级检查一级验收"的检查制度，二级检查指的是作业部门的过程检查和测绘单位质量管理部门的最终检查，一级验收指的是项目业主单位组织的验收或委托具有资质的质量检验机构进行的质量验收。过程检查要全数检查；最终检查内业全数检查，外业抽样检查。验收一般采用抽样检查，对样本以外的成果进行概查。最终检查应审核过程检查记录，并对成果进行评定，出具最终检查报告，验收应审核最终检查记录，出具验收报告。

大比例尺地形图检查内容包括：

（1）数学精度，检查内容包括成果采用的平面坐标系、高程基准、投影参数是否正确，地物地貌点的平面精度和高程精度是否符合要求。

（2）数据及结构正确性，检查内容包括文件命名、数据组织、数据格式、要素分层等是否正确。

（3）地理精度，检查内容包括地物地貌要素是否完整，表示方法是否正确，要素之间是否协调，符号运用是否正确，注记内容是否正确，地物地貌综合取舍是否合理等。

（4）整饰质量，检查内容包括地物地貌符号的线划、色彩是否符合规范要求，注记的字体字高是否符合要求，图面及图廓整饰是否符合要求等。

（5）附件质量，检查内容包括检查报告、技术总结内容是否全面及正确，上交的成果资料是否齐全，各类报告、附图（结合图、控制点展点图等）、附表整饰的规范性，资料装帧是否美观等。

第3节　地形图的应用

一、地形图的识图

欲正确利用地形图，应先读懂地形图，即识图，熟悉各种地物、地貌符号的形状以及表示方法，是识图的前提条件。在识读地形图时，一般按如下顺序进行。

（一）图廓外的注记

在识读地形图时，首先应阅读图廓外的注记，以对该图有一个基本的认识。主要是看正上方的图名与图号，正下方的比例尺，左上方的接图表，以及左下方测图方法、坐标系、高程基准、等高距及采用地形图图式版本，以及测量单位、测量人员和测量日期等。有些图幅右下方写有附注，如"本幅图地类界范围内未绘制植被符号的均为水田"等，有些生僻字地名也在这里标注读音。有些图幅在右上方还绘制有图例，图例中是本幅图用到的符号的说明。

（二）图内的内容

在先阅读图外注记及熟悉有关地形图符号的基础上，可以进一步识读地形图的内容。地形图内容包括定位基础、水系、居民地及设施、交通、管线、境界、地貌、植被与土质以及注记等九大类。根据用图的目的不同，对图上内容关注重点也会有所不同，例如，准备到图上的某个位置进行施工放样，关注的重点可能是附近哪里有控制点，是否有路通行汽车，如果有河流阻碍，那么桥梁在何处等。

二、地形图上的量算

（一）纸质地形图上的量算

1. 求图上某点的坐标

图上量测坐标

如图 7-22 所示为一幅 1∶500 地形图，图中 A 点的坐标，可以根据地形图中坐标格网的坐标值确定，A 点在 abcd 所围成的坐标格网中：其西南点 a 的坐标为：

$$x_a = 25550\text{m}$$

$$y_a = 89800\text{m}$$

过 A 点作方格的平行线，与格网边分别交于 g、e 点，丈量图上 ag、ae 的长度，可以求得：

$$x_A = x_a + \Delta x_{ag} = 25550 + \frac{30.4}{100} \times 50 = 25577.2\text{m}$$

$$y_A = y_a + \Delta y_{ae} = 89800 + \frac{54.4}{100} \times 50 = 89815.2\text{m}$$

其中 30.4mm、54.4mm 分别是图上得到的 ag、ae 的长度，100mm 为格网一格长度，50 为格网对应实地的尺度，如果图纸有变形，格网每格尺寸发生变化，可以认为图内物体也是同

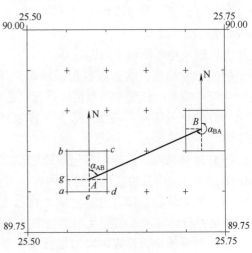

图 7-22　纸质地形图上的量算

样变化的，则上式同样适用，只是分母中 100 应用实际丈量长度代替。同样可以得到 B 点的坐标。我们可以得到考虑图纸变形的坐标计算式：

$$\begin{cases} x_A = x_a + \dfrac{ag}{ab} \times l_{ab} \times M \\ y_A = y_a + \dfrac{ae}{ad} \times l_{ad} \times M \end{cases} \tag{7-3}$$

图上量测距离

式中，l_{ab}、l_{ad} 为图上格网理论长度，一般为 10cm，M 为比例尺分母。

2. 图上两点间的水平距离

如图 7-22 所示，求 AB 两点之间的水平距离，可以采用图解法或解析法。图解法为直接从图中量出 AB 两点之间直线的长度，再乘比例尺分母 M 即为 AB 两点间的水平距离。而解析法则是求得 A、B 两点的坐标后，用公式（7-4）计算：

$$\begin{aligned} D_{AB} &= \sqrt{(x_B - x_A)^2 + (y_B - y_A)^2} \\ &= \sqrt{\Delta x_{AB}^2 + \Delta y_{AB}^2} \end{aligned} \tag{7-4}$$

3. 坐标方位角的量测

如图 7-22 所示，过 A、B 分别作 x 坐标的平行线，然后用量角器分别量出角值 α_{AB} 和 α_{BA}，并取其平均值为结果：

$$\alpha_{AB} = \frac{1}{2}(\alpha_{AB} + \alpha_{BA} \pm 180°)$$

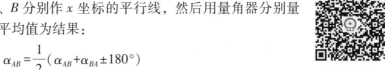
图上量测方位角

也可以先求得 A、B 两点坐标，然后用坐标反算公式计算出方位角。

4. 图上点高程的确定

如图 7-23 所示，如果某一点刚好在某条等高线上，如 m、n 点，则该等高线的高程即为该点的高程。图上 m、n 点的高程分别为 335m 和 336m。

图上量测高程

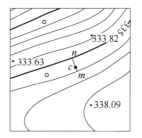
图 7-23　确定图上点的高程

如果某点位置不在一条等高线上，如 c，则应用内插法求该点的高程。过 c 点作线段 mn 大致垂直于相邻两条等高线，在相邻等高线之间可以认为坡度是均匀的，则量出 nc 和 mn 的长度分别为 d_1 与 d，则 c 点的高程为：

$$H_c = H_n + \Delta h_{nc} = H_n + h_1 = H_n + \frac{d_1}{d} h_0$$

图上量测坡度

式中，h_0 为相邻等高线之间的高差，即等高距。

5. 确定图上直线的坡度

直线两点之间的高差与该两点之间的水平距离的比值即为该直线的坡

度，即

$$i_{AB} = \frac{h_{AB}}{D_{AB}} \qquad (7\text{-}5)$$

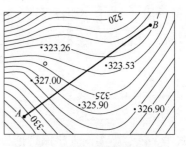

图 7-24　确定图上直线的坡度

由于高差一般有正负号，而距离恒为正，则坡度的符号即为高差的符号，如图 7-24 中 i_{AB} 和 i_{BA} 是不同的，两者差一负号。坡度一般用百分率（%）或千分率（‰）表示。

如果该两点在两条相邻等高线上或以内，则一般认为其坡度是均匀的，而如果该两点跨越了几条等高线，一般他们是有起伏的，而按式（7-5）计算得出的是平均坡度。

6. 面积量算

（1）几何公式计算法，如果图上需要量算的区域比较规则，则可以将图形分解成几个简单几何图形，用平面几何图形的面积公式计算。简单几何图形面积公式见表 7-10。

图上量测面积

表 7-10　简单几何图形面积公式

几何图形	图中量取几何参数	面积（A）计算公式
矩形	长度 b 宽度 a	$A = a \times b$
三角形	底边长 b 三角形高 h	$A = b \times h / 2$
三角形	三边长度 a、b、c	$s = (a+b+c)/2$ $A = \sqrt{s(s-a)(s-b)(s-c)}$
梯形	底边长 a、b 高 h	$A = (a+b)h/2$
扇形	半径 r 圆心角 β 弧线长 L	$A = \dfrac{\beta}{360°}\pi r^2$ $= \dfrac{1}{2}Lr$

（2）图解坐标法，如果图形是由直线段组成的任意多边形，而且各顶点的坐标已经在图上量算出，则可根据各点坐标计算图形的面积。如图 7-25 所示四边形 1234，各顶点坐标已知，则四边形的面积可以如下计算：

$$S_{21x_2x_1}=(y_2+y_1)\times(x_2-x_1)/2$$
$$S_{14x_1x_4}=(y_1+y_4)\times(x_1-x_4)/2$$
$$S_{1234}=S_{23x_2x_3}+S_{34x_3x_4}-S_{21x_2x_1}-S_{14x_1x_4}$$

得到：

$$2S=y_1(x_4-x_2)+y_2(x_1-x_3)+y_3(x_2-x_4)+y_4(x_3-x_1)$$

表达为通式：$S=\dfrac{1}{2}\sum_{i=1}^{n}y_i(x_{i-1}-x_{i+1})$　　　　（7-6）

其中 $i=1$ 时，x_{i-1} 等于 x_n。

同样，也可以表达为：$S=\dfrac{1}{2}\sum_{i=1}^{n}x_i(y_{i-1}-y_{i+1})$　　（7-7）

其中 $i=1$ 时，y_{i-1} 等于 y_n。

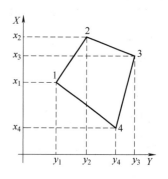

图 7-25 　图解坐标法计算面积

（二）数字地形图信息查询

下面以南方 CASS9.1 为例说明如何在数字地形图中查询相关信息。

1. 几何信息查询

在命令行上输入命令"PROPERTIES"（CASS 软件中，大小写均可以），或单击标准工具栏"对象特性"工具，打开对象特性表，如图 7-26 所示。单击几何图形，则在对象特性表显示该几何图形的相关信息。不同的几何图形类型，显示的信息不同。图 7-26 中选中的几何图形是多段线，对象特性表中显示的信息有顶点坐标、线宽、长度、面积等。单击"顶点"所在的行，可以切换显示其他顶点的坐标，在几何图形相应的顶点上有一个"×"标记。

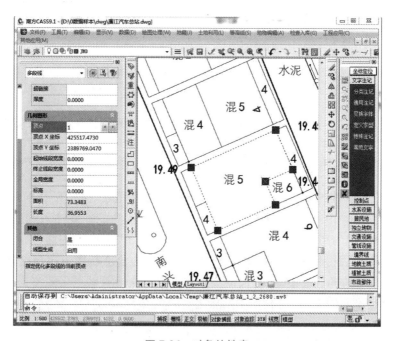

图 7-26 　对象特性表

2. 点坐标查询

在 AutoCAD 中，查询点坐标的命令为"ID"。调出查询工具栏，如图 7-27 所示，单击"定位点"工具，或在命令行输入"ID"，用鼠标左键点击要查询点位，在命令行上显示该点的 X、Y、Z 坐标。测量所用的高斯平面直角坐标系与数学上用的坐标系 X、Y 轴互换，因此查询到的坐标 X、Y 也要互换，如图 7-28 所示为查询点坐标的结果，该点的 X 坐标为"2389763.4914"，Y 坐标为"425511.9061"。在查询点位时，应该使用对象捕捉功能，准确的捕捉对象的几何中心。

图 7-27　查询工具栏　　　　　　　　　图 7-28　点坐标查询

3. 两点间距离、方位角、坡度查询

在 AutoCAD 中，使用"DIST"命令可以查询两点之间的距离、方位角和坡度。

在查询之前，需设置角度单位、角度递增方向、角度基准方向等。在命令行输入"UNITS"，弹出如图 7-29 所示的图形单位设置界面，角度单位为"度/分/秒"格式，精度设置为"0d00′00.0″"，在"顺时针"选项前打钩，单击"方向（D）…"，弹出"方向控制"对话框，如图 7-30 所示选择基准方向为"北"。经过设置后，AutoCAD 中角度的定义与坐标方位角的定义一致。

图 7-29　图形单位设置　　　　　　　　图 7-30　基准角度方向设置

单击"查询"工具栏中的"距离"工具，或在命令行输入"DIST"，如图 7-31 所示，第一个点选择高程注记"19.63"前的高程点（利用几何捕捉功能捕捉插入点），第二个点选择高程注记"30.00"前的高程点，查询结果如图 7-31 所示，"距离"为两个点之间的斜距，如果忽略 Z 坐标，则可以得到平距，"XY 平面中的倾角"为角度基准方向与这两个点连线在水平面上的夹角，即方位角，"与 XY 平面的夹角"为这两个点连线与竖直方向的夹角，坡度等于（90°－"与 XY 平面的夹角"），图中两点之间的坡度为 32°11′46.5″。

4. 面积查询

点击"查询"工具栏中的"面积"工具，或在命令行输入"AREA"，调用面积计算命令，虽然在对象特性表中也可以查询对象的面积，但"AREA"命令功能更多，不仅可以通过

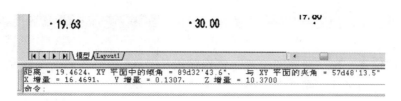

图 7-31　"DIST"命令查询结果

输入点坐标或通过选择几何图形计算面积，还可以通过"加模式"或"减模式"进行几何图形面积的累加或相减。图 7-32 中，利用"AREA"命令计算阴影部分面积的步骤如下：命令行输入"AREA"，按<Enter>键，输入"A"（选择加模式），按<Enter>键，输入"O"（计算对象面积），选择矩形，按<Enter>键，输入"S"（选择减模式），按<Enter>键，输入"O"（计算对象面积），选择圆，此时命令行上显示两个图形面积相减的计算结果。

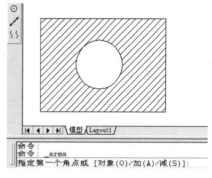

图 7-32　面积计算

5. 点高程查询

查询点高程的命令"HEIGHT"不是 AutoCAD 自带的命令，只有在 CASS 中才能使用。单击下拉菜单"等高线（S）→查询指定点高程"，或在命令行输入"HEIGHT"，弹出输入高程点数据文件对话框，选择要查询区域的高程点坐标文件，选择要查询的点位，在命令行显示点的坐标和高程，也可以选择将高程点注记在图形中。

"HEIGHT"命令根据坐标文件高程点的分布情况，在计算机内存中构建 TIN（不规则三角网）模型，判断查询的点落入哪个三角网中，再在这个三角形内内插计算出高程，如果查询点不在 TIN 模型范围内，软件提示查询点在范围之外，请重新加载高程点数据。

三、数字地形图的应用

如果在已有的数字地形图上进行道路设计，或者通过地方已经有数字地形图，利用图上的等高线、高程点或不规则三角形，用 CASS 可以简单方便的绘制断面图，进行填挖方量计算等工作。

图上绘断面图

（一）断面图的绘制

1. 根据图上等高线绘制断面图

下面介绍利用等高线绘制断面图的步骤：

（1）道路中线叠加到数字地形图上。道路中线要求是多段线，数字地形图等高线图层为"DGX"，类型为多段线，等高线的高程值填在的"标高"属性中。如果道路设计图与地形图使用的坐标系统不一致，应先进行坐标转换，再进行叠加。

（2）绘制断面图。单击下拉菜单"工程应用（C）→绘断面图→根据等高线"，根据提示选择道路中线，弹出"绘制断面图"对话框，如图 7-33 所示。

设置断面图比例。在"断面图比例"框内设置横向（路线里程）比例尺和纵向（高程）比例尺。当横向比例尺为 1：1000 时，屏幕上断面图和实际里程的关系是 1：1，即当实际里程是 1m，断面图横向长度也是 1m，横向比例为 1：500 时，当实际里程为 1m，断面图长度为 0.5m。纵向比例一般为横向比例的 5 到 20 倍之间。打印时，比例设置为 1mm 等于一个绘图单位（测量上我们采用的绘图单位一般为米，即按 1∶1000 比例尺打印）。

点选断面图位置。在"断面图位置"框内输入断面图绘制的左下角坐标，或单击"…"在屏幕上选择，默认位置为"0，0"。

"平面图"框内一般不需要设置。

设置起始里程。在"起始里程"框内输入道路中线起点的里程。断面图从道路中线与等高线的第一个交点开始绘制，至道路中线与等高线最后一个交点止，里程从道路中线多段线的第一个点开始计算。

其他设置。还可以对距离标注形式、高程点标注位数、里程标注位数、标注文字大小、是否绘制方格线等进行设置。

单击"确定"，屏幕上绘制断面图。绘制结果如图 7-34 所示。

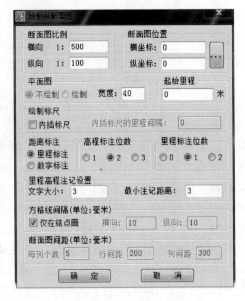

图 7-33　"绘制断面图"对话框

从图 7-34 中可以看出，断面图的采样点仅在等高线与道路中线相交点出现，本图的等高距为 2m，断面图上地面高程都是 2m 的整倍数。

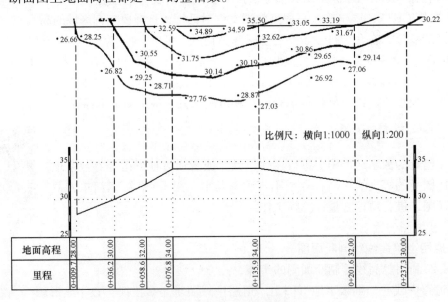

图 7-34　根据等高线绘制断面图

2. 根据图上 TIN 绘制断面图

根据图上 TIN 绘制断面图的步骤如下：

（1）建立 TIN。单击下拉菜单"等高线（S）→建立 DTM"，选择根据图上高程点生成，选择高程点，即可在图上生成 TIN 模型。

（2）道路中线叠加到数字地形图上。

（3）绘制断面图。单击下拉菜单"工程应用（C）→绘断面图→根据三角网"，根据提示选择道路中线，弹出"绘制断面图"对话框，设置后生成断面图，如图 7-35 所示。从图中可以看出，断面图的采样点仅在等高线与三角形的边相交点处出现，相交点的高程值通过内插计算得到。

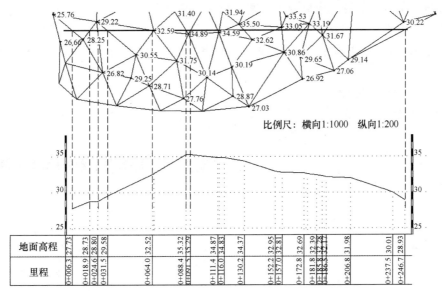

图 7-35　根据 TIN 绘制断面图

3. 根据坐标文件绘制断面图

根据坐标文件绘制断面图步骤如下：

（1）道路中线叠加到数字地形图上。

（2）绘制断面图。单击下拉菜单"工程应用（C）→绘断面图→根据已知坐标"，根据提示选择道路中线，要求输入高程点来源和采样点间隔，弹出"绘制断面图"对话框，设置后生成断面图，如图 7-36 所示。从图中可以看出，断面图的采样点间隔都是固定的，与设置的值一致，采用点的高程值根据 TIN 模型内插计算得到。

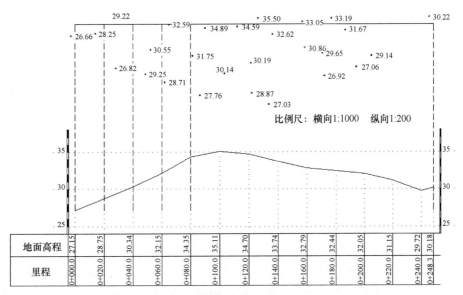

图 7-36　根据坐标文件绘制断面图

（二）土方量的计算

CASS 提供土方量计算的方法有四种：DTM 法、断面法、方格网法和等高线法。方格网法是最常用的挖填土方量计算方法，其具有以下优点：计算方法简单、规律性强，便于电脑软件计算，计算结果直观易懂，成果便于检查审核和整理打印交付等。方格网法的基本原理是：把场地分成若干方格，实测或在地形图上量测各方格点的地面高程，根据场地的设计高程和设计坡度，求出各方格点的填挖高差，逐个计算每个方格的挖填土方量，最后相加得到总的挖填土方量。

1. 方格网法计算土方量

（1）绘制填挖方计算范围线。填挖方范围线为闭合多段线，可在命令行输入"PLINE"，按提示逐点绘制，最后输入"C"闭合。

（2）计算土方量。单击下拉菜单"工程应用（C）→方格网法土方计算→方格网土方计算"。

① 选择计算范围线。按提示选择范围线，弹出"方格网土方计算"对话框，如图 7-37 所示。

② 选择高程点坐标文件。单击"输入高程点坐标数据文件"输入框后的"…"按钮，选择场地的高程点坐标文件，高程点坐标文件应与图面高程点一致。可以根据图面高程点生成坐标文件。

③ 输入设计面参数。设计面有四种类型：平面、斜面（基准点）、斜面（基准线）、三角网文件。平面是最简单的设计面，只有"目标高程"一个设计参数。斜面（基准点）类型是以一个基准点、一个下坡方向点、坡度和基准点高程为设计面参数。斜面（基准线）类型是以两个基准点、一个下坡方向点、坡度和两个基准点高程为设计面参数。三角网文件类型以不规则三角网表示任意形状的设计面，多用于设计面比较复杂多变、难以

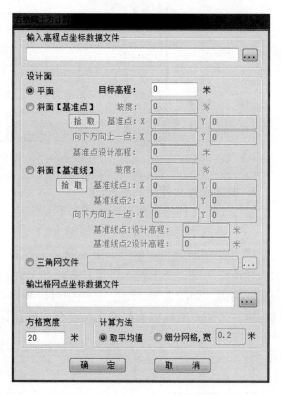

图 7-37　"方格网土方计算"对话框

用以上其他三种类型设计面表示的情况下使用。例如，设计面有部分为斜坡和部分为平面，或者计算两期间土方变化的情况，常常使用不规则三角网作为设计面。

④ 设定输出格网点高程坐标文件和计算方法。此输出文件可设定，也可不设定，不影响计算。计算方法一般设定为"取平均值"。

⑤ 设定方格网宽度。方格网宽度根据计算的精度和实测高程点密度决定，一般为 5m、10m、20m 等，格网宽度与实测高程点间距应匹配，如果实测高程点间距为 20m 一个点，那么用 5m 的格网是没有多大意义的。

⑥ 设定格网起点和角度。单击"确定"按钮，退出对话框，按提示输入方格起始位置，一般直接按<Enter>键选择缺省位置，如果指定图内的某个点为格网的起始位置，则还要指定

格网的旋转方向。计算完成后在命令行提示简明扼要的计算结果，图中绘制每个格网的计算结果，如图 7-38 所示，按行进行统计挖方量，按列统计填方量，在格网的左下角汇总填方量、挖方量和总面积。

图 7-39 为方格网法土方量计算单个格网放大图形，图中"T = 328.0"为该格网填方为 328.0m³，"W = 10.5"为该格网挖方为 10.5m³，左上角点注记"28.721"为该角点实际地面高程，通过根据周围实测高程点内插计算得到，左上角点注记"30.000"为该角点设计高程，通过根据输入的设计面高程计算得到，左上角点注记"−1.279"为该角点填挖方高差，负数为填方，正数为挖方。格网下方的文字注记"26.82"，为实测高程点注记。格网中虚线为填挖方分界线，也叫填挖方的零线。

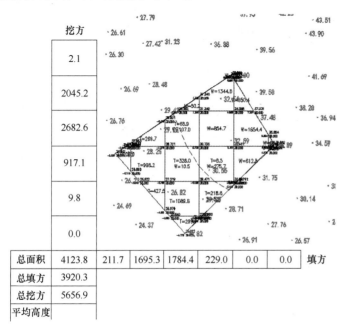

图 7-38　方格网法土方量计算结果

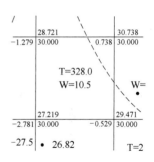

图 7-39　方格网法土方量
计算单个格网内容

2. 两期间方量计算

项目开工前，我们通常施测场地的现状图，开挖一段时间后，为了了解施工进度、核算工作量等，我们需要再次测量场地的现状，与上一次的测量结果进行叠加计算，继而得到这段时间的挖填方量，这就是两期间的方量计算。用方格网法计算两期间方量也是常用的方法，其计算思路：在第一期的结果上用方格网法计算，将第二期的测量结果作为设计面，从而实现两期叠加计算。因为第二期的场地有可能比较复杂，难以用一个平面或一个斜面来描述，这时可用 TIN 表示第二期的模型。计算步骤如下：

（1）用 TIN 表示第二期模型。单击下拉菜单"等高线（S）→建立 DTM"，弹出"建立 DTM"对话框，按提示选择坐标高程文件，单击"确定"，屏幕上绘制出 TIN 模型。

（2）导出 TIN 模型。单击下拉菜单"等高线（S）→三角形网存取→写入文件"，弹出对话框，按提示选择路径，输入导出 TIN 数据的文件名。最后得到一个后缀为"SWJ"的文本文件。

（3）方量计算。将第一期测量成果展点，用多段线绘制范围线，单击下拉菜单"工程应用（C）→方格网法土方计算→方格网土方计算"，高程点坐标数据文件选择第一期的高程点坐标文件，设计面选择三角网文件，单击"…"选择刚才导出的第二期三角网文件，设置方格网宽度，单击"确定"完成计算。计算结果如图 7-40 所示，格网点的现状高程按第一期高程点内插计算得到，格网点的设计面高程利用第二期的三角网内插计算得到。

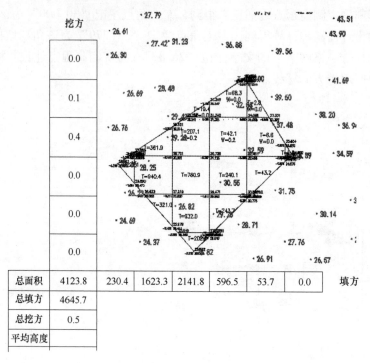

挖方							
	0.0						
	0.1						
	0.4						
	0.0						
	0.0						
	0.0						
总面积	4123.8	230.4	1623.3	2141.8	596.5	53.7	0.0	填方
总填方	4645.7						
总挖方	0.5						
平均高度							

图 7-40　两期间土方量计算

 思考与练习

7-1　什么是地形图？地形图可分为哪两类？

7-2　什么是比例尺精度？它在测绘工作中有什么作用？

7-3　试求 1∶500、1∶1000 比例尺地形图在采用正方形分幅时，其图幅大小和所包含的实地面积。

7-4　么是等高线、等高距和等高线平距？在同一幅图上，等高线平距与地面坡度有何关系？

7-5　等高线有哪些特性？等高线有哪几种？

7-6　举例说明什么是地物和地貌的特征点。

7-7　全野外数字测图的特点是什么？

7-8　地形图分幅有哪些方式？分别适用于什么比例尺地形图分幅？

7-9　地形图矩形分幅采用坐标编号时，其编号方法怎样规定？

7-10　地形图图名怎样选定？

7-11　数字地形图接边的内容有哪些？

7-12　在图 7-41 上量取或计算下列数据。

（1）求 A、B 两点的坐标。

（2）求 AB、AC 两段直线的水平距离。

（3）求 *AB*、*AC* 两段直线坐标方位角及水平夹角∠*CAB*。

（4）求 *D*、*E* 两点的高程，以及 *D* 点到 *E* 点的坡度。

（5）求建筑物 *F* 的面积。

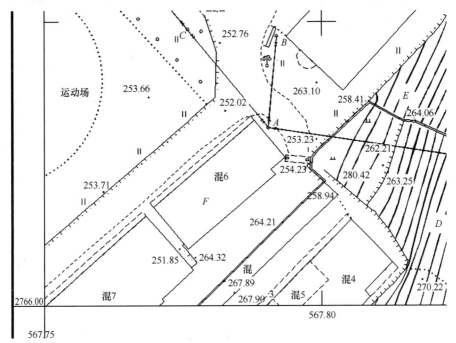

图 7-41　图上量算作业

下篇

道路工程测量作业技能

道路中线测量

第8章

本章主要学习路线测量概述、中线测量、圆曲线测设、缓和曲线测设，利用电脑软件、手机软件计算道路中桩，竖曲线测设等内容。

了解道路中线测量的内容，了解缓和曲线的计算。

掌握里程桩、简单圆曲线、竖曲线的计算和测设方法，掌握利用电脑或手机软件计算道路中桩坐标的方法。

通过对本章的学习，应掌握道路中桩坐标计算、全站仪测设中桩，具备独立完成道路中桩测设的能力。

第1节 路线测量概述

"路线"指道路工程以及给水管、排水管、电力线、通信线等管线工程，在这些路线工程的勘测设计阶段和施工阶段所进行的测量工作，称为路线测量，主要内容有控制测量、带状地形图测绘、中线测量、纵横断面测量以及施工放线测量。其中，控制测量是沿路线可能延伸的方向布设测量平面控制点和高程控制点，作为其他各项测量工作的依据；带状地形图测绘是测绘路线两侧一定范围内的地形图，为路线选线和路线设计提供资料；中线测量是按设计要求将路线中心线测设于实地；纵横断面测量是测定路线中线方向和垂直于中线方向的地面高低起伏情况，并绘制纵、横断面图，为路线纵坡设计、边坡设计以及土石方工程量计算提供资料；施工放线测量是根据路线工程施工进度，在实地测设路线的平面位置和高程，为施工提供依据，具体来说，有中线恢复测量、边线测量、填挖高程测量及安装测量等。

路线测量中的控制测量和带状地形图测绘的原理与方法可参照本书相关章节，本章主要介绍中线测量。

路线测量的精度要求与路线的类别有关，例如，高速公路比普通公路的测量精度要求高，自流管道比压力管道的高程测量精度要求高。同类路线在横向、纵向及高程方面的测量精度要求也各不相同，例如，对城市地下排水管道施工测量来说，一般是高程精度要求最高，以保证正确的排水坡向及坡度；横向精度要求次之，以保证管道与道路及其他管线正确的平面关系；纵向精度要求相对较低，但也应保证预制管道在接口处能正确对接安装。

　　路线工程分初测和定测两个阶段，初测阶段主要测量工作内容包括：控制测量、地形图测量；定测阶段主要工作内容包括：路线中线敷设、中桩高程测量、横断面测量、地形图补测。

 第 2 节　中线测量

　　中线测量的任务是根据路线设计平面位置，将路线中心线测设在实地上。如图 8-1 所示，中线的平面几何线形由直线段和曲线段组成，其中，曲线段一般为某曲率半径的圆弧。铁路和高等级公路在直线段和圆曲线段之间还插入一段缓和曲线，其曲率半径由无穷大逐渐变化为所接圆曲线的曲率半径，以提高行车的稳定性。

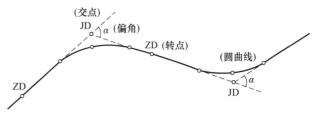

图 8-1　路线中线

　　中线测量的主要内容有测设中线交点、测定转折角、测设里程桩和加桩、测设曲线等，本节先介绍测设中线交点、测定转折角以及测设里程桩和加桩的内容，下一节再介绍圆曲线的测设。

一、测设交点

　　路线测设时，应先定出路线的转折点（含路线起点和终点），这些转折点称为交点，是确定路线走向的关键点，习惯用"JD"加编号表示，如"JD_6"表示第 6 号交点。交点的位置一般先在带状地形图上选定，然后测设于实地上。当路线直线段很长或因地形变化通视困难时，在两个交点之间还应测设定向桩点，称为转点（ZD）。下面主要介绍两种常见的交点测设方法。

（一）根据地物点测设交点

　　如图 8-2 所示，交点 JD_6 的位置已在地形图上选定，图上交点附近有房屋、电杆等地物，可先在图上量出 JD_6 至两房角和电杆的距离，然后在现场找到相应的地物，经复核无误后，用卷尺按距离交会法测设出该交点。这种方法适合于定位精度要求不太高的场合，而且要求交点周围有定位特征明显的地物作为参照。

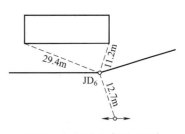

图 8-2　根据地物点测设交点

（二）根据平面控制点测设交点

　　路线工程的平面控制点一般用导线的形式布设，经导线测量和计算后，导线上各控制点的坐标已知，可根据控制点坐标和交点设计坐标，按极坐标法测设交点。一般来说，交点设计坐标可在设计图纸上查到，如果没有，可在标有交点的地形图上量取。

　　如图 8-3 所示，6、7 为导线点，JD_4 为交点，与 6 点通视。可先计算 6 点至 JD_4 的水平距

离 S、6 点至 7 点的方位角和 6 点至 JD_4 的方位角，然后在 6 点上设站按极坐标法测设 JD_4。

根据平面控制点测设交点时，一般采用电子全站仪施测，可达到很高的定位精度，并且方便灵活，工作效率高，是目前路线工程中测设交点的主要方法。

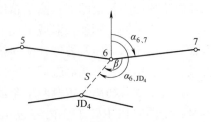

图 8-3　根据导线测设交点

二、测定转折角

中线交点桩测设好后，应测出路线在交点处的转角，以便测设曲线。转角也称偏角，是路线中线在交点处由一个方向转到另一个方向时，转变后的方向与原方向延长线的夹角，用 α 表示，如图 8-4 所示。当偏转后的方向位于原方向左侧时，为左转角，记为 $\alpha_\text{左}$；当偏转后的方向位于原方向右侧时，为右转角，记为 $\alpha_\text{右}$。

一般是通过观测路线右侧的水平角 β 来计算出转角。观测时，将经纬仪安置在交点上，用测回法观测一个测回，取盘左盘右的平均值，得到水平角 β。当 $\beta>180°$ 时为左转角，当 $\beta<180°$ 时为右转角。左转角和右转角的计算式分别为：

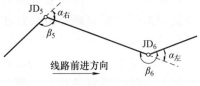

$$\alpha_\text{左}=\beta-180° \tag{8-1}$$
$$\alpha_\text{右}=180°-\beta \tag{8-2}$$

图 8-4　路线转角

三、测设里程桩

为了标志路线中线的位置，由路线起点开始，沿中线方向每隔一定距离钉设一条桩，称为里程桩。通过里程桩的测设，不仅具体地表示了中线的位置，而且利用桩号的形式表达了距路线起点的里程。如某桩点距路线起点的距离为 5278.61m，则它的桩号应写为 K5+278.61，桩号中"+"号前面为公里数，后面为米数，路线起点的桩号为 K0+000。

道路中线测设

里程桩分为整桩和加桩两种。整桩是按规定桩距每隔一定距离设置桩号为整数的里程桩，百米桩和公里桩均属于整桩。通常是直线段的桩距较大，宜为 25~50m，根据地形变化确定；而曲线段的桩距较小，宜为 5~25m。《公路勘测规范》（JTG C10—2007）中 9.2.1 规定，曲线半径和桩距必须满足表 8-1 的规定。

表 8-1　中桩间距

直线/m		曲线/m			
平原、微丘	重丘、山岭	不设超高的曲线	$R>60$	$30<R<60$	$R<30$
50	25	25	20	10	5

注：R 为曲线半径。

加桩分地形加桩、地物加桩、曲线加桩和关系加桩。

（1）凡沿中线地形起伏变化处、横向坡度变化处以及天然河沟处所设置的里程桩称为地形加桩，桩号精确到米。

（2）沿中线的人工构造物如桥梁、涵洞处，路线与其他公路、铁路、渠道等交叉处以及土壤地质变化处加设的里程桩称为地物加桩，桩号精确到米或分米，对于人工构造物，在书写里程时要冠上工程名称如"涵 K18+154.5"等，如图 8-5a 所示。

（3）曲线加桩是指曲线主点上设置的里程桩，如圆曲线中的曲线起点、中点、终点等。

曲线加桩要求计算至厘米。

（4）关系加桩是指路线上的交点桩，一般量至厘米为止。

对于曲线加桩和关系加桩，在书写里程时，应先写其缩写名称如"ZY　K5+125.65""JD　K8+598.52"等。

此外，由于局部地段改线或事后发现里程计算错误，因而出现实际里程与原桩号不一致的现象，使桩号不连续，这种情况称断链，桩号重叠的叫长链，桩号间断的叫短链。为了不牵动全线桩号，在局部

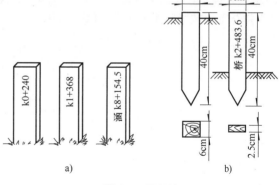

图 8-5　里程桩

改线或差错地段改用新桩号，其他不变动地段仍采用老桩号，并在新老桩号变更处打断链桩，其写法示例为：改 1+100＝原 1+080，长链 20m。

测设里程桩时，按工程的不同精度要求，可用 GNSS RTK 或全站仪坐标放样，也可以采用经纬仪法或目测法确定中线方向，然后依次沿中线方向按设计间隔量距打桩。量距时可使用光电测距仪或检定过的钢尺量距，精度要求较低的路线工程，如旧河整治与排水沟等测量时，可用视距法量距。对于道路工程，路线中桩平面精度要求和高程测量精度要求，应符合《公路勘测规范》（JTG C10—2007）中 9.2.1 的规定，具体见表 8-2、表 8-3。

表 8-2　中桩平面桩位精度

公路等级	中桩位置中误差/cm		桩位检测之差/cm	
	平原、微丘	重丘、山岭	平原、微丘	重丘、山岭
高速公路、一、二级公路	≤±5	≤±10	≤10	≤20
三级及以下公路	≤±10	≤±15	≤20	≤30

表 8-3　中桩高程测量精度

公路等级	闭合差/mm	两次测量之差/cm
高速公路、一、二级公路	≤30$\sqrt{L}$	≤5
三级及以下公路	≤50$\sqrt{L}$	≤10

里程桩要在顶面钉中心钉，表示点位。当里程桩位于岩石或建筑物上时，可用油漆标记。柔性路面地段可用钢筋打入路面且与路面平齐。里程桩应具有较高的稳定性，不得随意搁置于地表。重要地物加桩（如桥位桩、隧道桩和曲线主点桩等），应在里程桩附近做标志桩，标志桩打入地下的长度应大于 15cm，如图 8-5b 所示。

第 3 节　圆曲线测设

当道路的平面走向由一个方向转到另一个方向时，必须用平面曲线来连接。曲线的形式较多，如圆曲线、缓和曲线、同向曲线、反向曲线、复曲线等，其中圆曲线（又称单曲线）是最基本的一种平面曲线。如图 8-6 所示，确定圆曲线的参数是转角 α 和半径 R，其中 α 根据

所测角计算得到，R 根据地形条件和工程要求在路线设计时选定。

《公路工程技术标准》（JTG B01—2014）中 4.0.17 规定，圆曲线最小半径应符合表 8-4 的规定。

表 8-4　圆曲线最小半径

设计时速/（km/h）		120	100	80	60	40	30	20
最大超高	10%	570	360	220	115	—	—	—
	8%	650	400	250	125	60	30	15
	6%	710	440	270	135	60	35	15
	4%	810	500	300	150	65	40	20
不设超高最小半径/m	路拱≤2.0%	5500	4000	2500	1500	600	350	150
	路拱>2.0%	7500	5250	3350	1900	800	450	200

圆曲线的测设一般分两步进行，先计算曲线的坐标，然后进行放样。

一、圆曲线主点的测设

（一）主点测设元素计算

为了在实地测设圆曲线的主点，需要知道切线长 T、曲线长 L 及外距 E，这些数据称为主点测设元素。从图 8-6 可知，因 α、R 已确定，主点测设元素的计算公式为：

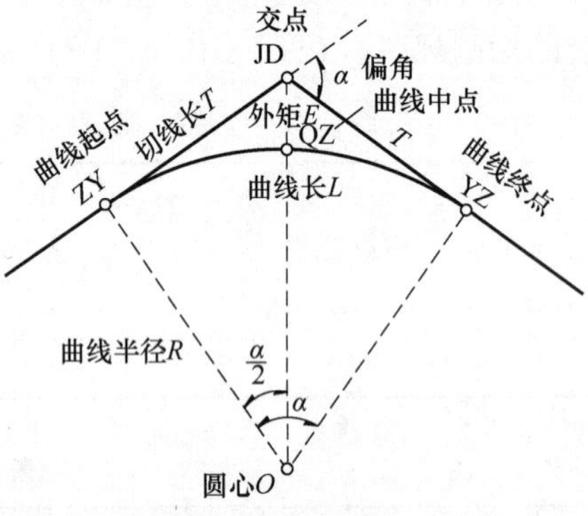

切线长　　　　　$T = R\tan\dfrac{\alpha}{2}$　　　　　　（8-3）

曲线长　　　　　$L = R\alpha\dfrac{\pi}{180°}$　　　　　（8-4）

外距　　$E = \dfrac{R}{\cos\dfrac{\alpha}{2}} - R = R\left(\sec\dfrac{\alpha}{2} - 1\right)$　　（8-5）

切曲差（超距）　　　　$D = 2T - L$　　　　（8-6）

式中 α 以度为单位。

图 8-6　圆曲线主点

（二）主点桩号计算

交点的桩号已由中线丈量或设计图纸上得到，根据交点的桩号和曲线测设元素，可计算出各主点的桩号，由图 8-6 可知

$$\text{ZY 桩号} = \text{JD 桩号} - T \tag{8-7}$$

$$\text{QZ 桩号} = \text{ZY 桩号} + \frac{L}{2} \tag{8-8}$$

$$\text{YZ 桩号} = \text{QZ 桩号} + \frac{L}{2} \tag{8-9}$$

为了避免计算中的错误，可用下式进行计算检核：

$$\text{JD 桩号} = \text{YZ 桩号} - T + D \tag{8-10}$$

【例 8-1】　已知 JD 的桩号为 K6+183.56，转角 $\alpha_{右} = 42°36'$，设计圆曲线半径 $R = 150\text{m}$，

求曲线主点测设元素和主点桩号。

【解】　（1）曲线测设元素计算，根据公式（8-3）、（8-4）、（8-5）、（8-6）得：

$$T = 150 \times \tan \frac{42°36'}{2} = 58.48\text{m}$$

$$L = 150 \times 42°36' \times \frac{\pi}{180°} = 111.53\text{m}$$

$$E = 150 \times \left(\sec \frac{42°36'}{2} - 1 \right) = 11.00\text{m}$$

$$D = 2 \times 58.48 - 111.53 = 5.43\text{m}$$

（2）主点桩号计算，代入公式（8-7）、（8-8）、（8-9）得：

$$\text{ZY 桩号} = \text{K6}+183.56 - 58.48 = \text{K6}+125.08$$

$$\text{QZ 桩号} = \text{K6}+125.08 + \frac{111.53}{2} = \text{K6}+180.84$$

$$\text{YZ 桩号} = \text{K6}+180.84 + \frac{111.53}{2} = \text{K6}+236.61$$

桩号检核计算：代式（8-10）计算

$$\text{JD 桩号} = \text{K6}+236.61 - 58.48 + 5.43 = \text{K6}+183.56$$

与交点原来桩号相等，证明计算正确。

（三）用全站仪按极坐标法测设

用全站仪测设路线主点时，一般采用极坐标法，具有速度快、精度高、现场条件适应性强的特点。测设时，仪器安置在平面控制点上，输入测站坐标和后视点坐标（或后视方位角），再输入要测设的主点坐标，仪器即自动计算出测设角度和距离，据此进行主点现场定位。下面介绍主点坐标计算方法。

如图 8-7 所示，根据 JD_1 和 JD_2 的坐标（x_1，y_1）、（x_2，y_2），用坐标反算公式计算第一条切线的方位角 α_{2-1}，

$$\alpha_{2-1} = \arctan \frac{y_1 - y_2}{x_1 - x_2} \tag{8-11}$$

第二条切线的方位角 α_{2-3} 可由 JD_2、JD_3 的坐标反算得到，也可由第一条切线的方位角和路线转角推算得到，在本例中有：

$$\alpha_{2-3} = \alpha_{2-1} - (180° - \alpha_{右}) \tag{8-12}$$

根据方位角 α_{2-1}、α_{2-3} 和切线长度 T，用坐标正算公式计算曲线起点坐标（x_{ZY}，y_{ZY}）和终点坐标（x_{YZ}，y_{YZ}），例如起点坐标为：

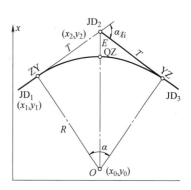

图 8-7　圆曲线主点坐标计算

$$\begin{aligned} x_{\text{ZY}} &= x_2 + T\cos\alpha_{2-1} \\ y_{\text{ZY}} &= y_2 + T\sin\alpha_{2-1} \end{aligned} \tag{8-13}$$

曲线中点坐标（x_{QZ}，y_{QZ}）则由分角线方位角 $\alpha_{2-\text{QZ}}$ 和矢径 E 计算得到，其中分角线方位角 $\alpha_{2-\text{QZ}}$ 也可由第一条切线的方位角和路线转角推算得到，在本例中有：

$$\alpha_{2-\text{QZ}} = \alpha_{2-1} - \frac{180° - \alpha_{右}}{2} \tag{8-14}$$

【例8-2】 某圆曲线的转角和半径同【例8-1】，即转角 $\alpha_{右}=42°36'$，设计圆曲线半径 $R=$ 150m，两个交点 JD_1、JD_2 的坐标分别为 （1922.821，1030.091）、（1967.128，1118.784）试计算各主点坐标。

【解】 先根据上述各式计算 JD_2 至各主点（ZY、QZ、YZ）的坐标方位角，再根据坐标方位角和例8-1算出的测设元素切线长度 T、外矢径 E，用坐标正算公式计算主点坐标，计算结果见表8-5。

表8-5 圆曲线主点坐标计算表

主点	JD_2 至各主点的方位角	JD_2 至各主点的距离/m	x/m	y/m
ZY	243°27′18″	$T=58.48$	1940.99	1066.47
QZ	174°45′18″	$E=11.00$	1956.18	1119.79
YZ	106°03′18″	$T=58.48$	1950.96	1174.99

二、圆曲线的详细测设

当曲线长度小于40m时，测设曲线的三个主点就能满足设计和施工的需要。如果曲线较长，除了测设三个主点以外，还要按照一定的桩距 l，在曲线上测设里程桩，这个工作称为圆曲线的详细测设。曲线上的桩距的一般规定为：$R \geqslant 60m$ 时，$l=20m$；$30m<R<60m$ 时，$l=10m$；$R \leqslant 30m$ 时，$l=5m$。下面介绍三种常用的测设方法。

（一）偏角法

1. 测设数据的计算

偏角法是利用偏角（弦切角）和弦长来测设圆曲线的方法。如图8-8所示，里程桩整桩的桩距（弧长）为 l，首尾两段零头弧长为 l_1、l_2，弧长 l_1、l_2、l 所对应的圆心角分别为 φ_1、φ_2 和 φ，可按下列公式计算：

$$\left. \begin{array}{l} \varphi_1 = \dfrac{180°}{\pi} \cdot \dfrac{l_1}{R} \\[2mm] \varphi_2 = \dfrac{180°}{\pi} \cdot \dfrac{l_2}{R} \\[2mm] \varphi = \dfrac{180°}{\pi} \cdot \dfrac{l}{R} \end{array} \right\} \qquad (8\text{-}15)$$

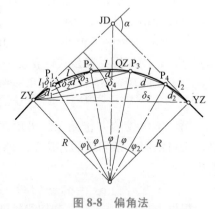

图8-8 偏角法

弧长 l_1、l_2、l 所对应的弦长分别为 d_1、d_2 和 d，可按下列公式计算：

$$\left. \begin{array}{l} d_1 = 2R \cdot \sin \dfrac{\varphi_1}{2} \\[2mm] d_2 = 2R \cdot \sin \dfrac{\varphi_2}{2} \\[2mm] d = 2R \cdot \sin \dfrac{\varphi}{2} \end{array} \right\} \qquad (8\text{-}16)$$

圆曲线上各点的偏角等于所对应圆心角的一半，即

第一点的偏角为 $\qquad \delta_1 = \dfrac{\varphi_1}{2}$

第二点的偏角为 $\qquad \delta_2 = \dfrac{\varphi_1}{2} + \dfrac{\varphi}{2}$

$\qquad\qquad\qquad\qquad\qquad\qquad\qquad\qquad\qquad\qquad\qquad$ (8-17)

第 i 点的偏角为 $\qquad \delta_i = \dfrac{\varphi_1}{2} + \sum_{i-1}^{1} \dfrac{\varphi}{2}$

终点（YZ）的偏角为 $\qquad \delta_{YZ} = \dfrac{\alpha}{2}$

【例 8-3】 圆曲线的交点桩号、转角和半径同【例 8-1】，整桩距为 $l = 20\text{m}$，按偏角法测设，试计算详细测设相关数据。

【解】 (1) 由例 8-1 计算可知，ZY 点的里程为 K6+125.08，它前面最近的整桩里程为 K6+140，则首段零头弧长为

$$l_1 = 140 - 125.08 = 14.92\text{m}$$

YZ 点的里程为 K6+236.61，它后面最近的整桩里程为 K6+220，则尾段零头弧长为

$$l_2 = 236.61 - 220 = 16.61\text{m}$$

(2) 由式 (8-15) 可计算得到首尾两段零头弧长 l_1、l_2 及整弧长 l 所对应的偏角

$$\varphi_1 = \frac{l_1}{R} \cdot \frac{180°}{\pi} = \frac{14.92}{150} \cdot \frac{180°}{\pi} = 5°41'56''$$

$$\varphi_2 = \frac{l_2}{R} \cdot \frac{180°}{\pi} = \frac{16.61}{150} \cdot \frac{180°}{\pi} = 6°20'40''$$

$$\varphi = \frac{l}{R} \cdot \frac{180°}{\pi} = \frac{20}{150} \cdot \frac{180°}{\pi} = 7°38'21''$$

(3) 由式 (8-16) 可计算得到首尾两段零头弧长 l_1、l_2 及整弧长 l 所对应的弦长

$$d_1 = 2R \cdot \sin \frac{\varphi_1}{2} = 14.91\text{m}$$

$$d_2 = 2R \cdot \sin \frac{\varphi_2}{2} = 16.6\text{m}$$

$$d = 2R \cdot \sin \frac{\varphi}{2} = 19.98\text{m}$$

(4) 由式 (8-17) 计算偏角，结果见表 8-6

表 8-6 各桩号偏角表

桩号	K6+140	K6+160	K6+180	K6+200	K6+220	K6+236.61
偏角	2°50'57''	6°40'08''	10°29'18''	14°18'29''	18°07'40''	21°18'00''

2. 测设步骤

以【例 8-3】为例，偏角法的测设步骤如下：

(1) 将经纬仪置于 ZY 点上，瞄准交点 JD 并将水平度盘配置为 0°00'00''。

(2) 转动照准部使水平度盘读数为里程桩 K6+140 的偏角度数 2°50'57''，从 ZY 点沿此方向量取弦长 $d_1 = 14.91\text{m}$，定出 K6+140 桩。

（3）转动照准部使水平度盘读数为里程桩 K6+160 的偏角度数 6°40′08″，由 K6+140 桩量取弦长 $d = 19.98\text{m}$ 与视线方向相交，定出 K6+160 桩。依此类推测设其他里程桩。最后一个整里程桩 K6+220 至 YZ 点的距离应为 $d_2 = 16.60\text{m}$，以此来检查测设的质量。

用偏角法测设曲线细部点时，常因遇障碍物挡住视线而不能直接测设，如图 8-9 所示，经纬仪在曲线起点 ZY 点测设出细部点①、②、③后，视线被房屋挡住，这时，可把经纬仪移至③点，用盘右后视 ZY 点，将水平度盘配置为 0°00′00″，然后纵转望远镜变成盘左（水平度盘读数仍为 0°00′00″），转动照准部使水平度盘读数为④点的偏角度数，此时视线方向即在③至④的方向上，在此方向上从③量取弦长 d，即可钉设出④点。接着按原计算的偏角继续测设曲线上其余各点。

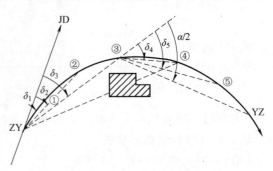

图 8-9　偏角法测设遇到障碍时

（二）切线支距法

切线支距法是以曲线起点或终点为坐标原点，以切线为 X 轴，通过原点的半径方向为 Y 轴，建立一个独立平面直角坐标系，根据曲线细部点在此坐标系中的坐标 x、y，按直角坐标法进行测设。

1. 测设数据计算

如图 8-10 所示，设圆曲线半径为 R，ZY 点至前半条曲线上各里程桩点的弧长 l_i，所对应的圆心角为

$$\varphi_i = \frac{l_i}{R} \cdot \frac{180}{\pi} \qquad (8\text{-}18)$$

该桩点的坐标为

$$\left.\begin{array}{l} x_i = R\sin\varphi_i \\ y_i = R(1-\cos\varphi_i) \end{array}\right\} \qquad (8\text{-}19)$$

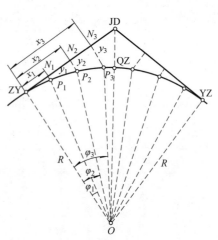

【例 8-4】　根据【例 8-1】的曲线元素、桩号和桩距，按切线支距法计算各里程桩点的坐标。

【解】　先计算曲线起点和终点至各桩点的弧长，按式（8-18）计算圆心角，按式（8-19）计算圆曲线细部点，具体计算结果见表 8-7。

图 8-10　切线支距法

表 8-7　切线支距法测设圆曲线坐标计算表

桩点	弧长 l/m	圆心角 φ	支距坐标 x/m	支距坐标 y/m
ZY K6+125.08	0	0°00′00″	0	0
K6+140	14.92	5°41′56″	14.90	0.74
K6+160	34.92	13°20′18″	34.60	4.05
K6+180	54.92	20°58′40″	53.70	9.94

（续）

桩点	弧长 l/m	圆心角 φ	支距坐标 x/m	支距坐标 y/m
QZ K6+180.84	55.76	21°17′56″	54.48	10.24
K6+200	36.60	13°58′49″	36.24	4.44
K6+220	16.60	6°20′27″	16.57	0.92
YZ K6+236.1	0	0°00′00″	0	0

2. 测设方法

切线支距法测设曲线时，为了避免支距过长，一般由 ZY 点和 YZ 点分别向 QZ 点施测，测设步骤如下：

（1）从 ZY（或 YZ）点开始，用钢尺沿切线方向量取 x_1、x_2、x_3、…纵距，得各垂足点 N_1、N_2、N_3、…，用测钎在地面作标记。

（2）在垂足点上作切线的垂直线，分别沿垂直线方向用钢尺量出 y_1、y_2、y_3、…纵距，得出曲线细部点 P_1、P_2、P_3、…。

用此法测设的 QZ 点应与曲线主点测设时所定的 QZ 点相符，作为检核。

（三）坐标测设法

与极坐标法测设圆曲线主点一样，用极坐标法测设圆曲线细部点时，要先计算各细部点在平面直角坐标系中的坐标值，测设时，全站仪安置在平面控制点或路线交点上，输入测站坐标和后视点坐标（或后视方位角），再输入要测设的细部点坐标，仪器即自动计算出测设角度和距离，据此进行细部点现场定位。下面介绍细部点坐标的计算方法。

1. 计算圆心坐标

如图 8-11 所示，设圆曲线半径为 R，用前述主点坐标计算方法，计算第一条切线的方位角 $\alpha_{2\text{-}1}$ 和 ZY 点坐标 (x_{ZY}, y_{ZY})，因 ZY 点至圆心方向与切线方向垂直，其方位角为

$$\alpha_{ZY\text{-}O} = \alpha_{2\text{-}1} \pm 180° \pm 90° = \alpha_{2\text{-}1} \pm 90° \qquad (8\text{-}20)$$

则圆心坐标 (x_o, y_o) 为

$$\left.\begin{array}{l} x_o = x_{ZY} + R\cos\alpha_{ZY\text{-}o} \\ y_o = y_{ZY} + R\sin\alpha_{ZY\text{-}o} \end{array}\right\} \qquad (8\text{-}21)$$

2. 计算圆心至各细部点的方位角

设 ZY 点至曲线上某细部里程桩点的弧长为 l_i，其所对应的圆心角 φ_i 按式（8-15）计算得到，则圆心至各细部点的方位角 α_{oi} 为

$$\alpha_{oi} = (\alpha_{ZY\text{-}O} + 180°) + \varphi_1 \qquad (8\text{-}22)$$

3. 计算各细部点的坐标

根据圆心至细部点的方位角和半径，可计算细部点坐标

$$\left.\begin{array}{l} x_i = x_o + R\cos\alpha_{oi} \\ y_i = y_o + R\sin\alpha_{oi} \end{array}\right\} \qquad (8\text{-}23)$$

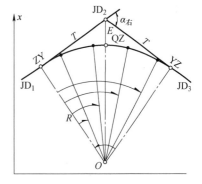

图 8-11　极坐标法

【例 8-5】 根据【例 8-2】的曲线元素、桩号、桩距以及两个交点 JD_1、JD_2 的坐标，计算各里程桩点的坐标。

【解】 由【例 8-2】可知，ZY 点坐标为（1940.99，1066.47），JD 至 ZY 点的方位角 α_{2-1} 为 243°27′18″，则可按式（8-20）计算 ZY 点至圆心的方位角为 153°27′18″，按式（8-21）计算圆心坐标为（1806.805，1133.502），再按式（8-22）计算圆心至各细部点的方位角 α_{oi}，最后按式（8-23）计算各点坐标，结果见表 8-8。

表 8-8　圆曲线细部桩点坐标表

细部桩号	圆心角	圆心至各细部点的方位角	x/m	y/m
K6+125.08	0°00′00″	333°27′18″	1940.992	1066.467
K6+140	5°41′56″	339°09′14″	1946.986	1080.123
K6+160	7°38′21″	346°47′35″	1952.838	1099.232
K6+180	7°38′21″	354°25′56″	1956.177	1119.789
K6+200	7°38′21″	2°04′17″	1956.707	1138.926
K6+220	7°38′21″	9°42′38″	1954.655	1158.805

以上圆曲线主点或细部点坐标均可采用编程计算器或电脑软件或智能手机快速地完成上述计算，在实际路线测量中，利用这些计算工具，可在野外快速计算出直线或曲线上包括主点在内的任意桩号的中线坐标，配合全站仪按极坐标法施测，大大提高了工作效率。

三、利用计算机软件进行圆曲线中桩坐标计算

随着科学技术的发展，测绘技术与计算机的结合越来越密切，很多测量数据的计算，均可通过测量软件完成，大大提高计算的效率，减轻测量工作者的工作负担，同时也大大提高了工作效率，下面以睿智测绘科技开发的"工程测量数据处理系统"（ESDPS）5.0 软件为例，介绍圆曲线中桩、边桩坐标的计算方法和步骤：

圆曲线中桩坐标计算
（ESDPS 软件）

（1）启动软件。单击 ⬛ ESDPS 图标打开软件，如图 8-12 所示。

（2）输入曲线参数。选择 　圆曲线放样　，输入曲线半径、转向角（注：右转角直接输入角度，左转角要输入负角，角度输入度用小数点代替，分、秒用两位数输入，不用加任何符号，如 $\alpha_{右} = 37°28′36″$ 则输入 37.2836；$\alpha_{左} = 37°28′36″$ 则输入 −37.2836）、交点桩号、点间距、交点坐标、交点至直圆点的坐标方位角（注：如 $\alpha_{JD\text{-}ZY} = 173°25′48″$，则输入 173.2548；$\alpha_{JD\text{-}ZY} = 214°06′09″$，则输入 214.0609），如图 8-13 所示。

（3）计算。单击 🖼 （计算）图标，计算中桩坐标，如图 8-14 所示。单击下方的 入图形显示／ 按钮还可以显示出路线的形状，如图 8-15 所示。单击 报表(R) 图标，在下拉菜单中选择把路线坐标输出到 WORD 文档或输出到 EXCEL 表进行打印编辑。还可以单击 图形(M) 图标，在下拉菜单中选择图形输出到 AutoCAD（可以保存一个 dwg 文件，也可以直接在 AutoCAD 中打开）。

图 8-12 软件初始界面

图 8-13 设计参数输入界面

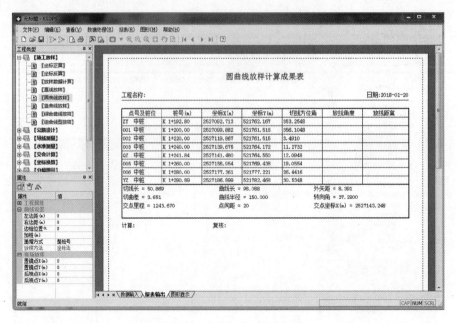

图 8-14　计算结果显示界面

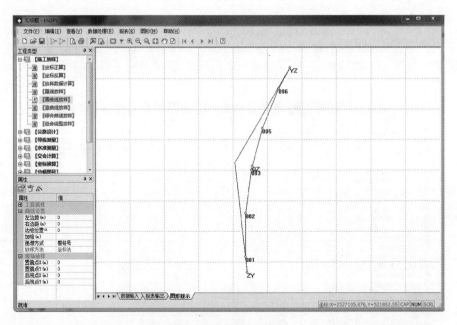

图 8-15　图形显示界面

四、利用手机测量软件进行道路中桩坐标计算

随着互联网时代的到来，手机已经成为人们随身的生活用品，目前手机测量软件有很多，使用手机比计算机更加方便，可以随时计算、检查，速度更快、效率更高，下面以刘炎冰开发的"测量员"软件为例，说明测量员软件如何进行路线计算。该软件计算路线有交点法和线元法两种方法，交点法适用于路线比较简单的情况，线元法适用于所有平面曲线类型，多用于计算

利用手机测量
软件进行道路中
桩坐标计算

复杂的路线。下面以交点法为例介绍路线中桩、边桩坐标的计算方法和步骤：

（1）新建路线。打开"测量员"软件，如图 8-16a 所示，点击左下角"参数"图标，再

点击右上角的 ![符号]，在下拉菜单中选择"新建路线"如图 8-16b 所示，勾选"交点法"，如图 8-16c 所示，输入新建路线的名称、桩号，桩号前缀默认"K"，不用输入，高程设计位置选择"平面设计线"并保存。

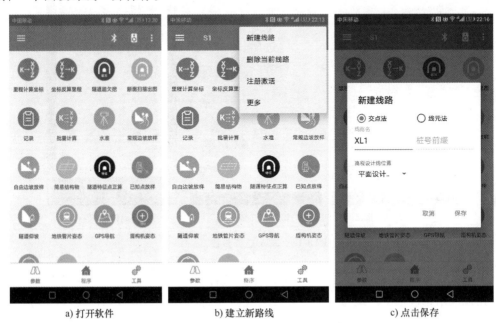

| a) 打开软件 | b) 建立新路线 | c) 点击保存 |

图 8-16　新建路线

（2）输入起点里程和坐标。点击"平曲线"图标，如图 8-17a 所示，点击右下角"+"按钮，如图 8-17b 所示，添加设计参数，选择"起始点"，如图 8-17c 所示，输入开始里程、开始里程坐标并保存，如图 8-17d 所示。

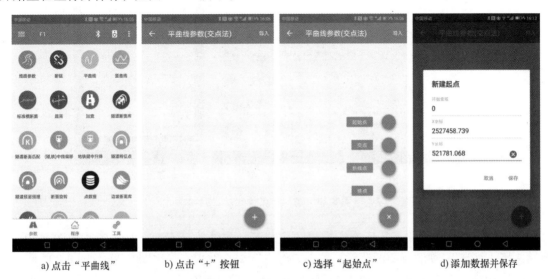

| a) 点击"平曲线" | b) 点击"+"按钮 | c) 选择"起始点" | d) 添加数据并保存 |

图 8-17　输入起点里程和坐标

（3）输入交点参数。再次点击右下角"+"按钮，如图 8-18a 所示，选择"交点"，如图 8-18b 所示，输入交点设计数据，包括交点编号、曲线半径、交点坐标、入缓和曲线、出缓和曲线，没有缓和曲输"0"并保存，如图 8-18c 所示。

a) 点击"+"按钮　　　　　b) 选择"交点"　　　　　c) 添加数据并保存

图 8-18　输入交点参数（一）

再点击右下角"+"按钮，如图 8-19a 所示，选择"交点"，如图 8-19b 所示，输入下一个交点设计数据，包括交点编号、曲线半径、交点坐标、入缓和曲线、出缓和曲线，没有缓和曲输"0"并保存，如图 8-19c 所示。以此类推，输入路线所有交点信息。

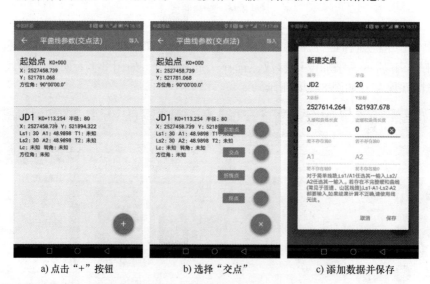

a) 点击"+"按钮　　　　　b) 选择"交点"　　　　　c) 添加数据并保存

图 8-19　输入交点参数（二）

（4）输入路线终点坐标。所有交点输入完成后，点击右下角"+"按钮，如图 8-20a 所示，选择"终点"，如图 8-20b 所示，输入"终点"坐标并保存，如图 8-20c、图 8-20d 所示。

（5）计算。点击屏幕中下方的"程序"，选择"批量计算"，如图 8-21a 所示；跳出对话

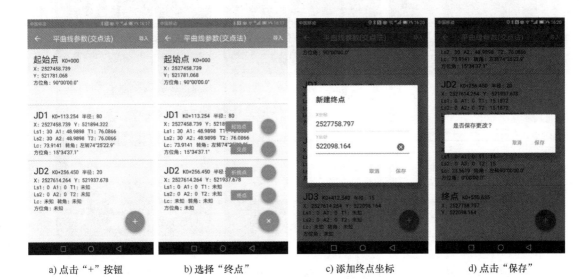

a) 点击"+"按钮　　b) 选择"终点"　　c) 添加终点坐标　　d) 点击"保存"

图 8-20　输入路线终点坐标

框，如图 8-21b 所示；根据对话框提示勾选"全线"，输入"桩间距"，选择计算"中桩"，结果排序选择"左中右隧…"，可以选择手动输入左边桩和右边桩，勾选"整桩"和"主点"，如图 8-21c 所示；点击"计算"，如图 8-21d 所示。

a) 点击程序图　　b) 跳出对话框　　c) 勾选项　　d) 点击"计算"

图 8-21　计算

（6）导出计算成果。点击右上角"导出"，建立文件夹名称，如图 8-22a 所示，选择导出文件格式（可选择"Excel"，也可选择"文本"），如图 8-22b 所示，点击"导出"，即可保存到手机存储根目录里的"测量员导出文件"文件夹里，可以到文件夹里"打开"文件也可以发送到计算机或他人，如图 8-22c 所示。

a) 点击"导出"	b) 创建文件名	c) 导出结果

图 8-22　导出计算成果

 第4节　缓和曲线测设

车辆从直线驶入曲线后，会产生离心力，影响车辆行驶的安全和顺适，曲线上的路面要做成外侧高、内侧低呈单向横坡的形式，即弯道超高。为了符合车辆行驶的轨迹，使超高由零逐渐增加到一定值，在直线与曲线间插入一段半径由 ∞ 逐渐变化到圆曲线半径 R 的曲线，这种曲线称为缓和曲线，如图 8-23 所示。

根据《城市道路工程设计规范》（CJJ 37—2012）中 6.2.4 的规定，直线与圆曲线或大半径圆曲线与小半径圆曲线之间应设缓和曲线，缓和曲线应采用回旋线，缓和曲线最小长度应符合表 8-9 的规定。

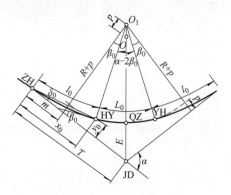

图 8-23　缓和曲线

表 8-9　各级公路缓和曲线最小长度

设计时速/(km/h)	100	80	60	50	40	30	20
缓和曲线最小长度/m	85	70	50	45	35	25	20

一、缓和曲线常数

$$\rho = \frac{c}{l} \text{或} \rho l = c$$

式中，ρ 为缓和曲线上某个点的半径，c 代表回旋曲线参数，称为缓和曲线变更率，l 为缓和曲线长度，即缓和曲线起点到这个点的距离。

在缓圆点处，曲线半径与圆曲线的半径 R 相等，故缓和曲线的总长度 l_S 为

$$l_S = \frac{c}{R}$$

二、缓和曲线方程

以缓和曲线起点或终点为坐标系的原点，指向交点为 x 轴，建立坐标系，则缓和曲线上点的坐标计算公式如下：

$$\left.\begin{array}{l} x = l - \dfrac{l^5}{40R^2 l_S^2} \\[3mm] y = \dfrac{l^3}{6Rl_S} \end{array}\right\} \tag{8-24}$$

式中，l 为缓和曲线长度，R 为圆曲线半径，l_S 为缓和曲线长度。

当 $l = l_S$ 时，缓圆点坐标计算公式为：

$$\left.\begin{array}{l} x_{HY} = l_S - \dfrac{l_S^3}{40R^2} \\[3mm] y_{HY} = \dfrac{l_S^2}{6R} \end{array}\right\} \tag{8-25}$$

三、缓和曲线参数

缓和曲线倾角　　　　　$$\beta_0 = \frac{l_S}{2R} \cdot \frac{180°}{\pi} = \frac{l_S}{2R} \cdot \rho \tag{8-26}$$

$$\rho = 206265''$$

圆曲线内移值　　　　　$$p \approx \frac{l_S^2}{24R} \tag{8-27}$$

切线的外移量　　　　　$$q = \frac{l_S}{2} - \frac{l_S^3}{240R^2} \tag{8-28}$$

四、带有缓和曲线的圆曲线主点的测设

（一）主点元素的计算

如图 8-24 所示，缓和曲线主点有直缓点（ZH）、缓圆点（HY）、曲中点（QZ）、圆缓点（YH）、缓直点（HZ）等。

切线长　　　　　$$T_H = (R+p)\tan\frac{\alpha}{2} + q \tag{8-29}$$

曲线长　　　　　$$L_H = R(\alpha - 2\beta_0)\frac{\pi}{180°} + 2l_S \tag{8-30}$$

外矢距　　　　　$$E_H = (R+p)\sec\frac{\alpha}{2} - R \tag{8-31}$$

切曲差　　　　　$$D_H = 2T_H - L_H \tag{8-32}$$

【例 8-6】　已知一带有缓和曲线的圆曲线，转向角 $\alpha_{\text{右}} = 24°36'48''$，设计半径 $R = 500\text{m}$，缓和曲线长度 $l_S = 80\text{m}$，交点里程为 K12+382.4，请计算缓和曲线参数。

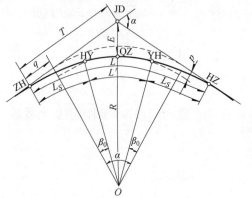

5个基本桩号：
ZH—第一回旋线起点(直缓)
HY—第一回旋线终点(缓圆)
QZ—圆曲线中心(曲中)
YH—第二回旋线终点(圆缓)
HZ—第二回旋线起点(缓直)

图 8-24　缓和曲线主点

【解】　（1）缓和曲线参数的计算：

根据公式（8-26）得：$\beta_o = \dfrac{l_s}{2R} \times \dfrac{180°}{\pi} = \dfrac{80}{2 \times 500} \times \dfrac{180°}{\pi} = 4°35'01''$

根据公式（8-27）得：$p = \dfrac{l_s^2}{24R} = \dfrac{80^2}{24 \times 500} = 0.533\text{m}$

根据公式（8-28）得：$q = \dfrac{l_s}{2} - \dfrac{l_s^3}{240R^2} = \dfrac{80}{2} - \dfrac{80^3}{240 \times 500^2} = 39.991\text{m}$

（2）缓和曲线要素的计算：

根据公式（8-29）得：$T_H = (R+p) \times \tan\dfrac{\alpha}{2} + q = 149.186\text{m}$

根据公式（8-30）得：$L_H = R \times \alpha \times \dfrac{\pi}{180°} + l_s = 294.792\text{m}$

根据公式（8-31）得：$E_H = (R+p) \times \sec\dfrac{\alpha}{2} - R = 12.305\text{m}$

根据公式（8-32）得：$D_H = 2T_H - L_H = 3.580\text{m}$

（二）主点里程桩的计算

主点里程桩的相关计算如下：

$$\text{ZH 点里程} = \text{JD 里程} - T_H \tag{8-33}$$

$$\text{HY 点里程} = \text{ZH 点里程} + l_s \tag{8-34}$$

$$\text{QZ 点里程} = \text{HY 点里程} + \left(\dfrac{L_H}{2} - l_s\right) \tag{8-35}$$

$$\text{YH 点里程} = \text{QZ 点里程} + \left(\dfrac{L_H}{2} - l_s\right) \tag{8-36}$$

$$\text{HZ 点里程} = \text{YH 点里程} + l_s \tag{8-37}$$

计算检核　　　　$$\text{JD 里程} = \text{QZ 点里程} + \dfrac{D_H}{2} \tag{8-38}$$

【例 8-7】　与**【例 8-6】**数据相同，请计算缓和曲线主点里程及检核。

【解】　代入公式（8-33）得：ZH 点里程 = JD 里程 - T_H = K12+382.4 - 149.186 = K12+233.214

代入公式（8-34）得：HY 点里程＝ZH 点里程＋l_S＝K12＋233.214＋80＝K12＋313.214

代入公式（8-35）得：QZ 点里程＝HY 点里程＋$\left(\dfrac{L_H}{2}-l_S\right)$＝K12＋313.214＋（294.792/2－80）＝K12＋380.610

代入公式（8-36）得：YH 点里程＝QZ 点里程＋$\left(\dfrac{L_H}{2}-l_S\right)$＝K12＋380.610＋（294.792/2－80）＝K12＋448.006

代入公式（8-37）得：HZ 点里程＝YH 点里程＋l_S＝K12＋448.006＋80＝K12＋528.006

代入公式（8-38）得：计算检核：JD 里程＝QZ 里程＋D_H/2＝K12＋380.610＋3.58/2＝K12＋382.4

与 JD 里程桩号相等，证明计算正确。

缓和曲线上任意里程桩坐标的计算，公式较为繁琐，容易出错，计算时要细心和耐心，下面通过具体例题说明计算方法和步骤。

【例 8-8】　已知一带有缓和曲线的圆曲线，转向角 $\alpha_{右}=24°36'48''$，设计半径 $R=500\text{m}$，缓和曲线长度 $l_S=80\text{m}$，JD_1 里程为 K12＋382.4，JD_1 坐标（2527612.398，521768.631），直线点（ZD）坐标（2527508.408，521616.063），请计算缓和曲线主点 ZH、HY、QZ 及缓和曲线上、圆曲线上任意里程桩的坐标。

【解】　因为【例 8-7】与【例 8-6】的设计参数相同，故曲线参数、曲线要素、里程桩的计算省略。

（1）计算交点到直缓点的方位角（ZD 与 ZH 点在同一直线上）：

$$\alpha_{JD_1-ZH}=\arctan\frac{(Y_{ZD}-Y_{JD})}{(X_{ZD}-X_{JD})}$$

$$\Delta X_{JD_1-ZH}=2527508.408-2527612.398=-103.990\text{m}$$

$$\Delta Y_{JD_1-ZH}=521616.063-521768.631=-152.568\text{m}$$

根据坐标增量符号判断，JD_1 至 ZH 点的直线在第三象限，代入公式得：

$$\alpha_{JD_1-ZH}=180°+\text{arcton}\frac{-152.568}{-103.990}=235°43'18''$$

直缓点到交点的方位角（正反方位角）：

$$\alpha_{ZH-JD_1}=\alpha_{JD_1-ZH}\pm180°=235°43'18''-180°=55°43'18''$$

（2）计算直缓点（ZH）坐标：

$$X_{ZH}=X_{JD_1}+T_H\times\cos\alpha_{JD_1-ZH}=2527612.398+149.186\times\cos235°43'18''=2527528.374\text{m}$$

$$Y_{ZH}=Y_{JD_1}+T_H\times\sin\alpha_{JD_1-ZH}=521768.631+149.186\times\sin235°43'18''=521645.357\text{m}$$

（3）计算位于缓和曲线上任意里程桩坐标，如 K12＋280：

$$l=\text{K12}+280-\text{ZH 里程}=\text{K12}+280-\text{K12}+233.214=46.786\text{m}$$

计算切线支距坐标：

$$x=l-\frac{l^5}{40R^2l_S^2}=46.786-\frac{46.786^5}{40\times500^2\times80^2}=46.782\text{m}$$

$$y=\frac{l^3}{6Rl_S}-\frac{l^7}{336R^3l_S^3}=\frac{46.786^3}{6\times500\times80}-\frac{46.786^7}{336\times500^3\times80^3}=0.427\text{m}$$

计算指定里程桩 K12＋280 的坐标：

$$X_{\text{K12+280}} = X_{\text{ZH}} + x \times \cos\alpha_{\text{ZH-JD}_1} - y \times \sin\alpha_{\text{ZH-JD}_1}$$

$$= 2527528.374 + 46.782 \times \cos55°43'18'' - 0.427 \times \sin55°43'18''$$

$$= 2527554.369\text{m}$$

$$Y_{\text{K12+280}} = Y_{\text{ZH}} + x \times \sin\alpha_{\text{ZH-JD}_1} + y \times \cos\alpha_{\text{ZH-JD}_1}$$

$$= 521645.357 + 46.782 \times \sin55°43'18'' + 0.427 \times \cos55°43'18''$$

$$= 521684.254\text{m}$$

如果路线是左转角，则 K12+280 里程桩坐标公式略有变化，公式如下：

$$X_{\text{K12+280}} = X_{\text{ZH}} + x \times \cos\alpha_{\text{ZH-JD}_1} + y \times \sin\alpha_{\text{ZH-JD}_1}$$

$$Y_{\text{K12+280}} = Y_{\text{ZH}} + x \times \sin\alpha_{\text{ZH-JD}_1} - y \times \cos\alpha_{\text{ZH-JD}_1}$$

（4）计算缓圆点（HY）点坐标：

$$l = l_S = 80\text{m}$$

计算切线支距坐标：

$$x = l - \frac{l^5}{40R^2 l_S^2} = 80 - \frac{80^5}{40 \times 500^2 \times 80^2} = 79.949\text{m}$$

$$y = \frac{l^3}{6Rl_S} - \frac{l^7}{336R^3 l_S^3} = \frac{80^3}{6 \times 500 \times 80} - \frac{80^7}{336 \times 500^3 \times 80^3} = 2.132\text{m}$$

计算缓圆点（HY）坐标：

$$X_{\text{HY}} = X_{\text{ZH}} + x \times \cos\alpha_{\text{ZH-JD}_1} - y \times \sin\alpha_{\text{ZH-JD}_1}$$

$$= 2527528.374 + 79.949 \times \cos55°43'18'' - 2.132 \times \sin55°43'18''$$

$$= 2527571.641\text{m}$$

$$Y_{\text{HY}} = Y_{\text{ZH}} + x \times \sin\alpha_{\text{ZH-JD}_1} + y \times \cos\alpha_{\text{ZH-JD}_1}$$

$$= 521645.357 + 79.949 \times \sin55°43'18'' + 2.132 \times \cos55°43'18''$$

$$= 521712.620\text{m}$$

如果路线是左转角，则 HY 里程桩坐标计算公式略有变化，公式如下：

$$X_{\text{HY}} = X_{\text{ZH}} + x \times \cos\alpha_{\text{ZH-JD}_1} + y \times \sin\alpha_{\text{ZH-JD}_1}$$

$$Y_{\text{HY}} = Y_{\text{ZH}} + x \times \sin\alpha_{\text{ZH-JD}_1} - y \times \cos\alpha_{\text{ZH-JD}_1}$$

（5）计算位于圆曲线上任意里程桩坐标，如 K12+360：

弧长：$l = \text{K12+360} - \text{ZH}$ 点里程 $= \text{K12+360} - \text{K12+233.214} = 126.786\text{m}$

圆心角：$\varphi = \frac{l - l_S}{R} \times \frac{180°}{\pi} + \beta_0 = \frac{126.786 - 80}{500} \times \frac{180}{\pi} + 4°35'01'' = 9°56'42''$

计算切线支距坐标：

$$x = R \times \sin\varphi + q = 500 \times \sin9°56'42'' + 39.991 = 126.342\text{m}$$

$$y = R \times (1 - \cos\varphi) + p = 500 \times (1 - \cos9°56'42'') + 0.533 = 8.046\text{m}$$

计算 K12+360 里程桩坐标：

$$X_{\text{K12+360}} = X_{\text{ZH}} + x \times \cos\alpha_{\text{ZH-JD}_1} - y \times \sin\alpha_{\text{ZH-JD}_1}$$

$$= 2527528.374 + 126.342 \times \cos55°43'18'' - 8.046 \times \sin55°43'18''$$

$$= 2527592.883\text{m}$$

$$Y_{\text{K12+360}} = Y_{\text{ZH}} + x \times \sin\alpha_{\text{ZH-JD}_1} + y \times \cos\alpha_{\text{ZH-JD}_1}$$

$$= 521645.357 + 126.342 \times \sin55°43'18'' + 8.046 \times \cos55°43'18''$$

$$= 521754.286m$$

如果路线是左转角，则 K12+360 里程桩坐标计算公式略有变化，公式如下：

$$X_{K12+360} = X_{ZH} + x \times \cos\alpha_{ZH\text{-}JD_1} + y \times \sin\alpha_{ZH\text{-}JD_1}$$

$$Y_{K12+360} = Y_{ZH} + x \times \sin\alpha_{ZH\text{-}JD_1} - y \times \cos\alpha_{ZH\text{-}JD_1}$$

（6）计算曲中点（QZ）坐标：

弧长：$l = \dfrac{L_H}{2} = 147.396m$

圆心角：$\varphi = \dfrac{l-l_s}{R} \cdot \dfrac{180°}{\pi} + \beta_0 = \dfrac{147.396-80}{500} \times \dfrac{180°}{\pi} + 4°35'01'' = 12°18'24''$

计算切线支距坐标：

$$x = R \times \sin\varphi + q = 500 \times \sin12°18'24'' + 39.991 = 146.563m$$

$$y = R \times (1-\cos\varphi) + p = 500 \times (1-\cos12°18'24'') + 0.533 = 12.023m$$

计算曲中点（QZ）坐标：

$$X_{QZ} = X_{ZH} + x \times \cos\alpha_{ZH\text{-}JD_1} - y \times \sin\alpha_{ZH\text{-}JD_1}$$

$$= 2527528.374 + 146.563 \times \cos55°43'18'' - 12.023 \times \sin55°43'18''$$

$$= 2527600.986m$$

$$Y_{QZ} = Y_{ZH} + x \times \sin\alpha_{ZH\text{-}JD_1} + y \times \cos\alpha_{ZH\text{-}JD_1}$$

$$= 521645.357 + 146.563 \times \sin55°43'18'' + 12.023 \times \cos55°43'18''$$

$$= 521773.235m$$

如果路线是左转角，则 QZ 里程桩坐标计算公式略有变化，公式如下：

$$X_{QZ} = X_{ZH} + x \times \cos\alpha_{ZH\text{-}JD_1} + y \times \sin\alpha_{ZH\text{-}JD_1}$$

$$Y_{QZ} = Y_{ZH} + x \times \sin\alpha_{ZH\text{-}JD_1} - y \times \cos\alpha_{ZH\text{-}JD_1}$$

五、利用计算机软件计算缓和曲线

综合曲线坐标计算
（ESDPS 软件）

由于缓和曲线手工计算比较麻烦，目前普遍都应用专业的测量软件来进行计算，所以本章对缓和曲线的计算就不详细介绍，下面以睿智测绘科技开发的"工程测量数据处理系统"（ESDPS）5.0 软件产品为例，介绍缓和曲线中桩、边桩坐标的计算方法和步骤。

（1）单击 ✿ ESDPS 图标打开软件，单击"施工放样"按钮，选择"综合曲线放样"，按照提示输入缓和曲线设计参数，如果要计算左右边桩，在属性里填入左右边距，如图 8-25 所示。

（2）单击 📊（计算）图标，显示计算成果表，如图 8-26 所示。

（3）单击 报表(R) 图标，下拉菜单，可以输出 WORD 或 EXCEL 文档，即可打印使用，如图所示；还可以单击 图形显示 按钮查看图形，如图 8-27 所示。

值得注意的是，该软件不能一次性计算出整条路线的中桩和边桩坐标，只能先计算上一条直线或曲线，再计算下一条直线或曲线，需要手工合并数据，在输入下一段路线时要特别小心。

a) 初始界面

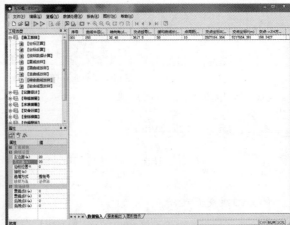
b) 输入设计参数界面

图 8-25　ESDPS 软件界面

![计算结果界面]

图 8-26　计算结果界面

六、利用手机软件计算缓和曲线

相对于计算机软件，由刘炎冰开发的"测量员"手机软件更直观、方便，能一次性输入整条路线的设计参数，一次性计算出路线中桩和边桩的坐标，效率更高，更简便，下面以"测量员"软件为例，介绍缓和曲线中桩、边桩坐标的计算方法和步骤。

（1）打开"测量员"软件，点击右上角 ⋮⋮ 符号选择"新建路线"，选择"交点法"，输入新建路线名如 XL1，并保存，如图 8-28 所示。

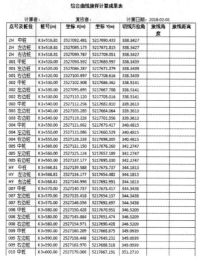

综合曲线放样计算成果表

计算者：　　　　复核者：　　　　计算日期：2018-02-01

点号及桩位	桩号(m)	坐标X(m)	坐标Y(m)	切线方位角	放线角度	放线距离
ZH 中桩	K3+518.81	2527092.481	5217690.433	338.3427		
ZH 左边桩	K3+518.81	2527085.175	5217671.815	338.3427		
ZH 右边桩	K3+518.81	2527099.787	5217709.051	338.3427		
001 中桩	K3+520.00	2527093.592	5217689.997	338.3439		
001 左边桩	K3+520.00	2527086.287	5217671.379	338.3439		
001 右边桩	K3+520.00	2527100.897	5217708.616	338.3439		
002 中桩	K3+530.00	2527102.908	5217686.362	338.5141		
002 左边桩	K3+530.00	2527095.695	5217667.708	338.5141		
002 右边桩	K3+530.00	2527110.120	5217705.016	338.5141		
003 中桩	K3+540.00	2527112.256	5217682.810	339.3613		
003 左边桩	K3+540.00	2527105.285	5217664.064	339.3613		
003 右边桩	K3+540.00	2527119.226	5217701.556	339.3613		
004 中桩	K3+550.00	2527121.662	5217679.417	340.4815		
004 左边桩	K3+550.00	2527115.086	5217660.529	340.4815		
004 右边桩	K3+550.00	2527128.238	5217698.305	340.4815		
005 中桩	K3+560.00	2527131.150	5217676.260	342.2747		
005 左边桩	K3+560.00	2527125.124	5217657.189	342.2747		
005 右边桩	K3+560.00	2527137.177	5217695.330	342.2747		
HY 中桩	K3+568.81	2527139.588	5217673.737	344.1813		
HY 左边桩	K3+568.81	2527134.177	5217654.483	344.1813		
HY 右边桩	K3+568.81	2527144.998	5217692.991	344.1813		
007 中桩	K3+570.00	2527140.737	5217673.417	344.3438		
007 左边桩	K3+570.00	2527135.418	5217654.137	344.3438		
007 右边桩	K3+570.00	2527146.056	5217692.697	344.3438		
008 中桩	K3+580.00	2527150.428	5217670.951	346.5209		
008 左边桩	K3+580.00	2527145.894	5217651.474	346.5209		
008 右边桩	K3+580.00	2527154.971	5217690.428	346.5209		
009 中桩	K3+590.00	2527160.209	5217668.875	349.0939		
009 左边桩	K3+590.00	2527156.448	5217649.232	349.0939		
009 右边桩	K3+590.00	2527163.970	5217688.518	349.0939		
010 中桩	K3+600.00	2527170.066	5217667.191	351.2710		

a) 导出成果界面

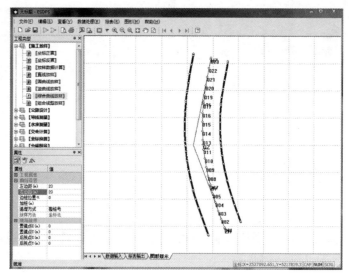

b) 图形显示界面

图 8-27　ESDPS 软件成果界面

（2）点击左下角"参数"图标，点击"平曲线"，点击"+"按钮，选择"起始点"，输入新建起点里程和坐标并保存，如图 8-29 所示。

（3）点击"+"按钮，选择"交点"，输入交点编号如 JD1、圆曲线半径 100、交点坐标、入缓和曲线长度如30、出缓和曲线长度 30，并保存，如图 8-30 所示。

（4）继续点击"+"按钮，选择"交点"，自动生成 JD2 编号，输入圆曲线半径 120、交点坐标、入缓和曲线长度 40、出缓和曲线长度 40，并保存，如图 8-31 所示。

（5）继续点击"+"按钮，选择"终点"（如果路线没有结束，继续选择交点），输入终点坐标并保存，如图 8-32 所示。

a) 新建路线界面　　　b) 输入新建路线界面

图 8-28　新建路线

（6）点击屏幕左上角的"←"按钮，屏幕提示"是否保存更改?"，点击"保存"，如图 8-33 所示。

（7）点击"程序"图标，点击"批量计算"，勾选"全线"，输入桩间距如 20，选择"中桩计算"，结果排序"左中右隧或中左右"，如果要计算边桩，则左边桩选择"手动输入"，输入左偏距如 20；同理，输入右偏距如 20（如果不计算边桩，则不需要输入）；勾选"整桩""主点"，点击"计算"，整条路线中桩、边桩就全部计算出来了，如图 8-34 所示。

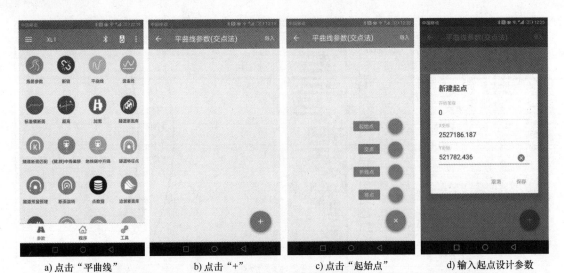

a) 点击"平曲线" b) 点击"+" c) 点击"起始点" d) 输入起点设计参数

图 8-29 输入起始点参数

a) 点击"+" b) 选择"交点" c) 输入交点设计参数

图 8-30 输入交点参数（一）

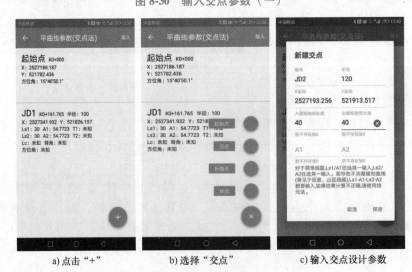

a) 点击"+" b) 选择"交点" c) 输入交点设计参数

图 8-31 输入交点参数（二）

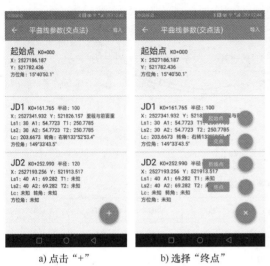

a) 点击"+"　　　　　　　b) 选择"终点"　　　　　　c) 输入终点设计参数

图 8-32　输入终点参数　　　　　　　　　　图 8-33　保存更改

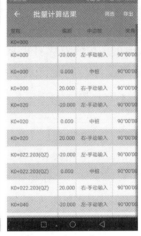

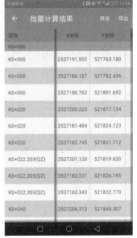

a) 点击"批量计算"　　b) 勾选和输入设计参数　　c) 计算结果显示(一)　　d) 计算结果显示(二)

图 8-34　计算路线中桩、边桩

 第5节　竖曲线测设

一、竖曲线的概念

在路线纵断面上两条不同坡度线相交的交点为变坡点。考虑行车的视距要求和行车的平稳，在变坡处一般采用圆曲线或二次抛物线连接，这种连接相邻坡度的曲线称为竖曲线，如图 8-35 所示。

《公路工程技术标准》（JTG B01—2014）中 4.0.22 规定，公路纵坡变更处应设置竖曲线，竖曲线最小半径和最小长度不应小于表 8-10 规定的值。

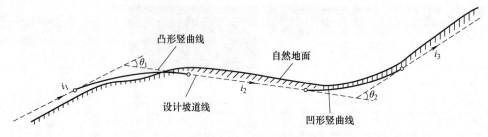

图 8-35　竖曲线

表 8-10　竖曲线最小半径和最小长度

设计速度/(km/h)	120	100	80	60	40	30	20
凸型竖曲线最小半径/m	11000	6500	3000	1400	450	250	100
凹型竖曲线最小半径/m	4000	3000	2000	1000	450	250	100
竖曲线最小长度/m	100	85	70	50	35	25	20

二、竖曲线要素的计算

如图 8-35 所示，i_1、i_2、i_3 分别为设计的路面坡道线的坡度。上坡为正，下坡为负，θ 为竖曲线的转折角。由于路线设计时的允许坡度一般是很小的，所以可以认为 θ 等于相邻坡道之坡度的代数差，如 $\theta_1 = i_2 - i_1$，$\theta_2 = i_3 - i_2$。θ 大于 0 时为凹形竖曲线，θ 小于 0 时为凸形竖曲线。

$$切线长\ T = 1/2 \times R \times (i_2 - i_1) \tag{8-39}$$

$$曲线长\ L = 2T = R \times (i_2 - i_1) \tag{8-40}$$

$$外矢距\ E = T^2/2R \tag{8-41}$$

以起点或终点为原点，以切线方向为纵坐标，半径方向为横坐标，建立直角坐标系，求出各桩点的坐标，列表即可计算出各桩点的坡道高程和曲线上各桩点的设计高程。

$$\left.\begin{array}{l} x = 曲线上桩间隔数（整数）\\[6pt] y = \dfrac{x^2}{2} \times R \end{array}\right\} \tag{8-42}$$

$$坡道高程\ H' = 变坡点已知高程 + (T - x) \times i \tag{8-43}$$

$$曲线上各桩点的设计高程\ H = H' \pm y \tag{8-44}$$

注意：当竖曲线为凸形曲线时，公式取"-"号，当竖曲线为凹形曲线时，公式取"+"号。

【例 8-9】　某竖曲线半径 $R = 5000$m，相邻坡段的坡度 $i_1 = -1.114\%$，$i_2 = +0.154\%$，为凹形曲线，变坡点的桩号为 K1+670，变坡点高程为 48.60m，如果曲线上每隔 10m 设置一桩号，试计算竖曲线上各桩点的设计高程。

【解】　（1）根据公式（8-39）、（8-40）、（8-41）计算竖曲线元素得：

$$T = 1/2 \times 5000 \times [0.154\% - (-1.114\%)] = 31.7\text{m}$$

$$L = 2 \times T = 63.4\text{m}$$

$$E = T^2/2R = 0.10\text{m}$$

（2）竖曲线坡道起点、终点桩号和高程的计算：

$$起点桩号 = K1(670 - 31.7) = K1 + 638.30$$
$$终点桩号 = K1(638.3 + 63.4) = K1 + 701.7$$
$$起点高程 = 48.6 + 31.7 \times 1.114\% = 48.95m$$
$$终点高程 = 48.6 + 31.7 \times 0.154\% = 48.65m$$

（3）根据公式（8-42）、（8-43）、（8-44）计算竖曲线上各桩点高程见表8-11。

表 8-11 竖曲线弯道高程计算表

点号	桩号	桩点至竖曲线起点或终点的平距 x/m	高程改正数 y/m	坡道高程 H/m	曲线设计高程 H/m	备注
起点	K1+638.3	0	0.00	48.95	48.95	竖曲线起点
	K1+648.3	10	0.01	48.84	48.85	
	K1+658.3	20	0.04	48.73	48.77	$i = -1.114\%$
	K1+668.3	30	0.09	48.62	48.71	
变坡点	K1+670	$T = 31.7$	$E = 0.10$	$H_0 = 48.6$	48.70	变坡点
	K1+671.7	30	0.09	48.61	48.70	
	K1+681.7	20	0.04	48.62	48.66	$i = +0.154\%$
	K1+691.7	10	0.01	48.64	48.65	
终点	K1+701.7	0	0.00	48.65	48.65	竖曲线终点

三、利用计算机软件计算竖曲线

根据【例8-7】数据，利用"工程测量数据处理系统"（ESDPS）5.0软件，计算步骤如下。

（1）单击 图标打开工程软件，如图8-36所示。

（2）输入参数。在左侧目录树中选择"施工放样/竖曲线放样"，输入竖曲线设计参数。注意：当竖曲线为凹型曲线时，坡度和变坡点高程按反号输入；反之，凸型竖曲线则输入符号不变。因上面竖曲线为凹型曲线，输入数据如图8-37所示。

竖曲线中桩高程计算
（ESDPS 软件）

（3）单击"计算"按钮，计算结果如图8-38所示。

（4）导出成果。计算结果可以导出到 WORD 或 EXCEL 表格，如图8-39所示。

四、利用手机软件计算竖曲线坐标和高程

利用手机软件计算竖曲线时，不能单独进行竖曲线的计算，要结合平面曲线来进行，即先输入路线平曲线设计参数，再对应输入竖曲线的参数，里程桩要对应，否则不能计算。

下面以刘炎冰开发的"测量员"软件为例说明该软件如何进行竖曲线计算的方法和步骤。

1. 输入平曲线参数

平曲线的输入方法同前文介绍，不再赘述。

2. 输入竖曲线参数

当平曲线设计参数输入完成后，需要把平曲线起点、各交点和终点的里程记录下来，竖曲线输入时需要用到。

图 8-36   软件初始界面

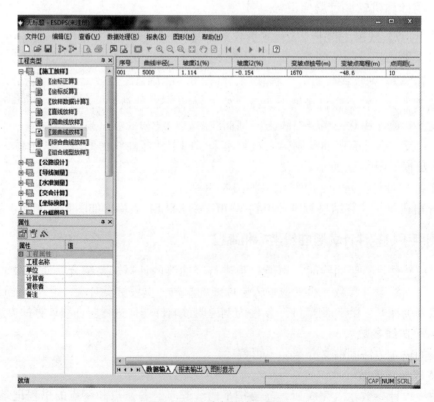

图 8-37   设计参数输入界面

图 8-38　计算结果显示界面

竖曲线放样计算成果表

计算者：　　　　复核者：　　　　计算日期：2018-01-27

桩号	平距	高程改正值 (m)	坡线高程(m)	曲线高程(m)	备注
K1+638.30	0	0.000	-48.953	-48.953	起点
K1+648.30	10	-0.010	-48.842	-48.852	
K1+658.30	20	-0.040	-48.730	-48.770	
K1+668.30	30	-0.090	-48.619	-48.709	
K1+670.00	32	-0.100	-48.600	-48.700	变坡点
K1+680.00	22	-0.047	-48.615	-48.662	
K1+690.00	12	-0.014	-48.631	-48.644	
K1+700.00	2	-0.000	-48.646	-48.646	
K1+701.70	0	0.000	-48.649	-48.649	终点

曲线半径 = 5000.000
曲线长 = 63.400
外矢距 = 0.100
EndReport
EndReport
EndReport
上坡度 = 1.1
下坡度 = -0.2
EndReport
EndReport
EndReport
EndReport

图 8-39　导出成果界面

（1）输入起点设计高程。点击"竖曲线"图标，点击"+"按钮，选择"起始点"，输入起点里程（输入与平面曲线起点里程相同，即 0），输入起点设计高程如 78.8，点击"保存"，如图 8-40 所示。

（2）输入变坡点设计高程。点击"+"按钮，选择"变坡点"，输入变坡点 JD$_1$ 里程桩

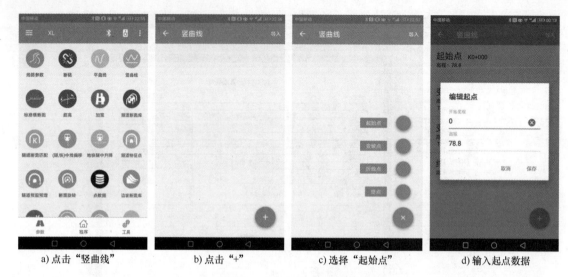

a) 点击"竖曲线"　　　　b) 点击"+"　　　　c) 选择"起始点"　　　　d) 输入起点数据

图 8-40　输入起点设计高程

（与平面曲线 JD_1 里程相同，即 124.51；输入变坡点半径，如"500"，设计高程，如"79.6"），点击"保存"，如图 8-41 所示。点击"+"按钮，选择"变坡点"，输入第二个变坡点 JD_2 里程桩（与平面曲线 JD_2 里程相同，即 363.441；输入变坡点设计高程，如"76.91"，半径，如"600"），点击"保存"，如图 8-42 所示。如此，依次输入其他变坡点。

a) 点击"+"　　　　b) 选择"变坡点"　　　　c) 输入变坡点数据

图 8-41　输入变坡点设计高程（一）

（3）输入终点设计高程。点击"+"按钮，选择"终点"，输入终点里程桩（与平面曲线终点里程相同，即 496.699，输入终点设计高程，如"78.9"），点击"保存"，如图 8-43 所示。点击左上方←按钮退出，按照提示进行保存，如图 8-44 所示。

（4）计算。点击"程序"图标，选择"批量计算"，勾选"全线"，输入桩间距如 10，点击中桩下面三角符号，选择"中桩"，点击结果排序下面小三角符号选择"左中右"，如果要计算左右边桩，就点击左边桩下面的小三角符号选择"手动输入"如 20，右边桩选择"手动输入"如 20，勾选"整桩""主点"，如图 8-45 所示。

a) 点击 "+"　　　b) 选择 "变坡点"　　　c) 输入变坡点数据

图 8-42　输入变坡点设计高程（二）

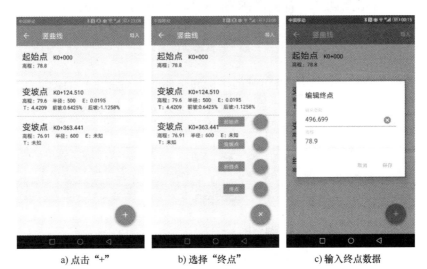

a) 点击 "+"　　　b) 选择 "终点"　　　c) 输入终点数据

图 8-43　输入终点设计高程

图 8-44　进行保存

a) 批量计算界面　　　　b) 计算选项输入

图 8-45　计算参数设置

　　点击"计算"按钮，所有左中右边桩的坐标和竖曲线上对应中桩的设计高程就全部显示出来了，如图 8-46 所示，根据这些坐标和高程即可在现场用全站仪或 RTK 放出中桩和边桩的平面位置，用水准仪测设各里程桩的高程，以指导施工。

图 8-46　计算结果显示

思考与练习

　　8-1　路线测量的主要内容有哪些?

　　8-2　路线的平面几何线型有几种?

　　8-3　中线测量的主要内容有哪些?

8-4　现测得中线右折角为 142°37′36″，请计算该路线的转向角，并判断是左转还是右转角。

8-5　通常直线段里程桩宜设置多少 m，曲线段宜设置多少 m？

8-6　详细测设圆曲线细部点的方法有哪些，其中哪种方法精度高、速度快？

8-7　某高速公路为重丘地形，设计行车速度为 120km/h，欲在某直线和曲线之间插入一段缓和曲线，则缓和曲线最小长度应是多少 m？

8-8　道路圆曲线设计参数为 $R=150$m，右转角 $\alpha=32°46′$，交点坐标为 $x=251472.365$，$y=52147.321$，交点桩号为 K2+314.78，交点至直圆点的方位角为 231°32′47″，请计算圆曲线主点元素、主点里程桩号及主点坐标。

8-9　已知圆曲线半径 $R=120$m，右偏角 $\alpha=37°26′$，交点里程桩为 K2+541.67，交点至直圆点的方位角为 163°24′38″，直圆点的桩号为 K2+501.01，直圆点的坐标为 $x=253217.539$，$y=521431.257$，请计算曲线上 K2+520 桩的坐标。

8-10　某路线的纵坡设计如下：竖曲线 $i_1=+1.5\%$，$i_2=-0.5\%$，变坡点的桩号为 K2+360.00，其设计高程为 42.36m，竖曲线半径 $R=3000$m，请判断是凹形竖曲线还是凸形竖曲线，请计算竖曲线元素、竖曲线起点、终点的桩号和高程，如果竖曲线上每隔 10m 设置一桩号，试计算竖曲线上各桩点的设计高程。

道路纵横断面测量

第9章

 **本章概述**

本章主要学习纵断面图的测绘和横断面图的测绘等。

 **了解知识**

了解纵横断面图测量的目的和方法。

 **掌握知识**

掌握纵断面图常用的测量方法，包括全站仪法、RTK 法；掌握横断面图测量的方法，包括全站仪对边测量法和 RTK 法；掌握纵横断面图的绘制方法等。

 **具备能力**

通过对本章的学习，应掌握纵横断面图的测绘，具备独立测绘纵横断面图的能力。

 第1节　纵断面图的测绘

一、纵断面图的施测方法

纵断面图的测绘是用路线水准测量的方法测出路线中线各里程桩的地面高程，然后根据里程桩号和测得的地面高程，按一定比例绘制成纵断面图，用以表示路线纵向地面高低起伏变化，为路线的纵坡设计提供依据。

路线水准测量一般分两步进行，先进行高程控制测量，即在路线附近每隔一定距离设置一个水准点，按等级水准测量的精度要求，测定其高程，称为基平测量；然后根据各水准点高程，按等外水准测量的精度要求，测定路线中线各里程桩的地面高程，称为中平测量。

（一）基平测量

1. 水准点的布设

水准点是路线高程的控制点，勘测设计和施工阶段都要使用，有的甚至在竣工后还需要使用。因此，在布设水准点时，根据不同的需要和用途，可布设永久性水准点和临时性水准点。路线的起点和终点、需要长期观测高程的重点工程，附近均应设置永久性水准点，一般地区应每隔25～30千米布设一点。永久性水准点要埋设标石，也可设在永久性建筑物上或用金属标志嵌在基岩上。

临时性水准点的布设密度，应根据地形的复杂情况以及工程的需要而定，例如，市政路线工程一般每隔 300m 左右设置一个。在大桥两岸、隧道两端以及一般的中小桥附近和工程集中的地段均应设置临时性水准点。水准点应设在施工范围以外，标志应明显、牢固和使用方便。

2. 基平测量方法

基平测量时，首先应将起始水准点与附近国家水准点进行联测，以获得绝对高程。在沿线其他水准点的测量过程中，凡能与附近国家水准点进行联测的均应联测，以便获得更多的检查条件。

基平测量一般采用水准测量方法，对于精度要求较高的工程，按四等水准测量要求或根据需要另行设计施测，对一般市政工程的路线水准测量，可按介于四等水准与等外水准之间的精度要求施测，也可用光电三角高程测量方法施测，其主要技术要求应符合表 9-1 的要求。

表 9-1 市政路线水准测量和光电测距三角高程测量主要技术要求

路线水准测量	仪器类型		标尺类型	视线长度/m	观测方法	附合路线闭合差/mm
	DS₃ 水准仪		单面	100	单程后-前	$\leqslant \pm 30\sqrt{L}$
路线光电测距三角高程测量	竖直角对向观测测回数（DJ₂ 经纬仪）		垂直角较差与指标差较差	测距仪器、方法与测回数	对向观测高差较差/mm	附合路线闭合差/mm
	三丝法	中丝法				
	1	2	$\leqslant \pm 30''$	Ⅱ级、单程、1	$\leqslant \pm 60\sqrt{D}$	$\leqslant \pm 30\sqrt{L}$

注：表中 D 为测距边长度（km），L 为水准路线长度（km）。

（二）中平测量

中平测量又名中桩抄平，一般是以相邻两水准点为一测段，从一个水准点出发，逐个测定中桩的地面高程，闭合在下一个水准点上。测量时，在每一个测站上除了观测中桩外，还需在一定距离内设置转点，每两转点间所观测的中桩，称为中间点。由于转点起传递高程作用，观测时应先观测转点，后观测中间点。转点读数至毫米，视线长度一般不应超过 150m，立尺应立于尺垫、稳固的桩顶或坚石上；中间点读数可至厘米，视线长度也可适当延长，立尺于紧靠桩边的地面上。

道路纵断面图
测量方法

如图 9-1 所示，水准仪置于 1 站，分别后视水准点 BM1 和前视第一个转点 TP₁，将读数记入表 9-3 中的后视、前视栏内；然后观测 BM1 和 TP₁ 之间的里程桩 K0+000～K0+060，将其读数记入中视读数栏内。测站计算时，先计算该站仪器的视线高程，再计算转点高程，然后计算各中桩高程，计算公式如下：

$$视线高程 = 后视点高程 + 后视读数$$
$$转点高程 = 视线高程 - 前视读数$$
$$中桩高程 = 视线高程 - 中视读数$$

再将仪器搬至 2 站，先后视转点 TP₁ 和前视第二个转点 TP₂，然后观测各中间点 K0+080～K0+120，将读数分别记入后视、前视和中视栏，并计算视线高程、转点高程和中桩高程。按上述方法继续往前观测，直至附合于另一个水准点 BM2，完成这个测段的观测工作。

每一测段观测完后，应立即根据该测段的第二个水准点的观测推算高程和已知高程，计算高差闭合差 f_h，即

$$f_h = 推算高程 - 已知高程$$

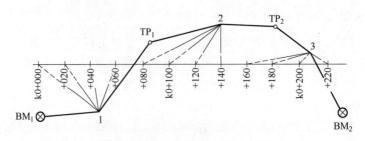

图 9-1　中平测量示意图

若 $f_h \leqslant f_{h允} = \pm50\sqrt{L}$ mm，则符合要求，可不进行闭合差的调整，而以原计算的各中桩点地面高程作为绘制纵断面图的数据。

本例中，水准点 BM2 的推算高程为 280.512m，已知高程为 280.528m，水准路线长度为 300m，则闭合差为

$$f_h = 280.512 - 280.528 = -0.016\text{m}$$

中桩高程测量的精度必须满足表 9-2 的要求。

表 9-2　中桩高程测量的精度要求

公路等级	高差闭合差/mm	检测限差/cm
高速公路、一级公路	$\pm30\sqrt{L}$	±5
二级及二级以下公路	$\pm50\sqrt{L}$	±10

中平测量记录计算见表 9-3。

表 9-3　中平测量记录计算表

点号	水准尺读数/m			视线高程/m	高程/m	备注
	后视	中视	前视			
BM1	1.986			280.679	278.693	
k0+000		1.57			279.11	
0+020		1.93			278.75	
0+040		1.56			279.12	
0+060		1.12			279.56	
TP$_1$	2.283		0.872	282.090	279.807	
0+080		0.68			281.41	
0+100		1.59			280.50	
0+120		2.11			279.98	
0+140		2.66			279.43	
TP$_2$	2.185		2.376	281.899	279.714	
0+160		2.18			279.72	
0+180		2.04			279.86	
0+200		1.65			280.25	
0+220		1.27			280.63	
BM2			1.387		280.512	(280.528)

闭合差限差为 $f_{h允} = \pm 50\sqrt{0.3} = 27\text{mm}$

因 $f_h < f_{h允}$，故成果合格。

二、纵断面图的绘制

用坐标文件
绘制纵断面图

纵断面图是反映中平测量成果最直观的图件，是进行路线竖向设计的主要依据，纵断面图包括图头、注记、展线和图尾四部分。不同的路线工程其具体内容有所不同，下面以道路设计纵断面图为例，说明纵断面图的绘制方法。

如图 9-2 所示，在图的上半部，从左至右绘有两条贯穿全图的线，一条是细线，表示中线方向的地面线，是以中桩的里程为横坐标，以中桩的地面高程为纵坐标绘制的。里程的比例尺一般与路线带状地形图的比例尺一致，高程比例尺则是里程比例尺的若干倍（一般取 10 倍），以便更明显地表示地面的起伏情况，例如，里程比例尺为 1:1000 时，高程比例尺可取 1:100。另一条是粗线，表示带有竖曲线在内的纵坡设计线，可根据设计要求绘制。

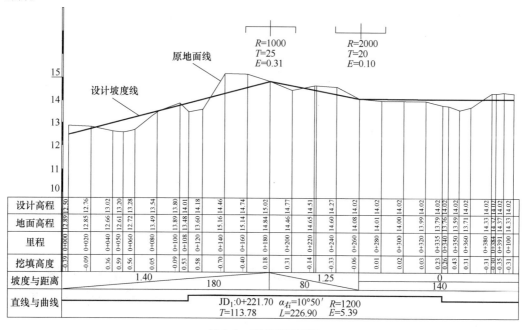

图 9-2　道路纵断面图

在图的顶部，是一些标注，例如，水准点位置、编号及其高程，桥涵的类型、孔径、跨数、长度、里程桩号及其设计水位，与某公路、铁路交叉点的位置、里程及其说明等，可根据实际情况进行标注。

图的下部绘有七栏表格，注记有关测量和纵坡设计的资料，自下而上分别是直线与曲线、坡度与距离、挖填高度、里程、地面高程、设计高程。其中直线与曲线是中线的示意图，其曲线部分用成直角的折线表示，上凸的表示曲线右偏，下凸的表示曲线左偏，并注明交点编号和曲线半径，带有缓和曲线的应注明其长度，在不设曲线的交点位置，用锐角折线表示；里程栏按横坐标比例尺标注里程桩号，一般标注百米桩和公里桩；地面高程栏按中平测量成果填写各里程桩的地面高程；设计高程栏填写设计的路面高程；挖填高度栏填写各里程桩处，设计高程减地面高程的所得的高差；坡度与距离栏用斜线表示设计纵坡，从左至右向上斜的表示上坡，下斜的表示下坡，并在斜线上以百分比注记坡度的大小，在斜线下注记坡长。

根据全站仪或 RTK 采集的坐标和高程文件绘制纵断面图的步骤如下：

（1）把数据文件导入计算机（dat 文件）。

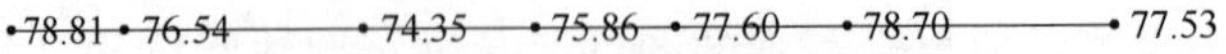

78.81
76.54
74.35
75.86
77.60
78.70
77.53

图 9-3 展绘高程点并连线

（2）点击“绘图处理”下拉菜单，选择“展野外测点点号”和“展高程点”，用复合线把各中桩按顺序连接起来，如图 9-3 所示。

（3）点击“工程应用（C）下拉菜单→绘断面图→根据已知坐标”，根据提示选择路线中线，要求输入高程点来源和采样点间隔，弹出绘制断面图对话框，设置后生成断面图，如图 9-4 所示。

比例尺：横向1:200 纵向1:200
80
80
75
75
地面高程
78.81
76.54
75.84
74.35
75.74
75.86
77.60
77.66
78.79
78.22
77.53
里程
0+000.0
0+005.0
0+010.0
0+015.0
0+020.0
0+022.0
0+028.0
0+030.0
0+035.0
0+040.0
0+046.0

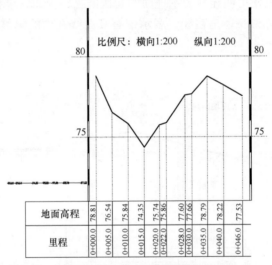

图 9-4 根据坐标和高程文件绘制纵断面图

第 2 节 横断面图的测绘

横断面图的测绘，是测定中桩两侧垂直于路线中线的地面高程，绘制成横断面图，供路基设计、计算土石方量以及施工放边桩之用。横断面图测绘的宽度应能满足需要，可根据各中桩的填挖高度、边坡大小以及有关工程的特殊要求确定。

横断面测绘的密度，除各中桩应施测外，在大中桥头、隧道洞口、挡土墙等重点工程地段，根据需要适当加密。横断面图测绘时，距离和高程的精度要求为 0.05～0.1m。根据横断面测量中高程和距离的读数精确到 0.1m，检测限差应符合《公路勘测规范》（JTG C10—2007）中 9.4.2 的规定，见表 9-4。

一、横断面方向的测设

由于横断面图测绘是测量中桩处垂直于中线的地面线高程，所以首先要测设横断面的方向，然后在这个方向上，测定地面坡度变化点或特征点的距离和高差。

表 9-4　横断面检测互差限差

公里等级	距离/m	高差/m
高速公路，一、二级公路	$\leqslant L/100+0.1$	$\leqslant h/100+L/200+0.1$
三级及以下公路	$\leqslant L/50+0.1$	$\leqslant h/50+L/100+0.1$

（一）直线上横断面方向的测设

直线上横断面方向与中线垂直，一般用十字方向架测设。如图 9-5 所示，十字方向架置于欲测绘横断面图的中桩上，用其中一方向瞄准该中桩的前或后方的另一个中桩，则另一方向即为横断面方向。

（二）圆曲线上横断面方向的测设

曲线上横断面方向应与中线在该桩的切线方向垂直，即指向圆心方向，可用求心方向架测设。求心方向架是在十字方向架上安装一根可旋转的定向杆，并加有固定螺旋。其使用方法如下：

如图 9-6 所示，将方向架置于曲线起点 ZY 上，当 1-1′方向对准交点或直线上的中桩时，与此垂直的另一方向 2-2′即为 ZY 点的横断面方向。为了测定曲线上点的横断面方向，转动定向杆 3-3′对准 P_1 点，拧紧固定螺旋，将方向架移至 P_1 点，用 2-2′对准 ZY 点，根据同弧段的两弦切角相等原理，定向杆的 3-3′方向即为该点的断面方向。

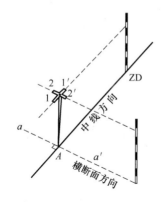

图 9-5　测设直线段横断面方向

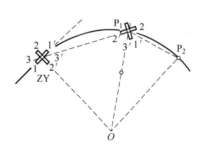

图 9-6　测设曲线段横断面方向

在 P_1 点的横断面方向定出之后，为了测定下一点 P_2 的横断面方向，不动方向架，转动定向杆 3-3′对准 P_2 点，拧紧固定螺旋，将方向架移至 P_2 点，用 2-2′对准 P_1 点，定向杆 3-3′的方向即为 P_2 点的横断面方向。同法，测设其他里程桩的横断面方向。

道路横断面图
测量方法

二、横断面图的施测方法

（一）标杆皮尺法

如图 9-7 所示，A、B、C 为断面方向上的变坡点，将标杆立于 A 点，皮尺靠中桩地面拉平量出至 A 点的距离，而皮尺截于标杆的红白格数（每格 0.2m）即为两点间的高差。同法，测出测段 A-B、B-C 的距离和高差，直至需要的测绘宽度为止。

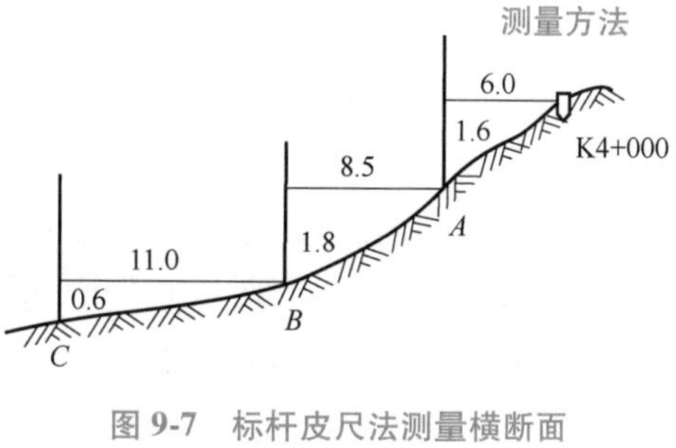

图 9-7　标杆皮尺法测量横断面

记录表格见表9-5，表中按路线前进方向分左右侧，用分数形式表示各测段的高差和距离，分子表示高差，分母表示距离，正号表示升高，负号表示降低。自中桩由近及远逐段记录。这种方法的优点是简易、轻便、迅速，适用于起伏多变，高差不大的地段。

表 9-5　横断面测量记录表

左侧			桩号	右侧		
-0.6/11.0	-1.8/8.5	-1.6/6.0	K4+000	+1.5/5.2	+1.8/6.9	+1.2/9.8.
-0.9/12.6	-1.4/7.5	-1.3/5.0	K4+020	+1.2/6	+1.5/8.5	+1.1/11.5

（二）水准仪皮尺法

水准仪安置后，以中桩地面高程点为后视，以中桩两侧横断面方向地形特征点为前视，读数至厘米，又用皮尺分别量出各特征点到中桩的平距，量至分米。如图9-8所示，记录格式与表9-5类似，但分子为中桩地面与特征点地面的高差，分母为中桩至各特征点的距离。水准仪皮尺法适用于横断面较宽的平坦地区，在一个测站上可以观测多个横断面。

图 9-8　水准仪皮尺法测量横断面

（三）经纬仪法

安置经纬仪于中桩上，直接用经纬仪定出横断面方向，然后量出仪器高，用视距法测出中桩至各地形变化点的距离和高差并记录。此法适用于地形困难，山坡陡峻地段的大型断面。

（四）全站仪法

利用全站仪的对边测量功能，可直接测得各横断面上各地形特征点相对中桩的水平距离和高差，如图9-9所示，有的全站仪有横断面测量功能，其操作、记录与成图更为方便；也可以利用全站仪的坐标测量功能，测出地形特征点的坐标和高程，根据坐标和高程绘制断面图。

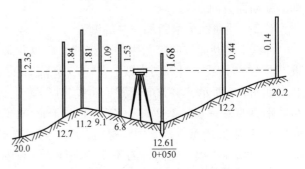

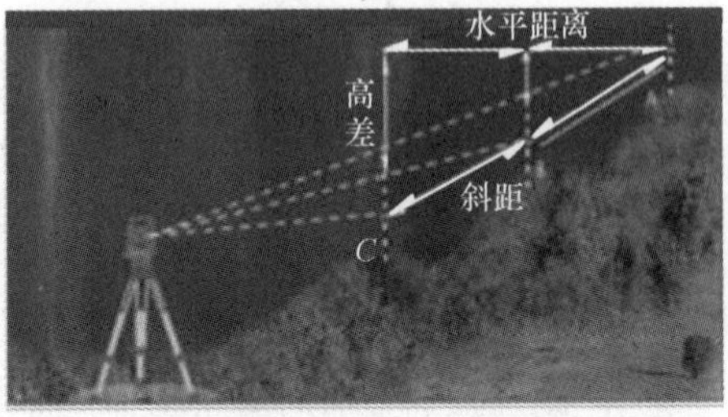

图 9-9　全站仪对边测量法

（五）RTK 测量法

随着测量技术的发展，GPS 技术广泛应用于道路工程建设，其定位精度高、作业速度快。利用 GPS-RTK 代替传统测量方法进行道路横断面的测量，具有灵活、经济、实用等多方面优势。同时还解决了观测点之间不通视，通视条件不良等问题。测量前，可在手簿上采用直线放样的方法设定理论断面线，数据采集时，测点将实时显示在手簿屏幕上，并提示偏离断面线的方向和距离，因此从横断面的一端走到另外一端时，只要保持偏值为零的状态，就可以采集横断面方向的特征点坐标，不需要人工指挥方向，单人即可操作，既解决了全站仪测量过程中横断面方向难以准确确定的问题，又极大地节省了人力物力。同时，在横断面测量内业处理过程中，可以利用南方 CASS 软件将外业观测数据进行处理，根据外业数据快速绘制横断面，极大地减轻内业的工作量，提高工作效率。

三、横断面图的绘制

根据横断面的测量，取得各变坡点间的高差和水平距离，即可在毫米方格纸上绘出各中桩的横断面图。绘图时，先注明桩号，标定中桩位置，由中桩位置开始，以平距为横坐标，高差为纵坐标，逐一将变坡点标在图上，再用直线把相邻点连接起来，即绘出断面的地面线。经过设计，横断面图上绘出路基断面设计线，并标注中线填挖高度、横断面上的填挖面积以及放坡宽度等，如图9-10所示。

用里程文件
绘制横断面图

由于计算面积的需要，横断面图的距离比例尺与高差比例尺是相同的，通用比例尺有 1：50、1：100 和 1：200。绘制横断面图的工作量较大，为了提高工作效率，往往采取在现场边测边绘的方法。这样，不但可省略记录，而且能避免从记录、整理到室内展绘这几道工序中可能产生的差错，还可以及时地与实地核对，如有不符，立即纠正，保证横断面图的正确性。

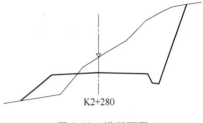

图 9-10 横断面图

随着计算机的普及，测绘仪器的不断发展，测绘横断面图的方法已经由传统方式向电子化、自动化转变，绘图的方式也由手工绘制向计算机绘图转变，下面以南方 CASS 软件为例，举例说明利用该软件如何绘制横断面图的方法和步骤。

（一）利用全站仪或 RTK 采集横断面坐标和高程数据绘制

利用南方 CASS 软件"工程应用"下拉菜单中"绘断面图"功能，根据导出的坐标和高程绘制横断面图，步骤如下：

（1）用全站仪或 RTK 采集横断面坐标和高程，建立该横断面文件夹，如0+20，中桩编号为0，从左到右依次编号为1、2、3、4、5、6，如图9-11所示，该横断面共采集了7个点坐标和高程（在采集数据时还可以在每个横断面点号前分别加不同编码，以此提高绘图速度）。

（2）把横断面数据利用数据线或 SD 卡导入计算机，导入的数据格式必须是 dat 格式，打开南方 CASS 软件，单击"绘图处理"下拉菜单，选择"展野外测点点号"和"展高程点"，根据展出的点号，用复合线顺序把各点连接起来。

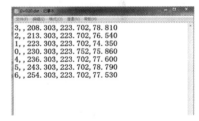

图 9-11 采集横断面数据

（3）单击"工程应用"下拉菜单，选择"绘断面图"，选择"根据已知坐标"，根据提示选择路线中线，要求输入高程点来源和采样点间隔，弹出绘制断面图对话框，设置后生成横断面图，如图9-12所示。

（二）利用全站仪对边测量数据绘制

根据横断面图记录数据，手工建立 hdm 里程文件，利用南方 CASS 软件"工程应用"中"绘断面图"功能，绘制横断面图，步骤如下：

（1）全站仪对边测量横断面，把观测数据记录在表9-6中。

（2）新建文本文件，如图9-13所示，建立里程文件格式并保存。

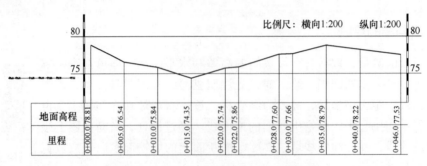

图 9-12　利用 dat 数据文件绘制横断面图

表 9-6　横断面记录表格

左侧			里程桩	右侧		
+3.0/22	+0.7/15	−1.5/5.0	1+240	+1.8/4.0	+2.9/13.0	+1.7/24

注意：手动输入时，每个横断面必须按从左到右顺序输入，格式如图 9-13 所示，每个边坡点为一行，中桩放在中间。前面几个字母"BEGIN"是开始的意思，冒号前面表示里程桩号，冒号后面表示该桩是第几个桩（桩编号），如果是绘制 K1+240 桩，该桩编号是第 70 个，则输入"BEGIN，1240：70"，可一次手工输入多个断面数据，每次开始必须是以 BEGIN 开始，这样可以一次生成多个横断面，提高绘图效率。

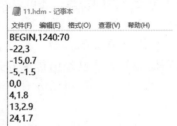

图 9-13　里程文件格式

（3）打开南方 CASS 软件，单击"工程应用"下拉菜单，单击"绘断面图"，单击"根据里程文件"，即可按照提示绘出横断面图（注意横断面的纵横比例尺要一致），如图 9-14 所示。

图 9-14　利用里程文件绘制横断面图

（三）利用地形图源数据自动生成横断面

（1）在地形图上设计路线，打开 CASS 绘图软件，点击"工程应用"下拉菜单，点击生成里程文件—由纵断面线生成—新建，根据提示窗口生成横断面线。

（2）点击"工程应用"下拉菜单，点击生成里程文件—由纵断面线生成—生成里程文件，根据对话框提示，选择地形图源数据，选择生成 hdm 里程文件，还可以选择生成 dat 格式文件。

（3）利用 CASS 软件，点击"工程应用"下拉菜单—绘断面图—根据里程文件，根据对话框提示，即可一次性绘制横断面图，速度快，效率高。

四、断面法土（石）方量计算

路线工程的土（石）方量计算一般采用断面法。图 9-15 中 "T_A" 表示填方断面积，"W_A" 表示挖方断面积，单位为 m^2。由图可知三个桩号的断面积分别 $s_1 = 7.28m^2$，$s_2 = 19.19m^2$，$s_3 = 12.76m^2$，且均为挖方；1、2 断面间隔为 d_{12} 和 2、3 断面的间隔 d_{23} 均为 20m。

方格网法计算
土方量

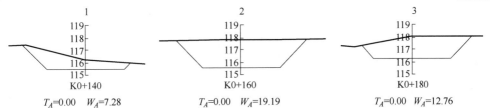

$T_A=0.00$　$W_A=7.28$　　　　$T_A=0.00$　$W_A=19.19$　　　　$T_A=0.00$　$W_A=12.76$

图 9-15　土（石）方量计算断面图

$$v_{12} = \frac{s_1+s_2}{2} \cdot d_{12} = \frac{7.28+19.19}{2} m^2 \cdot 20m = 264.70m^3$$

$$v_{23} = \frac{s_2+s_3}{2} \cdot d_{23} = \frac{19.19+12.76}{2} m^2 \cdot 20m = 319.50m^3$$

总土方量为：　　　　　$v_{12}+v_{23} = 264.70m^2 + 319.50m^2 = 584.20m^3$

 思考与练习

9-1　测绘纵横断面图的目的是什么？

9-2　请完成表 9-7 中平测量记录表格的计算（二、三级公路）并进行检核。

表 9-7　中平测量记录表格

测站	里程桩	水准尺读数/m			视线高程/m	高程/m	备注
		后视读数	中视读数	前视读数			
	BM1	1.271				88.126	
1	K0+000		1.65				
	+020		2.21				
	+040		2.58				
2	ZD₁	1.105		2.658			
	+060		2.23				
	+080		1.62				
	+100		1.88				
	BM2			1.801			BM2 点高程：86.032m
计算检核		f_h＝推算高程-已知高程＝＿＿＿＿＿　　　$f_{h允}$＝±$50\sqrt{L}$＝＿＿＿＿＿ mm 是否合格：					

9-3　绘制纵断面图时，纵横坐标各表示什么？一般纵坐标比横坐标的比例尺大多少倍？

9-4　绘制横断面图时，为了方便计算横断面面积，计算土石方量，纵坐标与横坐标比例尺如何规定？

9-5　横断面测量的方法有哪几种？

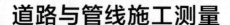

道路与管线施工测量

第 10 章

本章主要学习施工测量的基本方法、道路施工测量和管线施工测量等。

了解道路中桩如何恢复、施工测量的基本方法、道路施工测量的基本内容、管道施工测量的关键工作。

掌握道路边桩如何测设，特别是倾斜地面道路边桩测设的方法；掌握边坡测设的方法；掌握顶管施工的要点。

通过对本章的学习，要求掌握施工测量的基本方法，道路边桩、边坡的测设方法，管道施工测量的方法，具备独立完成道路施工测量的能力。

第 1 节　施工测量的基本方法

在确定路线中桩及其附属物的平面位置时，设计图上并不一定直接提供有关的水平距离和水平角数据，而是提供一些主要点的设计坐标 (x, y)，这时，如何根据点的设计坐标将其实际位置在现场测设出来呢？

解决这个问题的方法是先根据设计坐标，计算有关的水平距离和水平角，然后综合应用水平距离测设和水平角测设方法，在现场测设点位。测设点位的基本方法有直角坐标法、极坐标法、角度交会法和距离交会法等。在实际工作中，可根据施工控制网的布设形式、控制点的分布、地形情况、放样精度要求以及施工现场条件等，选用适当的方法进行测设。

一、直角坐标法

建筑物附近已有互相垂直的建筑基线或建筑方格网时，可采用直角坐标原理确定一点的平面位置，这种方法称为直角坐标法。如图 10-1 所示，已知某建筑物角点 P 的设计坐标，又知现场 P 点周围有建筑方格网顶点 A、B 和 C，其坐标已知，且 AB 平行于 Y 轴，AC 平行于

X 轴，现介绍用直角坐标法测设 P 点的方法和步骤。

1. 根据已知点坐标计算测设数据

根据 A 点和 P 点的坐标计算测设数据 a 和 b，其中 a 是 P 到 AB 的垂直距离，b 是 P 到 AC 的垂直距离，算式为

$$a = x_P - x_A$$
$$b = y_P - y_A$$

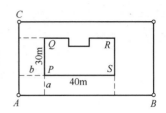

图 10-1　建筑方格网与建筑物定位点

例如，若 A 点坐标为（568.265，256.478），P 点的坐标为（602.400，298.500），则代入上式得：

$$a = 602.400 - 568.265 = 34.135\text{m}$$
$$b = 298.500 - 256.478 = 42.022\text{m}$$

2. 现场测设 P 点

（1）如图 10-2 所示，安置经纬仪于 A 点，照准 B 点，沿视线方向测设距离 $b = 42.022\text{m}$，定出点 1。

（2）安置经纬仪于点 1，照准 B 点，逆时针方向测设 90°角，沿视线方向测设距离 $a = 34.135\text{m}$，即可定出 P 点。

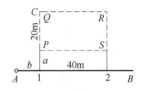

图 10-2　直角坐标法测设点位

也可根据现场情况，选择从 A 往 C 方向测设距离 a 定点，然后在该点测设 90°角，最后再测设距离 b，在现场定出 P 点。如要同时测设多个坐标点，只需综合应用上述测设距离和测设直角的操作步骤，即可完成。

设：已知建筑物与建筑方格网平行，长边为 40m，短边为 20m，要求在现场测设建筑物的四个角点 P、Q、R、S。可先按上述步骤（1）定出点 1，并继续沿 AB 视线方向测设距离 40m，定出点 2，然后在点 1 安置经纬仪，测设 90°角，沿视线方向测设距离 a，定出 P 点，继续沿视线方向测设距离 20m，定出 Q 点，同法在点 2 安置经纬仪测设 S 点和 R 点。为了检核，用钢尺丈量水平距离 QR 和 PS，检查与建筑物的尺寸是否相等；再在现场的四个角点安置经纬仪，测量水平角，检核四个大角是否为 90°。

直角坐标法计算简单，在建筑物与建筑基线或建筑方格网平行时应用得较多，但测设时设站较多，只适用于施工控制为建筑基线或建筑方格网，并且便于量边的情况。

二、极坐标法

（一）极坐标法的原理与方法

极坐标法是根据一个水平角和一段水平距离测设点的平面位置的方法。如图 10-3 所示，A、B 点是现场已有的测量控制点。其坐标为已知，P 点为待测设点，其坐标为已知的设计坐标。测设方法如下：

全站仪极坐标法放样道路中桩

1. 根据已知点坐标计算测设数据

根据 A、B 点和 P 点的坐标计算测设数据 D_{AP} 和 β_A，其中 D_{AP} 是 P、A 之间的水平距离，β_A 是 A 点的水平角 $\angle PAB$。

根据坐标反算公式，水平距离 D_{AP} 为

$$D_{AP} = \sqrt{\Delta x_{AP}^2 + \Delta y_{AP}^2} \tag{10-1}$$

$$\left.\begin{aligned}\alpha_{AB} &= \arctan\frac{\Delta y_{AB}}{\Delta x_{AB}}\\[2mm]\alpha_{AP} &= \arctan\frac{\Delta y_{AP}}{\Delta x_{AP}}\end{aligned}\right\} \qquad (10\text{-}2)$$

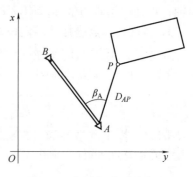

式中，$\Delta x_{AP} = x_P - x_A$，$\Delta y_{AP} = y_P - y_A$。

水平角 $\angle PAB$ 为

$$\beta_A = \alpha_{AP} - \alpha_{AB} \qquad (10\text{-}3)$$

式中，α_{AB} 为 AB 的坐标方位角，α_{AP} 为 AP 的坐标方位角，利用坐标反算可得到。

图 10-3　极坐标法测设点位

2. 现场测设 P 点

安置经纬仪于 A 点，瞄准 B 点；顺时针方向测设 β_A 角，并在视线方向上用钢尺测设水平距离 D 即得 P 点。

例如，设控制点 A 的坐标为（375.078，914.733），B 的坐标为（452.564，862.631），待测设点 P 的坐标为（404.320，926.530），代入式（10-1）、（10-2）、（10-3）计算可得水平距离 $D_{AP} = 31.533\text{m}$，水平角 $\beta_A = 55°53'16''$（先计算 AB 的方位角 $\alpha_{AB} = 326°04'58''$，$AP$ 的方位角 $\alpha_{AP} = 21°58'14''$）。测设时安置经纬仪于 A 点，照准 B 点，顺时针方向测设水平角 $55°53'16''$，并在视线方向上用钢尺测设水平距离 31.533m，即得 P 点。

也可在 A 点安置经纬仪后，先瞄准 B 点，将水平度盘读数配为 AB 方向的方位角值（如上例的 $326°04'58''$），然后旋转照准部，当水平度盘读数为 AP 方向的方位角时（如上例的 $21°58'14''$），即为测设 P 点的视线方向，沿此方向用钢尺水平距离 D 即得 P 点，用此方法只需计算方位角而不必计算水平角，减少了计算工作量，当在一个测站上一次测设多个点时，节省的计算工作量更多，因此在实际工作中一般用此方法进行极坐标法测设。

如果在一个测站上测设建筑物的四个定位角点，测完后要用钢尺检核四条边的长度是否与设计值相符，用经纬仪检核四个角是否为 $90°$，边长和角度误差应在限差以内。

极坐标法只需设一个测站，就可以测设很多个点，效率很高，但要求量边方便。当测量控制点不规则，不便采用直角坐标法时，可采用此法。另外，采用电子全站仪测设坐标点时，由于全站仪测角量边都很方便，所以一般都采用极坐标法。

（二）全站仪极坐标法测设点位

由于全站仪能方便地以较高的精度同时进行测角和量边，并能自动进行常见的测量计算，因此在施工测量中应用广泛。用全站仪测设点位一般采用极坐标法，不同品种和型号的全站仪，用极坐标法测设点位的具体操作方法有所不同，但其基本过程是一样的。例如，图 10-3 所示的任务，若改用全站仪测设，测设过程和方法如下：

（1）在 A 点安置全站仪，对中整平，开机自检并初始化，输入当时的温度和气压，将测量模式切换到"放样"。

（2）输入 A 点坐标作为测站坐标，照准另一个控制点 B，输入 B 点坐标作为后视点坐标，或者直接输入后视方向的方位角。

（3）输入待测设点的坐标，全站仪自动计算测站至该点的设计方位角和水平距离，转动照准部时，屏幕上显示出当前视线方向与设计方向之间的水平夹角，当该夹角接近 0 时，制动照准部，转动水平微动螺旋使夹角为 $0°00'00''$，此时视线方向即为设计方向。

（4）指挥持镜员将反光镜立于视线方向上，按<测设>键，全站仪即测量出测站至反光镜的水平距离，并计算出该距离与设计距离的差值，在屏幕上显示出来。一般差值为正表示反光镜立得偏远了，应往测站方向移动；差值为负表示反光镜立得偏近了，应往远离测站方向移动。

（5）观测员通过对讲机将距离偏差值通知持镜员，持镜员按此数据往近处或远处移动反光镜（当偏差值不大时，应先用小钢尺在地面上量出应移动的距离），并立于全站仪望远镜视线方向上，然后观测员按<测设>键重新观测。如此反复趋近，直至距离偏差值为 0 时定点，该点即为要测设的点。

在同一测站上测设多个坐标点时，重复（3）～（5）步操作即可。

三、角度交会法

角度交会法是根据在两个以上测站测设角度所定的方向线，交会出点的平面位置。在待定点离控制点较远或量距较困难的地区，常用此法。如图 10-4 所示，A、B、C 为控制点，P 为待测设点，其坐标均为已知，测设方法如下：

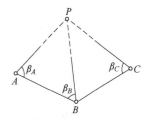

图 10-4　角度交会法
测设点位

1. 根据已知点坐标计算测设数据

根据 A、B 点和 P 点的坐标计算测设数据 β_A 和 β_B，即水平角 $\angle PAB$ 和水平角 $\angle PBA$，其中：

$$\beta_A = \alpha_{AB} - \alpha_{AP}$$
$$\beta_B = \alpha_{BP} - \alpha_{BA}$$

2. 现场测设 P 点

在 A 点安置经纬仪，照准 B 点，逆时针测设水平角 β_A，定出一条方向线，在 B 点安置另一台经纬仪，照准 A 点，顺时针测设水平角 β_B，定出另一条方向线，两条方向线的交点的位置就是 P 点。在现场立一根测钎，根据两台仪器指挥，前后左右移动，直到两台仪器的纵丝能同时照准测钎，在该点设置标志得到 P 点。

为了检核和提高测设精度，可根据控制点 B、C 和待测设点 P 的坐标计算水平角 β_C，在现场测设时，将第三台经纬仪安置于 C 点，照准 B 点，顺时针测设水平角 β_C，定出第三条方向线。理论上三条方向线应交于一点，但由于观测误差的影响，三条方向线一般不交于一点，在现场将每个方

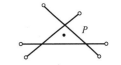

图 10-5　角度交会误差三角形

向用两个小木桩标定在地面上，拉线形成一个示误三角形，如图 10-5 所示，如果示误三角形最大边长不超过 3cm，则取该三角形的重心定点，作为欲测设 P 点的地面位置。

角度交会法不需测设水平距离，在量距困难的情况（如桥墩定位）应用较多，但计算工作量较大，且需要两台以上经纬仪同时配合作业，效率比极坐标法低。

四、距离交会法

距离交会法是根据测设的两段距离交会出点的平面位置。这种方法在场地平坦，量距方便，且控制点离测设点不超过一尺段长度时，使用较多。如图 10-6 所示，P 是待测设点，其设计坐标已知，附近有 A、B 两个控制点，其坐标也已知，测设方法如下：

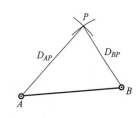

图 10-6　距离交会法测设点位

1. 根据已知点坐标计算测设数据

根据 A、B 点和 P 点的坐标计算测设数据 D_{AP}、D_{BP}，即 P 点

至 A、B 的水平距离，其中：

$$D_{AP} = \sqrt{\Delta x_{AP}^2 + \Delta y_{AP}^2}$$

$$D_{BP} = \sqrt{\Delta x_{BP}^2 + \Delta y_{BP}^2}$$

2. 现场测设 P 点

在现场用一把钢尺分别从控制点 A、B 以水平距离 D_{AP}、D_{BP} 为半径画圆弧，其交点即为 A 点的位置。也可用两把钢尺分别从 A、B 量取水平距离 D_{AP}、D_{BP}，摆动钢尺，其交点即为 A 点的位置。

距离交会法计算简单，不需经纬仪，现场操作简便。

高程测设

五、高程测设

高程测设是根据邻近已有的水准点或高程标志，在现场标定出某设计高程的位置。高程测设是施工测量中常见的工作内容，一般用水准仪进行。

（一）高程测设的一般方法

如图 10-7 所示，某点 P 的设计高程为 $H_P = 81.200\text{m}$，附近一水准点 A 的高程为 $H_A = 81.345\text{m}$，现要将 P 点的设计高程测设在一个木桩上，其测设步骤如下：

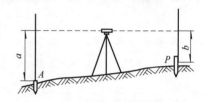

图 10-7　高程测设

（1）在水准点和 P 点木桩之间安置水准仪，后视立于水准点上的水准尺，读中线读数 $a = 1.458\text{m}$。

（2）计算水准仪前视 P 点木桩水准尺的应读读数 b。根据图 10-7 所示可列出下式：

$$b = H_A + a - H_P \tag{10-4}$$

将有关已知数据代入（10-4）得：

$$b = (81.345 + 1.458 - 81.200)\text{m} = 1.603\text{m}$$

（3）前视靠在木桩一侧的水准尺，上下移动水准尺，当读数恰好为 $b = 1.603\text{m}$ 时，在木桩侧面沿水准尺底边画一横线，此线就是 P 点的设计高程，即 81.200m。

也可先计算视线高程 $H_视$，再计算应读读数 b，即

$$H_视 = H_A + a \tag{10-5}$$

$$b = H_视 - H_P \tag{10-6}$$

这种算法的好处是，当在一个测站上测设多个设计高程时，先按式（10-5）计算视线高程 $H_视$，然后每测设一个新的高程，只需将各个新的设计高程代入式（10-6），便可得到相应的前视水准尺应读读数，简化了计算工作，因此在实际工作中用得更多。

（二）钢尺配合水准仪进行高程测设

当需要向深坑底或高楼面测设高程时，因水准尺长度有限，中间又不便安置水准仪转站观测，可用钢尺配合水准仪进行高程的传递和测设。

如图 10-8a 所示，已知高处水准点 A 的高程 $H_A = 95.267\text{m}$，需测设低处 P 点的设计高程 $H_P = 88.600\text{m}$。施测时，用检定过的钢尺，挂一个与要求拉力相等的重锤，悬挂在支架上，零点一端向下，先在高处安置水准仪，读取 A 点上水准尺的读数 $a_1 = 1.642\text{m}$ 和钢尺上的读数 $b_1 = 9.216\text{m}$，然后在低处安置水准仪，读取钢尺上的读数 $a_2 = 1.648\text{m}$，由图所示，可得低处 B 点上水准尺的应读读数 b_2 的算式，即

$$b_2 = H_A + a_1 - (b_1 - a_2) - H_P \tag{10-7}$$

由该式算得 $b_2 = [95.267 + 1.642 - (9.216 - 1.648) - 88.600]\,\text{m} = 0.741\,\text{m}$

上下移动低处水准尺, 当读数恰好为 $b_2 = 0.741\,\text{m}$ 时, 沿尺底边画一横线即是设计高程标志。

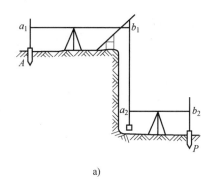 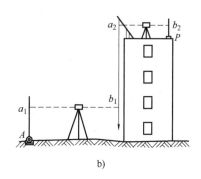

图 10-8　悬挂钢尺传递高程

从低处向高处测设高程的方法与此类似。如图 10-8b 所示, 已知低处水准点 A 的高程 H_A 需测设高处 P 的设计 H_P 高程, 先在低处安置水准仪, 读取读数 a_1 和 b_1, 再在高处安置水准仪, 读取读数 a_2, 则高处水准尺的应读读数 b_2 为

$$b_2 = H_A + a_1 + (a_2 - b_1) - H_P \tag{10-8}$$

钢尺配合水准仪进行高程测设, 其算式 (10-7)、(10-8) 与式 (10-4) 比较, 只是中间多了一个往下 $(b_1 - a_2)$ 或往上 $(a_2 - b_1)$ 传递水准仪视线高程的过程。如果现场不便直接测设高程, 也可先用钢尺配合水准仪将高程引测到低处或高处的某个临时点上, 再在低处或高处按一般方法进行高程测设。

(三) 简易高程测设法

在施工现场, 当距离较短, 精度要求不太高时, 施工人员常利用连通管原理, 用一条装了水的透明胶管, 代替水准仪进行高程测设, 方法如下:

如图 10-9 所示, 设墙上有一个高程标志 A, 其高程为 H_A, 想在附近的另一面墙上, 测设另一个高程标志 P, 其设计高程为 H_P。将装了水的透明胶管的一端放在 A 点处, 另一端放在 P 点处, 两端同时抬高或者降低水管, 使 A 端水管水面与高程标志对齐, 在 P 处与水管水面对齐的高度作一临时标志

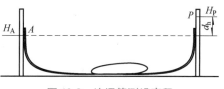

图 10-9　连通管测设高程

P', 则 P' 高程等于 H_A, 然后根据设计高程与已知高程的差 $d_h = H_P - H_A$, 以 P' 为起点垂直往上 (d_h 大于 0 时) 或往下 (d_h 小于 0 时) 量取 d_h, 作标志 P, 则此标志的高程为设计高程。

例如, 若 $H_A = 78.368\,\text{m}$, $H_P = 78.000\,\text{m}$, $d_h = (78.000 - 78.368)\,\text{m} = -0.368\,\text{m}$, 按上述方法标出与 H_A 同高的 P' 点后, 再往下量 $0.368\,\text{m}$ 定点即为设计高程标志。

使用这种方法时, 应注意水管内不能有气泡, 在观察管内水面与标志是否同高时, 应使眼睛与水面高度一致, 此外, 不宜连续用此法往远处传递和测设高程。

(四) 测设坡度线

当坡度不大时, 可采用水平视线法测设坡度线。如图 10-10 所示, A、B 为设计坡度线的

两个端点，A 点设计高程为 $H_A = 78.631\text{m}$，坡度线长度（水平距离）为 $D = 115\text{m}$，设计坡度为 $i = -1.8\%$，要求在 AB 方向上每隔 $d = 20\text{m}$ 打一个木桩，并在木桩上定出一个高程标志，使各相邻标志的连线符合设计坡度。设附近有已知水准点 M，其高程为 $H_M = 78.083\text{m}$。测设方法如下：

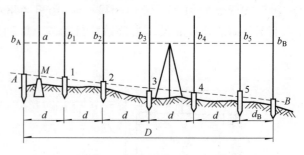

图 10-10　水平视线法测设坡度线

（1）在地面上沿 AB 方向，依次测设间距 $d = 20\text{m}$ 的中间点 1、2、3、4、5，在点上打好木桩。

（2）计算各桩点的设计高程：

先计算按坡度 i 每隔距离 20m 相应的高差

$$h = i \times d = -1.8\% \times 20\text{m} = -0.36\text{m}$$

再计算各桩点的设计高程，其中

第 1 点：$\qquad H_1 = H_A + h = 78.631\text{m} - 0.36\text{m} = 78.271\text{m}$

第 2 点：$\qquad H_2 = H_1 + h = 78.271\text{m} - 0.36\text{m} = 77.911\text{m}$

…

同法，算出其他各点设计高程为 $H_3 = 77.551\text{m}$，$H_4 = 77.191\text{m}$，$H_5 = 76.831\text{m}$，最后根据 H_5 和剩余的距离计算 B 点设计高程

$$H_B = 76.831\text{m} + (-1.8\%) \times (115 - 100)\text{m} = 76.561\text{m}$$

注意，B 点设计高程也可用下式计算，用来检核上述计算是否正确。

$$H_B = H_A + i \times d$$

例如，这里为 $H_B = 78.631\text{m} + (-1.8\%) \times 115\text{m} = 76.561\text{m}$，说明高程计算正确。

（3）在合适的位置（与各点通视，距离相近）安置水准仪，后视水准点上的水准尺，设读数 $a = 0.829\text{m}$，先代入式（10-5）计算仪器视线高：

$$H_{视} = H_M + a = 78.083\text{m} + 0.829\text{m} = 78.912\text{m}$$

再根据各点设计高程，依次代入式（10-6）计算测设各点时的应读前视读数，例如 A 点为

$$b_A = H_{视} - H_A = 78.912\text{m} - 78.631\text{m} = 0.281\text{m}$$

1 号点为

$$b_1 = H_{视} - H_1 = 78.912\text{m} - 78.271\text{m} = 0.641\text{m}$$

同理得 $b_2 = 1.001\text{m}$，$b_3 = 1.361\text{m}$，$b_4 = 1.721\text{m}$，$b_5 = 2.081\text{m}$，$b_B = 2.351\text{m}$。

（4）水准尺依次贴靠在各木桩的侧面，上下移动尺子，直至水准仪在尺上读数为 b_i 时，沿尺底在木桩上画一横线，该线即在 AB 坡度线上。也可将水准尺立于桩顶上，读前视读数 b_i'，再根据应读读数和实际读数的差 $l_i = b_i - b_i'$，用小钢尺自桩顶往下量取高度 l_i 画线。

第 2 节　道路施工测量

道路施工过程中，要配合施工进度进行各种测量工作，主要有路基和路面施工测量，其中很多工作是反复进行的，这里着重介绍最常用的 5 个方面的测量工作。

一、恢复中线测量

道路勘测完成到开始施工这一段时间内，有一部分中线桩可能被碰动或丢失，因此施工前应根据原定线条件进行复核，并将碰动或丢失的交点桩和中线桩校正和恢复好。在施工过程中，如有桩位碰动或破坏，也需要进行恢复中线的测量，如图 10-11 所示。

恢复中线测量方法与路线中线测量方法基本相同，只不过恢复中线是局部性的工作。

在恢复中线时，应将道路附属物，如涵洞、检查井和挡土墙等的位置一并定出。对于部分改线地段，应重新定线，并测绘相应的纵横断面图。

图 10-11　恢复道路中线

二、施工控制桩的测设

中线桩在路基施工中都要被挖掉或堆埋，为在施工中能控制中线位置，应在不受施工干扰、便于引用、易于保存桩位的地方，测设施工控制桩。测设方法主要有平行线法和延长线法两种，可根据实际情况互相配合使用。

（一）平行线法

平行线法是在设计的路基宽度以外，测设两排平行于中线的施工控制桩。为了施工方便，控制桩的间距一般取 10～20m。平行线法多用于地势平坦、直线段较长的道路，如图 10-12 所示。

（二）延长线法

延长线法是在道路转折处的中线延长线上，以及曲线中点至交点的延长线上测设施工控制桩。每条延长线上应设置两个以上的控制桩，量出其间距及与交点的距离，作好记录，如图 10-13 所示。

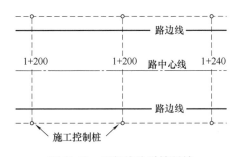

图 10-12　平行线法引控制桩

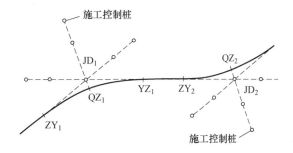

图 10-13　延长线法引控制桩

三、路基边桩的测设

路基的形式主要有三种，即填方路基（称为路堤）、挖方路基（称为路堑）和半填半挖路基。施工时，应把设计路基的边坡与原地面相交的点测设出来，在地面上钉设木桩作为路基施工依据。

路基边桩的测设可以先测设中桩，再根据边桩的距离用钢尺或皮尺放出边桩，也可以用全站仪、RTK等直接放出边桩。由于要考虑放坡，每个桩号边桩的距离一般是不同的，需要根据原地面高程和放坡坡度来确定。路基边桩的测设有图解法、解析法等。

（一）图解法

图解法是将地面横断面图和路基设计断面图绘在同一图上，填方路基边坡线按设计坡度 $1:1.5$ 绘出，与地面相交处即为坡脚；挖方路基开挖边坡线按设计坡度 $1:1$ 绘出，与地面相交处即为坡顶。在图上量取中桩至坡脚点或坡顶点的水平距离，然后到实地定出边桩，如图 10-14 所示。

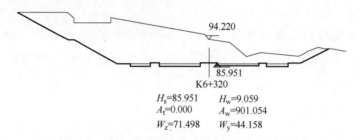

$H_s=85.951$　　$H_w=9.059$
$A_t=0.000$　　$A_w=901.054$
$W_z=71.498$　　$W_y=44.158$

图 10-14　图解法测设边桩

（二）解析法

1. 平坦地面

如图 10-15 所示，平坦地面的路堤与路堑的路基放线数据可按下式计算。

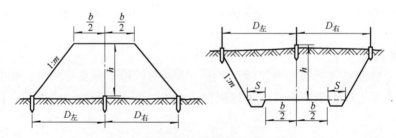

图 10-15　平坦地面解析法测设边桩

路堤：
$$D_左 = D_右 = b/2 + m \times h \tag{10-9}$$

路堑：
$$D_左 = D_右 = b/2 + s + m \times h \tag{10-10}$$

式中　$D_左$、$D_右$——道路中桩至左、右边桩的距离；

　　　　b——路基的宽度；

　　　　m——路基边坡坡度；

　　　　h——填土高度或挖土深度；

　　　　s——路堑边沟顶宽。

2. 倾斜地面

倾斜地面路基横断面，设地面为左边低、右边高，如图 10-16 所示。

左边低右边高的路堤：
$$D_左 = b/2 + m(h+h_左) \tag{10-11}$$

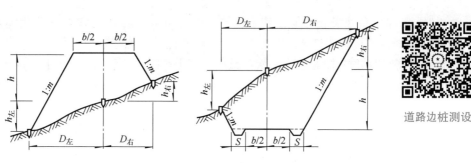

图 10-16　倾斜地面解析法测设边桩

$$D_右 = b/2 + m(h - h_右) \tag{10-12}$$

左边低右边高的路堑：
$$D_左 = b/2 + s + m(h - h_左) \tag{10-13}$$
$$D_右 = b/2 + s + m(h + h_右) \tag{10-14}$$

在上述平坦地面和倾斜地面的计算式中，路宽和坡度设计时已知，因此 $D_左$、$D_右$ 随 $h_左$、$h_右$ 而变，由于 $h_左$、$h_右$ 均不能事先准确知道，在实际测设工作中，是沿着横断面方向，采用逐渐趋近法测设边桩。

【例 10-1】　原地面为左边低右边高，设路基宽度为 10m，左侧边沟顶宽度为 0.3m，中心桩挖深为 5m，边坡坡度为 1:1。

【解】　左侧边桩的测设步骤如下：

（1）估计边桩位置。根据地形情况，估计左边桩处地面比中桩地面低 1m，即 $h_左 = 1$m，则代入公式（10-11）计算得左边桩的近似距离为：
$$D_左 = [10/2 + 0.3 + 1 \times (5-1)]\text{m} = 9.3\text{m}$$
到实地沿横断面方向往左边量 9.3m，在实地定出 1 点。

（2）实测高差。用水准仪实测 1 点与中桩之间高差为 1.5m，则 1 点距离中桩的平距实际为：
$$D_左 = [10/2 + 0.3 + 1 \times (5-1.5)]\text{m} = 8.8\text{m}$$
此值比初次估算值小，即 8.8 - 9.3 = -0.5m，故正确的边桩位置应在 1 点的内侧。

（3）重估边桩的位置。正确的边桩位置应从 1 点向内量 0.5m 定出 2 点，用水准仪测出 2 点与中桩之间高差为 1.2m，则 2 点距离中桩的平距实际为：
$$D_左 = [10/2 + 0.3 + 1 \times (5-1.2)]\text{m} = 9.1\text{m}$$
此值比 1 点的值大了，即 9.1 - 8.8 = 0.3m，还需要再次趋近，正值表示正确的边桩应在 2 点的外侧。

（4）再次把 2 点向往移动 0.3m，定出 3 点，用水准仪测出 3 点与中桩之间高差为 1.28m，则 3 点距离中桩的平距实际为：
$$D_左 = [10/2 + 0.3 + 1 \times (5-1.28)]\text{m} = 9.02\text{m}$$
此值比 2 点的值小了，即 9.02 - 9.1 = -0.08m，距离差 < 0.1m，则 3 点即为左侧边桩的位置。

四、路基边坡的测设

放样出边桩后，为了保证填、挖的边坡达到设计要求，还应该把设计边坡在实地标定出来，以方便施工。

（一）用竹竿、绳索放样边坡

如图 10-17 所示，O 为道路中桩，A、B 为道路边桩，由中桩向两侧量出 $b/2$，得 C、D 两点，放样时，在 C、D 处竖立竹竿，其高度等于中桩填土高度 H 之处 C'、D' 用绳索连接，同时由 C'、D' 用绳索连接到边桩 A、B 上，则设计横断面就展现在实地上了。

当路堤不高时，可按上述方法一次挂线。当路堤填方较高时，可采用分层挂线的方法，如图 10-18 所示。

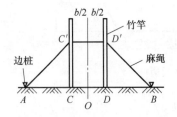

图 10-17　用竹竿、绳索放样边坡

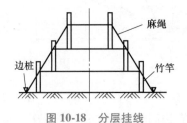

图 10-18　分层挂线

（二）用边坡尺放样边坡

施工前按照设计坡度做好边坡样板，施工时按照边坡样板进行放样。用固定边坡尺放样边坡，做法如图 10-19 所示，当水准器气泡居中时，边坡尺的斜边所指示的坡度正好为设计的边坡，借此可指示与检核路堤的填筑。同理，边坡尺也可以指示与检核路堑的开挖，用固定边坡样板放样边坡，作法如图 10-20 所示，在开挖路堑时，于坡顶外侧设计坡度设立固定样板，施工时可随时指示并检核开挖和整修情况。

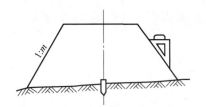

图 10-19　用固定边坡样板放样边坡

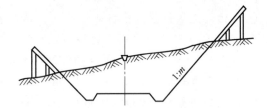

图 10-20　用固定边坡样板放样边坡

五、路面施工测量

路面施工是公路施工的最后一个环节。路面施工放样的精度要求较高。为了保证精度、便于测量，通常在路面施工之前，将路线两侧的导线点和水准点引测到路基上。

路面施工阶段的测量放样工作包括恢复中线、放样高程和测量边线。

路面放样的精度要求，应按照对不同路面的相应规定执行。具体可按《公路工程质量检验评定标准　第一册　土建工程》（JTG F 80/1—2017）的相关规定执行。

（一）水泥混凝土面层

水泥混凝土面层应符合下列基本要求：

（1）基层质量应符合规范规定并满足设计要求，表面清洁、无浮土。

（2）接缝填缝料应符合规范规定并满足设计要求。

（3）接缝的位置、规格、尺寸及传力杆、拉力杆的设置应满足设计要求。

（4）混凝土路面铺筑后按施工规范要求养护。

（5）应对干缩、温缩产生的裂缝进行处理。

水泥混凝土面层实测项目应符合表 10-1 的规定。

水泥混凝土面层外观质量应符合下列规定：

（1）接缝填注不得漏填、松脱，不应污染路面。

（2）路面应无积水。

表 10-1　水泥混凝土面层实测项目精度要求

序号	检查项目	规定值或允许偏差		检查方法
		高速公路一级公路	其他公路	
1	中线平面偏位/mm	20		全站仪：每 200m 测 2 点
2	路面宽度/mm	±20		尺量：每 200m 测 4 点
3	纵断高程/mm	±10	±15	水准仪：每 200m 测 2 个断面
4	横坡（%）	±0.15	±0.25	水准仪：每 200m 测 2 个断面

（二）沥青混凝土面层和沥青碎（砾）石面层

沥青混凝土面层和沥青碎（砾）石面层应符合下列基本要求：

（1）基层质量应符合规范规定并满足设计要求，表面应干燥、清洁、无浮土。

（2）应严格控制沥青混合料拌和的加热温度。拌和后的沥青混合料应均匀、无花白、无粗细料分离和结团成块现象。

（3）应按规定要求控制碾压工艺，严格控制摊铺和碾压温度。

沥青混凝土面层和沥青碎（砾）石面层实测项目应符合表 10-2 的规定。

表 10-2　沥青混凝土面层和沥青碎（砾）石面层实测项目精度要求

序号	检查项目		规定值或允许偏差		检查方法
			高速公路一级公路	其他公路	
1	中线平面偏位/mm		20	30	全站仪：每 200m 测 2 点
2	纵断高程/mm		±15	±20	水准仪：每 200m 测 2 个断面
3	宽度/mm	有侧石	±20	±30	尺量：每 200m 测 4 点
		无侧石	不小于设计值		
4	横坡（%）		±0.3	±0.5	水准仪：每 200m 测 2 个断面

沥青混凝土面层和沥青碎（砾）石面层外观质量应符合下列规定：

（1）表面裂缝、松散、推挤、碾压轮迹、油丁、泛油、离析的累计长度不得超过 50m。

（2）搭接处烫缝应无枯焦。

（3）路面应无积水。

（三）沥青贯入式面层（或上拌下贯式面层）

沥青贯入式面层（或上拌下贯式面层）应符合下列基本要求：

（1）上拌沥青混合料每日应做沥青含量、矿料级配和马歇尔稳定度试验。

（2）沥青贯入式面层施工前，应先做好路面结构层与路肩的排水。

（3）碎石层应平整坚实，嵌挤稳定；沥青贯入应深透，浇洒应均匀，不得污染其他构筑物。

（4）嵌缝料应趁热撒铺，扫料均匀，不应有重叠现象。

（5）上层采用拌和料时，混合料应均匀、无花白、无粗细料分离和结团成块现象；摊铺应平整，接茬平顺，及时碾压。

沥青贯入式面层（或上拌下贯式面层）实测项目应符合表 10-3 的规定。

表 10-3　沥青贯入式面层（或上拌下贯式面层）实测项目精度要求

序号	检查项目		规定值或允许偏差	检查方法
1	中线平面偏位/mm		30	全站仪：每 200m 测 2 点
2	纵断高程/mm		±20	水准仪：每 200m 测 2 个断面
3	宽度/mm	有侧石	±30	尺量：每 200m 测 4 点
		无侧石	不小于设计值	
4	横坡（%）		±0.5	水准仪：每 200m 测 2 个断面

沥青贯入式面层（或上拌下贯式面层）外观质量应符合下列要求：

（1）面层不得松散，不得漏洒，应无波浪、油包。

（2）路面应无积水。

（四）沥青表面处置面层

沥青表面处置面层应符合下列基本要求：

（1）下承层表面应坚实、稳定、平整、清洁、干燥。

（2）沥青浇洒应均匀，无露白，不得污染其他构筑物。

（3）集料应趁热撒铺，扫布均匀，不得有重叠现象，压实平整。

沥青表面处置面层实测项目应符合表 10-4 的规定。

表 10-4　沥青表面处置面层实测项目精度要求

序号	检查项目		规定值或允许偏差	检查方法
1	中线平面偏位/mm		30	全站仪：每 200m 测 2 点
2	纵断高程/mm		±20	水准仪：每 200m 测 2 个断面
3	宽度/mm	有侧石	±30	尺量：每 200m 测 4 点
		无侧石	不小于设计值	
4	横坡（%）		±0.5	水准仪：每 200m 测 2 个断面

沥青表面处置面层外观质量应符合下列规定：

（1）表面应无拖痕，松散、推挤、油丁、泛油、离析的累计长度不得超过 50m。

（2）路面应无积水。

（五）稳定土基层和底基层

稳定土基层和底基层应符合下列基本要求：

（1）石灰应经充分消解，路拌深度应达到层底。

（2）石灰类材料应处于最佳含水率状态下碾压，水泥类材料碾压终了的时间不应超过水泥的终凝时间。

（3）碾压检查合格后立即覆盖或洒水养护，养护期应符合规范规定。

稳定土基层和底基层实测项目应符合表 10-5 的规定。

稳定土基层和底基层外观质量应符合表面无松散、无坑洼、无碾压轮迹的规定。

（六）稳定粒料基层和底基层

稳定粒料基层和底基层应符合下列基本要求：

（1）应选择质坚干净的粒料，石灰应充分消解，矿渣应分解稳定，未分解渣块应予剔除。

（2）路拌深度应达到层底。

表 10-5　稳定土基层和底基层实测项目精度要求

序号	检查项目	规定值或允许偏差				检查方法
		基层		基底层		
		高速公路 一级公路	其他公路	高速公路 一级公路	其他公路	
1	纵断高程/mm	—	+5，−15	+5，−15	+5，−20	水准仪：每 200m 测 2 个断面
2	宽度/mm	满足设计要求		满足设计要求		尺量：每 200m 测 4 点
3	横坡（%）	—	±0.3	±0.3	±0.5	水准仪：每 200m 测 2 个断面

（3）石灰类材料应处于最佳含水率状态下碾压，水泥类材料碾压终了的时间不应超过水泥的终凝时间。

（4）碾压检查合格后立即覆盖或洒水养护，养护期应符合规范规定。

稳定粒料基层和底基层实测项目应符合表 10-6 的规定。

表 10-6　稳定粒料基层和底基层实测项目精度要求

序号	检查项目	规定值或允许偏差				检查方法
		基层		基底层		
		高速公路 一级公路	其他公路	高速公路 一级公路	其他公路	
1	纵断高程/mm	+5，−10	+5，−15	+5，−15	+5，−20	水准仪：每 200m 测 2 个断面
2	宽度/mm	满足设计要求		满足设计要求		尺量：每 200m 测 4 点
3	横坡（%）	±0.3	±0.5	±0.3	±0.5	水准仪：每 200m 测 2 个断面

稳定粒料基层和底基层外观质量应符合下列规定：

（1）表面应无松散、无坑洼、无碾压轮迹。

（2）表面连续离析不得超过 10m，累计离析不得超过 50m。

（七）级配碎（砾）石基层和底基层

级配碎（砾）石基层和底基层应符合下列基本要求：

（1）配料应准确。

（2）塑性指数应满足设计要求。

级配碎（砾）石基层和底基层实测项目应符合表 10-7 的规定。

表 10-7　级配碎（砾）石基层和底基层实测项目精度要求

序号	检查项目	规定值或允许偏差				检查方法
		基层		基底层		
		高速公路 一级公路	其他公路	高速公路 一级公路	其他公路	
1	纵断高程/mm	+5，−10	+5，−15	+5，−15	+5，−20	水准仪：每 200m 测 2 个断面
2	宽度/mm	满足设计要求		满足设计要求		尺量：每 200m 测 4 点
3	横坡（%）	±0.3	±0.5	±0.3	±0.5	水准仪：每 200m 测 2 个断面

级配碎（砾）石基层和底基层外观质量应符合下列规定：

（1）表面应无松散、无坑洼、无碾压轮迹。

（2）表面连续离析不得超过 10m，累计离析不得超过 50m。

（八）填隙碎石（矿渣）基层和底基层

填隙碎石（矿渣）基层和底基层应符合下列基本要求：

（1）所用材料的规格、质量应满足设计要求。

（2）应采用振动压路机碾压至填隙饱满密实。

填隙碎石（矿渣）基层和底基层实测项目应符合表 10-8 的规定。

表 10-8　填隙碎石（矿渣）基层和底基层实测项目精度要求

序号	检查项目	规定值或允许偏差				检查方法
		基层		基底层		
		高速公路一级公路	其他公路	高速公路一级公路	其他公路	
1	纵断高程/mm	—	+5，−15	+5，−15	+5，−20	水准仪：每 200m 测 2 个断面
2	宽度/mm	满足设计要求		满足设计要求		尺量：每 200m 测 4 点
3	横坡（%）	—	±0.5	±0.3	±0.5	水准仪：每 200m 测 2 个断面

填隙碎石（矿渣）基层和底基层外观质量应符合下列规定：

（1）表面应无松散、无坑洼、无碾压轮迹。

（2）表面连续离析不得超过 10m，累计离析不得超过 50m。

（九）路缘石铺设

路缘石铺设应满足下列基本要求：

（1）水泥混凝土强度应满足设计要求。

（2）安装应砌筑稳固，顶面平整，缝宽均匀，勾缝密实，线条直顺。

（3）槽底基础和后背填料应夯打密实。

路缘石铺设实测项目应符合表 10-9 的规定。

表 10-9　路缘石铺设实测项目精度要求

序号	检查项目		规定值或允许偏差	检查方法
1	直顺度/mm		15	20m 拉尺量：每 200m 测 4 处
2	预制铺设	相邻两块高差/mm	3	水平尺：每 200m 测 4 处
		相邻两块缝宽/mm	±3	尺量：每 200m 测 4 处
	现浇	宽度/mm	±5	尺量：每 200m 测 4 点
3	顶面高程/mm		±10	水准仪：每 200m 测 4 点

路缘石铺设外观质量应符合下列规定：

（1）路缘石不应破损。

（2）平缘石不应阻水。

（十）路肩

路肩应符合下列基本要求：

（1）路肩表面应平整密实，无积水。

（2）肩线应直顺，曲线圆滑。

路肩实测项目应符合表 10-10 的规定。

表 10-10　路肩实测项目精度要求

序号	检查项目		规定值或允许偏差	检查方法
1	平整度/mm	土路肩	≤20	3m 直尺：每 200m 测 2 处×5 尺
		硬路肩	±10	
2	横坡/mm		±5	水准仪：每 200m 测 2 个断面
3	宽度/mm		满足设计要求	尺量：每 200m 测 2 点

路肩外观质量应符合无阻水，无杂物的规定。

第 3 节　管线施工测量

在城市和工业建设中，要敷设许多地下管道，如给水、排水、天然气、暖气、电缆、输气和输油管道等。管道施工测量的主要任务就是根据工程进度的要求，向施工人员随时提供中线方向和标高位置。

一、施工前的测量工作

（一）熟悉图纸和现场情况

施工前，要收集管道测量所需要的管道平面图、纵横断面图、附属构筑物图等有关资料，认真熟悉和核对设计图纸，了解精度要求和工程进度安排等，还要深入施工现场，熟悉地形，找出各交点桩、里程桩、加桩和水准点位置。

（二）恢复中线

管道中线测量时所钉设的交点桩和中线桩等，到施工时可能会有部分碰动或丢失，为了保证中线位置准确可靠，应根据设计的定线条件进行复核，并将碰动或丢失的桩点重新恢复。在恢复中线时，应将检查井、支管等附属构筑物的位置同时定出。

（三）施工控制桩的测设

由于施工时中线上各桩要被挖掉，为了便于恢复中线和附属构筑物的位置，应在不受施工干扰、引测方便、易于保存桩位的地方，测设施工控制桩。

施工控制桩分中线控制桩和附属构筑物控制桩两种，如图 10-21 所示。中线控制桩一般测设在管道起止点和各转折点处的中线延长线上，若管道直线段较长，可在中线一侧的管槽边线外测设一排与中线平行的控制桩；附属构筑物控制桩测设在管道中线的垂直线上，恢复附属构筑物的位置时，通过两控制桩拉细绳，细绳与中线的交点即是。

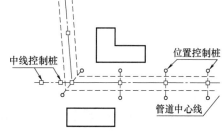

图 10-21　管道控制桩设置

（四）施工水准点的加密

为了在施工过程中引测高程方便，应根据原有水准点，在沿线附近每 100～150m 增设一个临时水准点，其精度要求由管线工程性质和有关规范确定。

二、管道施工测量

（一）槽口放线

槽口放线是根据管径大小、埋设深度和土质情况，决定管槽开挖宽度，并在地面上钉设边桩，沿边桩拉线撒出灰线，作为开挖的边界线。

若埋设深度较小、土质坚实，管槽可垂直开挖，这时槽口宽度即等于设计槽底宽度，若需要放坡，且地面横坡比较平坦，槽口宽度可按下式计算：

$$D_{左} = D_{右} = \frac{b}{2} + mh \qquad (10\text{-}15)$$

式中，$D_{左}$、$D_{右}$ 为管道中桩至左、右边桩的距离；b 为槽底宽度；$1:m$ 为边坡坡度；h 为挖土深度。

（二）施工过程中的中线、高程和坡度测设

管槽开挖及管道的安装和埋设等施工过程中，要根据进度，反复地进行设计中线、高程和坡度的测设。下面介绍两种常用的方法。

1. 坡度板法

坡度板是用来控制中线和构筑物位置、掌握设计高程和坡度的标志，一般跨槽设置，如图 10-22 所示，每隔 10~20m 设置一块，并编以桩号。坡度板应根据工程进度和要求及时设置，当槽深在 2.5m 以内时，应于开槽前埋设在槽口上；当槽深在 2.5m 以上时，应待开挖至距槽底 2m 左右时再埋设在槽内，如图 10-23 所示。坡度板应埋设牢固，板面要保持水平。

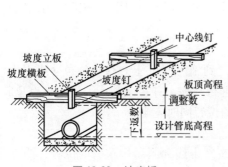

图 10-22　坡度板

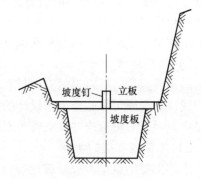

图 10-23　深槽坡度板

坡度板设好后，根据中线控制桩，用经纬仪把管道中心线投测至坡度板上，钉上中心钉，并标上里程桩号。施工时，用中心钉的连线可方便地检查和控制管道的中心线。

再用水准仪测出坡度板顶面高程，板顶高程与该处管道设计高程之差，即为板顶往下开挖的深度。为方便起见，在各坡度板上钉一坡度立板，然后从坡度板顶面高程起算，从坡度板上向上或向下量取高差调整数，钉出坡度钉，使坡度钉的连线平行于管道设计坡度线，并距设计高程一整分米数，称为下返数，施工时，利用这条线可方便地检查和控制管道的高程和坡度。高差调整数可按下式计算：

高差调整数 =（板顶高程-管底设计高程）-下返数

若高差调整数为正，则往下量取；若高差调整数为负，则往上量取。

例如，预先确定下返数为 1.5m，某桩号的坡度板的板顶实测高程为 78.868m，该桩号管底设计高程为 77.2m，则高差调整数为：$(78.868-77.2)$ m-1.5 m$=0.168$ m，即从板顶沿立板往下量 0.168m，钉上坡度钉，则由这个钉下返 1.5m 便是设计管底位置。

2. 平行轴腰桩法

当现场条件不便采用坡度板时，对精度要求较低的管道，可采用平行轴腰桩法来测设中线、高程及坡度控制标志。如图 10-24 所示，开挖前，在中线一侧（或两侧）测设一排（或两排）与中线平行的轴线桩，平行轴线桩与管道中线的间距为 D_1，各桩间隔 20m 左右，各附属构筑物位置也相应设桩。

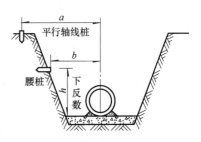

图 10-24 平行轴腰桩法

管槽开挖时至一定深度以后，为方便起见，以地面上的平行轴线桩为依据，在高于槽底约 1m 的槽坡上再钉一排平行轴线桩，它们与管道中线的间距为 D_2，称为腰桩。用水准仪测出各腰桩的高程，腰桩高程与该处相对应的管底设计高程之差，即是下返数。施工时，根据腰桩可检查和控制管道的中线和高程。

也可在槽坡上另外单独测设一排坡度桩，使其连线与设计坡度线平行，并与设计高程相差一个整数，方法见相关章节。这样，使用起来更为方便。

三、顶管施工测量

当管线穿越铁路、公路或其他建筑物时，如果不便采用开槽的方法施工，这时就常采用顶管施工法。顶管施工测量的主要任务是控制好管道中线方向、高程和坡度。

（一）中线测设

如图 10-25 所示，先挖好顶管工作坑，根据地面上标定的中线控制桩，用经纬仪将顶管中心线引测到坑下，在前后坑底和坑壁设置中线标志。将经纬仪安置于靠近后壁的中线点上，后视前壁上的中线点，则经纬仪视线即为顶管的设计中线方向。在顶管内前端水平放置一把直尺，尺上标明中心点，该中心点与顶管中心一致。每顶进一段 0.5~1m 距离，用经纬仪在直尺上读出管中心偏离设计中线方向的数值，据此校正顶进方向。

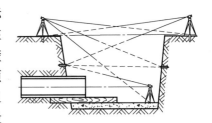

图 10-25 顶管中线测设

如果使用激光经纬仪或激光准直仪，则沿中线发射一条可见光束，使管道顶进中的校正更为直观和方便。

如果顶进距离不长，也可在前后坑壁中线之间钉拉一条细绳，细绳上挂两个吊锤，两吊锤线的连线即为中线方向。

（二）高程测设

先在工作坑内设置临时水准点，将水准仪安置于坑内，后视临时水准点，前视立于管内各测点的短标尺，即可测得管底各点的高程。将测得的管底高程与管底设计高程进行比较，即可得到顶管高程和坡度的校正数据。

如果将激光经纬仪或激光准直仪的安置高度和视准轴的倾斜坡度与设计的管道中心线相符合，则可以同时控制顶管作业中的方向和高程。

思考与练习

10-1　测设边桩和边坡的方法各有哪些?

10-2　施工测量的基本方法有哪几种? 各适用于什么场合? 目前精度高、速度快、应用最广泛的是哪一种?

10-3　简述全站仪极坐标法测设点位的方法和步骤。

10-4　已知水准点 $H_A = 78.657\text{m}$,欲测设另一已知高程 $H_B = 79\text{m}$,在两点之间架设水准仪,在已知点 A 上立水准尺,读得后尺读数为 1.539m,请计算前尺应读的读数,并简述测设的方法和步骤。

10-5　一平坦地形,设计路基宽度为 10m,挖深为 5m,坡度比为 1∶1,边沟宽度为 0.5m,请计算左右边桩至中桩的距离。

10-6　设有一左边低右边高的倾斜地面,设计路基宽度为 12m,边沟宽度为 1m,中桩挖深为 6m,设计边坡比为 1∶1,到现场估计出一边桩的位置,用水准仪测出中桩与估计边桩的高差为 1.5m,请计算左边桩至中桩的计算距离。然后用钢尺实际丈量出中桩至估计边桩的距离,假如计算的距离小于实量的距离,该边桩应该向内侧还是向外侧移动?

10-7　管道施工测量的主要任务有哪些?

GNSS 测量技术

第 11 章

本章第 1 节对 GNSS 测量技术做了简要的描述，介绍了 GNSS 的定义，以 GPS 为例说明 GNSS 的组成以及卫星信号的构成，简单说明了 GNSS 的定位原理，对测量上应用的载波相位测量做了介绍。第 2 节介绍了 GNSS 测量两种常用作业模式，即静态测量和 RTK 测量，重点对 RTK 测量模式进行介绍。第 3 节介绍了 RTK 测量的作业方法，从 RTK 控制点的精度等级划分、RTK 解类型、外业测量工作、内业数据整理等方面进行了详细的说明。第 4 节主要介绍了点放样、直线放样。

了解 GPS 卫星信号构成，GNSS 的定位原理、定位方法，载波相位测量，GNSS 测量常用的作业模式。

掌握 GNSS 的定义及包含的系统，GPS 系统的组成，RTK 的作业流程。

具备能利用 RTK 进行数据采集和放样的能力。

第 1 节　GNSS 测量概述

全球导航卫星系统（Global Navigation Satellite System，简称 GNSS）是具备在地球表面或近地空间的任何位置为用户提供全天候三维坐标和速度（加速度）以及时间信息的空基无线电导航定位系统。它也泛指所有的导航卫星系统，包括全球四大导航定位系统（美国的 GPS、俄罗斯的 GLONASS、欧盟的 Galileo、中国的北斗）、区域系统（日本的 QZSS 和印度的 IRNSS 等）以及增强系统（美国的 WAAS、欧洲的 EGNOS、日本的 MSAS 等），还涵盖在建和以后要建设的其他导航卫星系统。因此 GNSS 是个多系统、多层面、多模式的复杂组合系统。

全球定位系统（Global Positioning System，简称 GPS）是由美国国防部研制建立的一种具有全方位、全天候、全时段、高精度的导航卫星系统，能为全球用户提供低成本、高精度的三维位置、速度和精确授时等导航信息。

　　在 GNSS 概念提出来以前，GPS 就是全球导航卫星系统的代名词，现在还有许多用户习惯性的称全球导航卫星系统为 GPS，卫星定位测量就是 GPS 测量，其实 GNSS 范围更广，涵盖系统更多，GPS 仅仅是其中一个系统。实际工作上，我们用卫星进行测量时，也不仅仅使用 GPS 卫星信号，而是同时接收多个系统的卫星信号，从而可以更快、更准确地进行定位。

　　目前，GNSS 测量技术已经广泛应用在测量工作的各个领域，从精度要求极高的地壳运动监测、大型工程建设项目控制网、国家大地控制网等，到地形图测绘中的碎部点测量、普通公路工程测量、大部分外业数据采集工作，GNSS 测量已经逐渐取代了传统的测绘技术方法。

一、全球 GNSS 系统新进展

　　已实现全球定位的 GNSS 有中国的北斗卫星导航定位系统（BDS）、美国的全球定位系统（GPS）、俄罗斯的格洛纳斯系统（GLONASS）和欧盟的伽利略卫星导航系统（Galileo）四大卫星导航系统。最早出现的是美国的 GPS，现阶段技术最完善的也是 GPS。2020 年 7 月 31 日，中国宣布北斗三号全球卫星导航系统正式开通，北斗将迈进全球服务新时代，BDS 将成为 GPS 有力的竞争者。Galileo 系统因为各种原因，数次延期完成，目前仍未发射全部卫星。GLONASS 在 2013~2015 年期间出现了在轨卫星不足，导致用户搜索到的卫星数有限，使用效果不佳，目前俄罗斯也开始加快新的导航卫星的发射，将有效地改善 GLONASS 服务能力。GNSS 四大全球导航卫星系统的组成基本相同，但又各有特点。表 11-1、表 11-2 中列出了部分 GNSS 的基本情况。

表 11-1　全球四大导航卫星系统基本情况

系统名称	国家和地区	始建	建成	计划数/在轨数	统计时间
全球定位系统（GPS）	美国	1958	1993	36/31	2019.8.21
格洛纳斯系统（GLONASS）	俄罗斯	1993	2009	30/24	2019.8.21
北斗系统（BDS）	中国	2000	2020	35/44	2020.7.31
伽利略系统（Galileo）	欧盟	2002	2020	30/22	2019.8.21

表 11-2　区域导航定位系统基本情况

系统名称	国家	始建	建成	计划数/在轨数	统计时间
准天顶卫星系统（QZSS）	日本	2002	2023	7/4	2018.11.1
印度区域卫星导航系统（IRNSS）	印度	2012	2017	7/7	2018.6

二、全球定位系统（GPS）

　　本章以 GPS 为例说明 GNSS 的组成和定位原理。GPS 起始于 1958 年美国军方的一个项目，1964 年投入使用。20 世纪 70 年代，美国陆海空三军联合研制了新一代卫星定位系统 GPS。主要目的是为陆海空三大领域提供实时、全天候和全球性的导航服务，并用于情报搜集、核爆监测和应急通讯等一些军事目的，经过 20 余年的研究实验，耗资 300 亿美元，到 1994 年，全球覆盖率高达 98% 的 24 颗 GPS 卫星星座已布设完成。目前美国的 GPS 卫星由开始的 GPS Ⅰ 代，到现在主体 Ⅱ 代，已经全力推进逐步实现 GPS Ⅲ 代。

（一）GPS 系统的组成

GPS 系统包括空间部分、地面监控部分、用户设备部分。

1. 空间部分

GPS 的空间部分由 GPS 卫星组成。GPS 初期空间部分是由 24 颗卫星组成（21 颗工作卫星；3 颗备用卫星），它位于距地表 20200km 的上空，运行周期为 11 小时 58 分。卫星均匀分布在 6 个轨道面上（每个轨道面 4 颗），轨道倾角为 55°。在全球任何地方、任何时间都可观测到 4 颗以上的卫星。目前，GPS 共有 31 颗在轨卫星可供用户使用。图 11-1 为 GPS 卫星，图 11-2 为 GPS 卫星分布示意图。

图 11-1　GPS 卫星

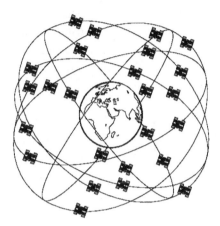

图 11-2　GPS 卫星分布示意图

第一代 GPS 卫星在轨重量 843.68kg，设计寿命七年半，在轨时依靠太阳能电池及镉镍蓄电池供电，有 12 根螺旋形天线组成的阵列天线，向地面发射张角为 30° 的电磁波束，由一个推力系统保持卫星在轨位置及姿态调整，卫星姿态调整采用三轴稳定方式，使卫星天线始终对准地心。

2. 地面监控部分

地面监控部分包括 1 个主控站、5 个监控站和 3 个注入站，分布在全球。

主控站的作用是根据各监测站对 GPS 卫星的观测数据，计算出卫星的星历和卫星钟的改正参数等，并将这些数据通过注入站注入到卫星中去。同时，主控站还对卫星进行控制，向卫星发布指令，当卫星出现故障时，调度备用卫星代替失效的卫星。主控站同时具有监控站的功能。

监控站的作用是接收卫星信号，监测卫星的工作状态。

注入站的作用是将主控站计算出的卫星星历和卫星钟改正数等信息注入卫星中去。注入站同时具有监控站的功能。

3. 用户设备部分

用户设备部分包括 GPS 接收机、数据处理软件及相应的设备（如电脑、手簿等）。GPS 接收机结构可分为天线和接收单元两部分构成，GPS 接收机的主要功能是能够捕获到高于卫星截止角的待测卫星，并可以持续跟踪接收卫星发出的信号。接收机根据接收到的卫星信号，可测量出接收天线至卫星的伪距和距离的变化率，解调出卫星轨道参数等数据。根据这些数据，接收机中的微处理器就可计算出用户所在位置的经纬度、高度，以及速度和时间等信息。

GPS 接收机还能保存接收到的卫星信号，供后期更高精度解算使用。

（二）GPS 卫星信号

GPS 卫星发射的信号由三部分组成：载波、测距码和导航电文。测距码和导航电文调制到载波上后发射出来，GPS 接收机接收到信号后，可以解调出测距码、导航电文，重获载波。

载波是可运载调制信号的高频震荡波，GPS 载波位于微波的 L 波段，通常称为 L1、L2、L5，其频率分别 1575.42MHz、1227.60MHz、1176.45MHz。采用多个载波传输信号，主要目的是为了更好地消除电离层延迟。

测距码是用于测定从卫星至接收机间距离的二进制码。测距码分为 C/A 码、P 码等，其中 C/A 码测距精度较低，但其周期短，接收机可以快速搜索捕获，然后通过导航电文快速捕获 P 码。P 码是用于精确测定从 GPS 卫星到接收机距离的测距码，其码元宽度仅为 C/A 码的十分之一，而且该码同时调制在 L1、L2 载波上，可以比较好地消除电离层延迟误差，因此其测距精度远高于 C/A 码。

导航电文是由 GPS 卫星向用户播发的一组反映卫星在空间的运行轨道信息、卫星钟的改正数、电离层延迟修正参数以及卫星的工作状态等信息的二进制码，也称数据码（D 码）。导航电文是用户利用 GPS 定位和导航所必需的基础数据。卫星的运动轨道信息称为卫星星历，根据卫星星历可以计算出任意时刻卫星的位置和速度。用户只要知道了卫星星历，在某一确定的时刻，卫星可以看成已知点。

三、GNSS 定位原理

GNSS 定位就是利用空间分布的卫星以及卫星至地面点的距离交会出地面点的位置，其实质就是距离交会的原理。在待定点上安置 GNSS 接收机，同一时刻接收 4 颗以上的卫星发射的信号，通过一定的方法测定这些卫星在此瞬间的位置以及它们分别至该接收机的距离，据此利用距离交会法解算出测站点的位置。

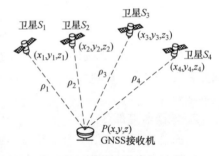

图 11-3 GNSS 定位原理示意图

如图 11-3 所示，设某一时刻 t_i 在测站点 P 用 GNSS 接收机同时测得 P 点至 4 颗卫星 S_1、S_2、S_3、S_4 的距离 ρ_1、ρ_2、ρ_3、ρ_4，通过导航电文计算出 4 颗卫星的三维坐标 $(x_j,\ y_j,\ z_j)$，$j=1$、2、3、4，设 P 点坐标为 $(x,\ y,\ z)$，则根据两点间距离公式可以列举以下观测方程：

$$\begin{cases} \rho_1^2=(x-x_1)^2+(y-y_1)^2+(z-z_1)^2+c\delta_t \\ \rho_2^2=(x-x_2)^2+(y-y_2)^2+(z-z_2)^2+c\delta_t \\ \rho_3^2=(x-x_3)^2+(y-y_3)^2+(z-z_3)^2+c\delta_t \\ \rho_4^2=(x-x_4)^2+(y-y_4)^2+(z-z_4)^2+c\delta_t \end{cases} \qquad (11\text{-}1)$$

式中，c 为光速，δ_t 为接收机的钟差。对公式（11-1）进行解算，可得到待定点的三维坐标。

GNSS 定位中需要解决两个问题：一是观测瞬间 GNSS 卫星的位置，这可以根据卫星发射的导航电文计算得到；二是观测瞬间测站点至卫星之间的距离，这可以根据测距码确定，也可以根据载波信号计算得到。

四、GNSS 定位方法

按参照位置的不同，GNSS 定位模式可分为绝对定位和相对定位。只利用一台 GNSS 接收机来测定待定点的坐标，称为绝对定位，也叫单点定位，绝对定位在比较理想的情况下可达米级的定位精度。若干台接收机同步跟踪接收相同的卫星信号，利用这些同步信号确定接收机之间的相对位置（坐标增量）的定位方法，称为相对定位。相对定位必须先知道其中一点的坐标，再利用测量得到的坐标增量，计算其他点的坐标。两点间的坐标增量，也叫基线向量。由于进行同步观测，测站点所受到的许多误差是相同的或大致相同，利用求差的方法，这些误差可以消除或大幅度削弱，故而可以获得很高精度的相对位置。

按接收机在作业中的运动状态，可分为静态定位和动态定位。静态定位过程中，接收机安置在测站点上，并固定不动，持续接收卫星信号，并在事后解算出待定点之间的基线向量。动态相对定位过程中，接收机处于运动状态。静态和动态不是绝对的，静态定位和动态定位的根本区别，在于静态定位将待定点当作一个未知数来解算，而动态定位将待定点看作一组动态变化的未知数。

按测距的观测量不同，GNSS 定位可以分为测码伪距定位和测相伪距定位。由于存在各种误差，卫星到接收机的观测距离并不是两者之间真正的几何距离，因此将这种带有误差的 GNSS 观测距离称为伪距。测码伪距定位是通过测量 GNSS 发射的测距码达到用户接收机的传播时间，从而计算出接收机至卫星的距离。测码伪距定位测量星站之间的距离精度仅可达 3m 左右，难以满足测绘领域的应用。测相伪距定位是通过测量 GNSS 卫星发射的载波信号从卫星发射到接收机的传播路程上的相位变化，从而确定星站之间的距离，这种测量方式也称载波相位测量。因为载波的频率高，波长短，故可以实现很高精度的测量。

在测量中，我们所使用的 GNSS 定位方法一般属于测相伪距相对定位模式。

五、载波相位测量

载波信号是一种周期性的正弦波，接收机只能测定不足一个波长的部分，而卫星至接收机之间有多少个整数波长（即整周数）则无法直接测量确定，无法确定的整周数称为整周模糊度，或称整周未知数。如何正确地解算出整周模糊度，是载波相位测量的关键。

如图 11-4 所示，当接收机跟踪到卫星信号后，在初始观测历元 t_0，有

$$\phi_i^j(t_0) = N_i^j(t_0) + \delta\varphi_i^j(t_0) \tag{11-2}$$

式中，$\phi_i^j(t_0)$ 为载波相位测量观测量，$N_i^j(t_0)$ 为整周模糊度，$\delta\varphi_i^j(t_0)$ 为不足整周部分。

接收机在 t_0 时刻锁定卫星后，就可以对其载波相位的变化进行持续自动计数，在后续的任意 t_i 时刻有

$$\phi_i^j(t_0) = N_i^j(t_0) + N_i^j(t_i-t_0) + \delta\varphi_i^j(t_0) \tag{11-3}$$

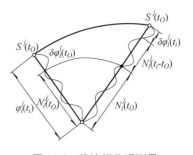

图 11-4 载波相位观测量

与公式（11-2）相比，式（11-3）多的 $N_i^j(t_i-t_0)$ 这部分称为整周计数，是一个已知量，由接收机自动计数得到。由此可知，只要接收足够多的卫星信号，就可以解算出整周未知数，从而确定卫星到接收机的距离。

根据整周模糊度的物理意义，它理论上应该为整数，但是由于各种误差的影响，整周模

糊度的解算结果一般为非整数。在短基线测量中，测站间受到的误差相关性较强，误差能较完善地被消除，可以通过取整法、置信区间法等方法，将整周模糊度确定为整数。以整周模糊度为整数时所求得的基线向量解称为整数解，也称固定解。长基线测量中，误差的相关性降低，难以有效消除，导致整周模糊度的实数解往往包含有系统误差，如果此时再将其取整，对于相对定位的精度只有损无益。以整周模糊度为实数时所求得的基线向量解称为实数解，也称浮点解。

第2节　GNSS 测量作业模式

GNSS 在测量工作中，常用两种作业模式进行施测：GNSS 静态测量和 RTK 测量。

一、GNSS 静态测量

GNSS 静态测量属于载波相位静态相对定位测量，主要用于建立各种高等级控制网，如2000 国家 GPS 大地控制网、长距离基线检校、岛屿-大陆联测、精密工程控制网等。

GNSS 静态测量外业观测时，采用 2 台或 2 台以上接收机在不同的测站上进行同步观测，利用同步观测获得的数据，可解算出测站点之间的基线向量（相对位置）。通过设计合理的观测顺序，可以使基线向量构成闭合网形、整个网内控制点连通，经过平差计算，可求得待定点的三维坐标。同步观测时间从几分钟至几十个小时，甚至更长时间，精度要求越高观测时间越长。

在 GNSS 静态测量中，观测时段指的是测站上开始接收卫星信号到停止接收，连续观测的时间间隔。同步观测指的是两台或两台以上接收机同时对同一组卫星进行观测。2 台接收机进行同步观测，可以解算出一条基线向量，n 台接收机同步观测，可以解算出 $n(n-1)/2$ 条基线向量。由 3 台或 3 台以上接收机同步观测获得的基线向量构成的闭合环，称为同步观测环，简称同步环。非同步观测获得的基线向量构成的闭合环称为异步观测环，简称异步环。图 11-5 为2、3、5 台接收机同步观测获得的基线向量构成图形。

a) 2台接收机　　b) 3台接收机　　c) 5台接收机

图 11-5　同步观测获得的基线向量图形

《GB/T 18314—2009 全球定位系统（GPS）测量规范》对 GNSS 测量精度划分为 A、B、C、D、E 共 5 个等级，其中 A 级网由卫星定位连续运行基准站构成。各等级控制点的精度要求不低于表 11-3 的要求。

表 11-3　B、C、D、E 级 GPS 控制点精度要求

级别	相邻点基线分量中误差		相邻点间距平均距离/km
	水平分量/mm	垂直分量/mm	
B	5	10	50
C	10	20	20
D	20	40	5
E	20	40	3

二、RTK 测量

实时动态测量（Real Time Kinematic，简称 RTK）是全球卫星导航定位技术与数据通信技术相结合的载波相位实时动态差分定位技术，它能够实时地提供测站点在指定坐标系中厘米级的三维定位结果。

RTK 测量工作过程：基准站实时地将接收到的载波相位观测值、伪距观测值以及基准站坐标等信息通过无线电数据链发送出来，移动站通过无线电接收设备接收到基准站所发射的信息，并将载波相位观测值、伪距观测值实时地进行差分处理，得到基准站和移动站之间的基线向量，然后与基准站坐标相加得到每个移动站点的地心坐标系三维坐标值，再通过坐标转换即可实时求解出每个移动站点厘米级的参心坐标系平面坐标和高程。

RTK 测量系统包括基准站、移动站、无线电数据链以及电子手簿等。基准站可以使用 1 台或多台 GNSS 接收机，移动站数量没有限制，每台接收机独立构成一个移动站，每个移动站配置一个电子手簿。无线电数据链有电台、移动网络通信两种，其中电台又分内置电台和外置电台两种。内置电台集成在接收机内部，功力较小，信号传输距离一般小于 3 千米，外置电台独立于接收机之外，通过数据线与接收机连接，用蓄电池供电，功力较大，传输距离可达 10 千米。

常用的 RTK 测量有两种模式：单基站 RTK 和网络 RTK。

（一）单基站 RTK

单基站 RTK，只利用一个基准站，并通过数据通信技术接收基准站发射的载波相位差分改正数进行 RTK 测量。进行单基站 RTK 作业，只需架设一个基准站，架设的地点和时间、选择何种数据链等，均可由作业员自行选择，非常灵活。单基站 RTK 一般用于附近已有控制点、范围比较小的测区。图 11-6 为外置电台单基站 RTK 作业模式基准站设备，包括 GNSS 接收机、电台、天线、蓄电池等设备。

（二）网络 RTK

网络 RTK 指在一定区域内建立多个基准站，对该地区构成网状覆盖，并进行连续跟踪观测，通过这些站点组成卫星定位观测值的网络解算，获得覆盖该地区和某时间段的 RTK 改正参数，用于该地区内 RTK 用户进行实时 RTK 改正的定位方式。网络 RTK 通常称为连续运行基准站系统（Continuously Operating Reference Stations system，简称 CORS）。

目前各省均建有本省的 CORS，下面以广西的系统为例介绍省级 CORS。广西卫星定位连续运行参考站综合服务系统（简称 GXCORS）是广西测绘地理信息局建造、管理的网络 RTK 系统，现有基准站点 136 个，纳入周边省份的基准站点后，数量将达 180 个，覆盖

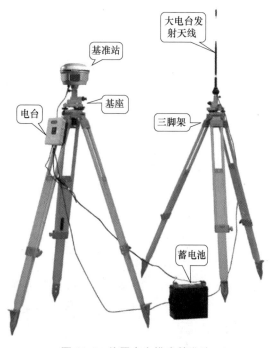

图 11-6　外置电台模式基准站

全广西，利用 GXCORS 施测，可直接获得点的 2000 国家大地坐标系的坐标，平面精度优于 3cm，结合广西似大地水准面精化模型，可获得优于等外水准精度的正常高。

全国卫星导航定位基准服务系统是全国性的网络 RTK 系统，纳入了各省的 CORS，包括 2700 多座基准站，一个国家数据中心和 30 个省级数据中心构成，目前已经通过验收，并开始启用。

千寻位置由中国兵器工业集团和阿里巴巴集团与 2015 年共同发起成立，是国内提供位置服务的一家公司。千寻位置基于北斗卫星系统（兼容 GPS、GLONASS、Galileo）基础定位数据，利用遍及全国的超过 2500 个地基增强站以及星基增强系统和自主研发的定位算法，通过互联网技术进行大数据运算，为全球用户提供精准定位及延展服务。

网络 RTK 比单基站 RTK 精度更高更可靠，使用范围更广，只要有移动通信网络的地方都能使用，而且不用架设基准站，不用携带电瓶、发射天线等沉重设备，只需一台接收机和一个手簿即可作业，真正实现了"单兵作战"，极大提高效率。网络 RTK 的应用正在改变测绘人的工作方法，必将深远的影响测绘行业的发展。

第 3 节　RTK 测量作业方法

道路工程测量中已经普遍使用 RTK 测量技术，与传统的测角测边测量模式相比，RTK 具有作业人员更少、作业范围更广、能在手簿上实时查看点位坐标和位置等优点。在道路工程的控制测量中，RTK 可以取代传统的导线测量、水准测量工作，可以快速便捷的获取控制点平面坐标和高程。带状地形图测量、纵横断面测量、道路中线放样等工作中用 RTK 进行测量，一个人就可以完成工作，效率比使用常规的经纬仪、全站仪提高很多。特别是 CORS 具有精度高、覆盖范围广等特点，更加适合在道路工程测量中使用。

一、RTK 控制点精度等级

《CH/T 2009—2010 全球定位系统实时动态测量（RTK）技术规范》中对 RTK 测量控制点的平面和高程，按精度分别划分等级，平面控制点分为一级控制点、二级控制点、三级控制点，高程控制点不分级，只有等外高程控制点一个级别，见表 11-4 和表 11-5。

表 11-4　RTK 平面控制点技术要求

等级	相邻点间平均距离/m	点位中误差/cm	边长相对中误差	与基准站的距离/km	观测次数	起算点等级
一级	500	≤±5	≤1/20000	≤5	≥4	四等及以上
二级	300	≤±5	≤1/10000	≤5	≥3	一级及以上
三级	200	≤±5	≤1/6000	≤5	≥2	二级及以上

表 11-4 中点位中误差指的是控制点相对于最近基准站的误差，利用单基站施测一级控制点，至少要更换一次基准站，每个基准站观测不少于两次，相邻控制点之间的距离不宜小于平均边长的一半。利用网络 CORS 施测不受控制点与基准站之间距离的限制，但必须在网络的有效服务范围内。

表 11-5 中大地高中误差指的是控制点相对于最近基准站的误差，利用网络 CORS 施测不

受控制点与基准站之间距离的限制，但必须在网络的有效服务范围内。

表 11-5 RTK 高程控制点技术要求

大地高中误差/cm	与基准站的距离/km	观测次数	起算点等级
≤±3	≤5	≥3	四等及以上水准

二、RTK 解类型

RTK 作业过程中，根据整周模糊度解类型，获得的点位坐标可分为四种类型：单点解、差分解、浮点解和固定解。单点解说明移动站未接收到基准站发射的差分信号，还属于单点定位状态，精度最低。差分解说明移动站已经接收到基准站发送的差分信号，但接收机还未解算出整周未知数的置信区间，精度次之。浮点解说明接收机已经解算出整周未知数在某个范围之内，但还未确定出最佳的值，精度较高。固定解说明接收机已经确定整周未知数的最佳值，点位的精度最高、最可靠。

三、RTK 测量外业工作

（一）准备工作

检查接收机天线、通讯口、主机接口等设备是否牢固可靠，连接电缆接口是否有氧化脱落或松动现象。检查手簿、接收机等电源是否备足。检查脚架紧固螺旋是否可用，基座的对中器、气泡是否完好，开机检查手簿与接收机能否连接。

准备控制点、已有的地形图、影像图、项目相关文件等资料，必要时还可以通过互联网地图查看测区的地形地貌，评估工作难度。

如果用 CORS 施测，还应该检查 CORS 账号的服务区域、有效期是否满足本次作业需求，检查手机卡资费及流量是否足够。开机接入测试，先在手簿中设置正确的网络参数，包括通信参数、IP 地址、APN、端口、差分数据格式等，连接 CORS 服务器，查看网络 CORS 服务是否正常。

进行星历预报及电离层、对流层活跃度分析，以避开不利时段，合理制定作业计划。

（二）建立工程项目

打开手簿中的数据采集软件，新建一个工程，在工程属性中设置正确的椭球参数及中央子午线等相关信息。所有的设置及观测得到的数据，均保存到该工程项目目录中，下次作业只需打开工程文件，无须重复设置。

（三）基准站设置

如果采用单基站 RTK 作业模式，需要设置基准站，采用网络 RTK 无须此步骤操作。

1. 设置基准站接收机工作模式

将 GNSS 接收机工作模式设置为基准站模式，部分机型可以通过手簿设置，还有些机型只能通过接收机上的按键设置，还有些接收机只能在开机时设置。

2. 架设基准站

用 RTK 进行控制测量时，基准站架设在至少高一级的控制点上，一般的图根控制点测量和碎部点测量，基准站可以架设在已知点上，也可以架设未知点上。当基准站架设在已知点上时，需要进行对中整平，架在未知点上，不需要对中整平。如果采用电台作为数据链，基准站宜选择高处架设，如果采用移动通信网络作为数据链，基准站必须架设在有移动通信网络的地方。

3. 设置基准站数据链

如果采用外置电台作为数据链，则要正确连接电台、天线、蓄电池，如果采用移动通信网络作为数据链，则要在接收机中插入手机卡。用手簿蓝牙连接接收机，通过基准站设置，选择合适的数据链模式。

采用电台作为数据链，一般需要设置电台类型（外置或内置）、电台频道等。

采用移动网络通信作为数据链，一般需要设置 RTK 服务网站的 IP 地址、端口、用户账号、分组号等。一般 GNSS 接收机生产商建设有 RTK 服务网站供用户免费使用，可从生产商处获取相关参数。

4. 设置基准站坐标和高程

如果基准站架设在已知点上，则将该点坐标和高程输入手簿中，当移动站获得固定解后，即可点击<平滑>按键，移动站自动采集基准站的地心三维坐标若干次，并取平均值作为最终结果。如果基准站架设在未知点上，可直接点击<平滑>按键。若设置成功，基准站接收机差分信号灯闪烁，表明基准站已经开始发射差分信号。至此，可以断开手簿蓝牙连接，进行移动站设置。

(四) 移动站设置

1. 设置移动站接收机工作模式

将 GNSS 接收机工作模式设置为移动站模式，部分机型可以通过手簿设置，有些机型只能通过接收机上的按键设置，还有些接收机只能在开机时设置。

2. 架设移动站

如果 RTK 作业用于控制测量，则移动站应该用脚架和基座对中整平，如果用于碎部点测量，可用固定高度对中杆进行对中整平。

3. 设置移动站数据链

采用单基站 RTK，则将移动站的数据链设置和基准站一致，例如基准站采用内置电台或外置电台，则移动站数据链也应设置为内置电台或外置电台，且频道设置一样。如果基准站采用移动通信网络，则连接方式要灵活很多，归纳有以下几种方式：①将手机卡插入接收机，利用接收机访问网络。②手机卡插入手簿，利用手簿访问网络。这两种方式是比较老的方法，需要准备额外的手机卡，操作起来也比较麻烦。③手机打开热点，手簿连接热点来访问网络。这种方法不需要额外的手机卡，相对比较简便。④利用手机作为手簿，将 RTK 测量软件安装在手机上，可直接访问网络。这种方法最便捷，但需要厂家的 RTK 软件支持在手机上安装。采用移动通信网络连接，要求手簿能访问互联网，数据链设置为移动通信网络，且 IP、端口、分组号一致。

采用 CORS 测量时，要求设备能访问互联网，手簿利用蓝牙连接接收机，正确设置 RTK 测量模式、CORS 网络服务 IP 号、接入端口等参数后，即可接入 CORS 服务。下面以连接 GX-CORS 为例说明网络 RTK 的使用方法：

(1) RTK 测量模式：CORS。

(2) 接收机设置为移动站，数据链为 GPRS 模式。

(3) 接入 IP 为 124. 227. 12. 20。

(4) 接入端口有两个：9018 和 2101，其中 9018 端口全区范围内有效，提供 GPS 和 GLO-

NASS 两个系统的卫星服务，2101 端口在北部湾地区有效，提供 GPS、GLONASS 和北斗 3 个系统的卫星服务。

（5）接入差分格式可选择 CMR+、RTCM30、RTCM31、RTCM23 或 RTCM32。建议优先采用 RTCM30 或 CMR+ 格式。

（6）输入 GXCORS 服务账号与密码。服务账号和密码由用户向广西基础地理信息中心申请获得，可通过网络申请，也可以携带相关资料到现场申请。网络申请地址：http://www.gxcors.com/。

如果设置正确，接收机初始化成功后，可获得固定解，此时手簿上显示的坐标即为 2000 国家大地坐标系坐标，高程为大地高。

4. 获取固定解困难的原因

在进行 RTK 作业时，若获取固定解困难，一般有以下原因：

（1）基准站问题。查看基准站是否正常发射差分信号、是否电量不足，可通过网站或电话联系 CORS 管理中心查询基准站是否正在检修，如果遇到这种情况，只能等待检修结束后再作业。目前整个 CORS 网络服务顺畅，基准站检修概率比较小。

（2）网络不通畅。可利用手机测试网络是否通畅，或选一张信号良好的移动通信卡。检查 CORS 服务是否过期，移动通信卡流量是否充足等。

（3）接入参数设置不正确。检查接入 IP、端口、账号、密码、差分格式等设置是否正确。

（4）周边环境影响。如周围有树木、建筑物遮挡卫星信号，或有高压路线、微波传输路线、雷达站等电磁波辐射影响等。

（5）卫星信号影响。可用卫星数量太少，或电离层干扰过大，都可以导致无法获得固定解。在广西大部分地区，中午 12 点至 15 点之间卫星信号受到的影响最大。

（6）设备使用不正确。可与设备供应商了解正确的设备使用方法。

（五）获取测区转换参数

如果测区已经有转换参数，可以采用已有的参数，也可以自行求解计算。2000 国家大地坐标系与参心坐标系（1980 西安坐标系和 1954 北京坐标系）之间的转换，至少需要 3 个高等级已知点的两套坐标进行解算，已知点应该均匀分布，且能覆盖整个测区范围，计算残差应小于 2cm。控制测量不能采用点校正方式现场解算。

自行解算转换参数的步骤：

（1）在固定解状态下测量至少 3 个已知点的地心三维坐标。

（2）点击 RTK 测量软件中的求四参数图标，弹出计算界面，从坐标库中选择已知点的地心三维坐标，手工输入参心坐标系坐标。输入至少 3 个已知点的两套坐标后，进行解算并应用。一般软件可以同时计算高程拟合参数。

如果用 CORS 施测，而且项目的坐标系为 2000 国家大地坐标系坐标，则无须进行参数计算。

如果项目没有合适的已知点进行转换参数计算，宜采用 CORS 施测，获得点位的 2000 国家大地坐标系坐标，将数据提交给 CORS 的管理部门进行坐标转换和正常高计算。

（六）已有控制点检核

每时段作业开始或重新架设基准站后，应对已测点、高等级或同等级已知点进行检测，确保接收机配置、仪器高设置、GXCORS 系统和数据链等均处于正常状态。检核点应位于作业区域内，平面检测较差绝对值应 ≤±7cm，高程检测较差绝对值应 ≤±6cm。

（七）**RTK 观测**

RTK 外业观测有以下规定：

（1）各等级 RTK 控制点测量，移动站均应使用三脚架对中、整平，每次对中整平完成后，再转动接收机 180°，检查对中和整平是否还正确。碎部点测量可采用固定高度对中杆进行对中整平。

（2）RTK 控制点测量观测次数必须符合要求。一级 RTK 平面控制点需要观测 4 次，其他等级控制点和图根控制点需要观测 2 次，RTK 高程控制点需要观测 3 次。每次观测之间移动站必须重新初始化，所谓初始化就是接收机解算获得整周未知数的过程。可以通过以下方法进行初始化：关闭接收机，重新开机；倒置接收机，令其失锁；点击手簿中重新初始化按钮（只有部分软件有此功能）。每次观测不少于 20 个历元，采样间隔 2~5s。为提高点位精度，一级控制点分时段观测，每个时段间隔不少于 2h。碎部点测量一般要求观测一次，至少 5 个历元。

（3）点位测量精度要求。手簿中设置平面收敛精度应 ≤2cm，高程收敛精度应 ≤3cm。每次观测平面坐标和高程较差 ≤4cm，取平均值作为点位的最终结果。手簿记录时，经纬度取位至 0.00001″，平面坐标和高程记录取位至 0.001m。

（4）注意仪器高度量取和设置是否正确。注意区分量取的仪器高类型为斜高还是垂高、量取位置是天线相位中心还是接收机底部等，在手簿输入的仪器高应与量取方式一致。RTK 控制测量还应填写外业记录手簿，拍摄量取仪器高时的照片，供后期检查。

（5）当初始化时间超过 3min 仍不能获得固定解时，宜断开通信链路，重启接收机，再次进行初始化操作。此外，还可以提高卫星高度截止角，或增加仪器的高度，或选择不同的多路径效应消除模式进行测量。重试次数超过三次仍不能获得初始化时，应取消本次测量，对现场观测环境和通信链接进行分析，选择观测条件和通信条件较好的其他位置重新测量。

（6）RTK 观测时距接收机 10m 范围内禁止使用对讲机、手机等电磁发射设备。遇雷雨应关机停测，并卸下天线以防雷击。

四、数据处理

每天外业观测完成后，及时将当天的观测数据下载进行分析处理，求取平均值，查看是否出现坐标值跳跃和不符值，或将坐标展绘成图形检查，若出现偏差，则第二天应进行复测，确保成果无误。数据处理主要步骤如下。

1. 数据下载

每天作业结束后，应及时将各类原始观测数据、中间过程数据、转换数据和成果数据等转存至计算机或移动硬盘等其他媒介上，数据的下载通过 GPS、RTK 随机软件进行传输，也可以通过同步软件进行传输。

外业观测数据下载时，应确保原始观测记录完整，不得对数据进行任何剔除或修改，同时还应做好备份工作确保数据安全。

2. 数据整理

RTK 外业观测记录采用仪器自带的内存卡和手簿，记录项目及数据输出内容，步骤如下：

（1）平面和高程转换参考点的点名、残差、转换参数。如果项目采用 2000 国家大地坐标系，不存在坐标转换，无此项要求。

（2）虚拟参考站的编号及发送给移动站的 WGS-84 坐标、WGS-84 坐标的增量。单基站 RTK 和碎部点测量时无此项要求。

（3）移动站测量点位的点名、天线类型、天线高及观测时间。

（4）移动站测量时的 PDOP 值、平面和高程收敛精度、WGS-84 大地坐标，包括纬度、经度和大地高成果。碎部点测量时无此项要求。

RTK 控制点成果按规范规定的表格整理，根据外业观测记录，将每一次的观测平面坐标和高程填入表中，计算平面坐标和高程较差，当小于限差要求时，取平均数作为点位的最终成果。

五、质量检查

RTK 控制测量成果应进行 100% 的内业检查，10% 的外业检查，外业检测点应均匀分布。检查方式有以下几种：①采用相应等级的静态 GNSS 测量方法测定点位坐标，②全站仪测定边长和角度，③用三角高程或几何水准测定点之间的高差。平面检测结果应满足表 11-6 要求。高差检测较差绝对值应 $\leqslant 40\sqrt{L}$ mm，L 以公里为单位，不足一公里按一公里计。

表 11-6　RTK 控制点平面检测限差

等级	边长校核		角度校核		坐标校核
	测距中误差/mm	边长较差的相对误差	测角中误差（″）	角度较差限差（″）	坐标较差中误差/cm
一级	≤±15	≤1/14000	≤±5	≤14	≤±5
二级	≤±15	≤1/7000	≤±8	≤20	≤±5
三级	≤±15	≤1/5000	≤±12	≤30	≤±5

RTK 图根点平面精度检查应符合表 11-7 要求，高程检测较差绝对值应 ≤1/7 等高距。

表 11-7　RTK 图根点平均检查限差

等级	边长校核		角度校核		坐标校核
	测距中误差/mm	边长较差的相对误差	测角中误差（″）	角度较差限差（″）	图上平面坐标较差/mm
图根点	≤±20	≤1/3000	≤±20	≤60	≤±0.15

六、资料整理上交

RTK 测量完成后，应按项目技术设计书要求提交资料，一般有以下资料：

（1）外业观测原始记录文件。

（2）控制点展点图。

（3）坐标转换参数残差统计表。

（4）控制点成果表及等级控制点点之记。

（5）平面和高程精度检测资料。

（6）地形图总图、分幅图。

第4节　RTK 放样

RTK 测设是用 GNSS RTK 测量仪器把设计图上待放样点在实地上标定出来，采用 RTK 测设方法，只要放样区域内可用卫星数量满足要求，即可实施作业，放样点与控制点不需要通视，放样速度快，精度可靠，目前在道路工程勘测和施工中广泛应用。

RTK 测设与前几节所述的 RTK 测图相比，其前面部分的操作流程和方法是相同的，即进行准备工作、新建工程项目、基准站架设与设置（网络 RTK 作业模式无须此操作）、手簿连接移动站并进行设置、获取测区坐标转换参数、利用已有控制点进行检核等。上述工作完成后，即可对待放样点进行实地测设，本节主要介绍实地测设的具体方法。下面以"工程之星"软件为例说明 RTK 放样过程。

一、"工程之星"简介

"工程之星"是南方测绘公司为 RTK 测量开发的软件，截至 2020 年 6 月其最新版本为 5.0，可在安卓手机上安装，支持南方、科力达等品牌的 GNSS 接收机。支持点测量、自动测量、控制点测量、面积测量、PPK 测量等数据采集功能，其测设功能非常强大，有点放样、直线放样、曲线放样、道路放样、CAD 放样、面放样等模式。下面简单介绍"工程之星"的常用测设功能：

（1）点放样。根据输入点的坐标和高程数据进行放样。

（2）直线放样。直线参数需要输入直线的起点和终点坐标，不能设定里程间隔。

（3）曲线放样。曲线放样部分包含直线段、圆曲线、缓和曲线的放样，在设计曲线参数时，可以设定里程间隔。

（4）道路放样。道路放样需要预先进行道路设计，即将道路设计参数输入文件中，平面曲线可安交点法、元素法（线元法）和坐标法输入。

（5）CAD 放样。将 CAD 图形文件另存为 DXF 文件，导入手簿中，可对 CAD 中的点、线进行放样。

二、点放样

在"工程之星"主界面上，如图 11-7a 所示，点击"测量"图标，弹出测量菜单，如图 11-7b 所示，再点击"点放样"，进入点放样界面，如图 11-7c 所示，点击"目标"选项，弹出放样点库，可在点库中选择、编辑、删除、导航至目标点，如果点库没有放样点数据，可以通过手动输入、定位获取和点库获取三种方式添加放样点坐标、编辑点名等，如图 11-8a、图 11-8b 所示。

选择放样点后，回到点放样界面，软件可自动从互联网加载当前位置的底图，可以选择高德、百度等底图的来源，如图 11-8c 所示，界面中"红旗"为放样点位置，指示箭头为接收机位置，沿着提示方向移动接近目标，屏幕下方实时显示准确的当前位置与放样点的坐标较差，图 11-8c 中放样点位于接收机当前位置以北 16.456m、以西 106.442m，高程较差为 26.503m，距离为 107.708m。如不需要同时测设高程，可不管高差数据。在有固定解和仪器对中杆竖直的状态下，当纵、横坐标分量较差均为 0 时，表示已准确到达放样点。在 RTK 接收机对中杆指示的位置打桩或者其他标志，即可得到测设点位。软件也可以在配置中打开放

图 11-7　点放样界面（一）

样提示声音，当到达预设提示范围和达到放样精度时，手簿会发出不同的提示音进行提示，使放样工作更加便捷。

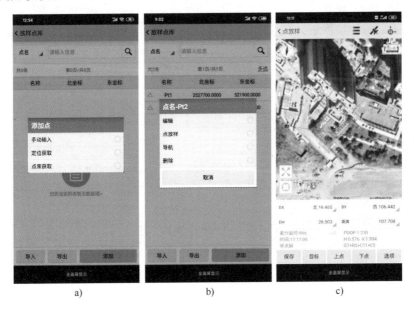

图 11-8　点放样界面（二）

三、直线放样

在"工程之星"主界面点击"测量"图标，选择"直线放样"，弹出直线放样界面，如图 11-9a 所示，点击"目标"选项，弹出放样线库，如图 11-9b 所示，在此界面可以进行选择放样目标、添加直线信息、编辑已有直线信息等操作，直线通过输入起点和终点坐标来确定，如图 11-9c 所示。

选择放样线目标后，返回线放样界面，如图 11-9a 所示，其中红色线条（界面内的直线）

为需放样的直线，指示箭头为接收机位置。根据图上的放样提示，移动 RTK 接收机，当接近直线预设的距离时，软件发出提示声，此时应当缓慢移动接收机，直到下方提示的坐标较差为 0，接收机位置与直线重合，做好放样点标记后，可沿着直线移动定出下一个直线上的点位。

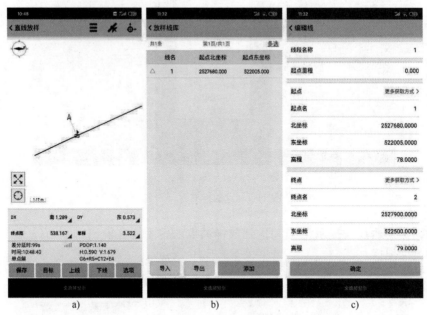

图 11-9　直线放样界面

 思考与练习

11-1　简述 GNSS 的定义以及构成。全球四大卫星导航定位系统是指哪些系统？

11-2　GPS 由哪几部分组成？各有什么作用？GPS 卫星信号由哪些组成？

11-3　简述 GNSS 的定位原理。

11-4　简述 GNSS 静态测量与 RTK 测量之间的优劣。

11-5　如何划分 RTK 控制点等级？

11-6　简述单基站 RTK 作业过程。

11-7　有哪些办法可以进行 RTK 成果外业检查？

参考文献

［1］李向民. 建筑工程测量［M］. 2 版. 北京：机械工业出版社，2019.

［2］郑礼飞. 国土测量实用技术［M］. 桂林：广西师范大学出版社，2017.

［3］王健，田桂娥，吴长悦，等. 道路工程测量［M］. 武汉：武汉大学出版社，2015.

［4］吕凡任. 道路工程测量［M］. 北京：机械工业出版社，2014.

［5］林长进. 道路工程测量［M］. 大连：大连理工大学出版社，2011.

高等职业教育路桥类专业"新形态一体化"系列教材

道路工程测量实训手册

主　编　周海峰　李向民

副主编　郑礼飞　王文贯

参　编　李海文　罗国夫　苏成杰

主　审　韦登斌　蒋　霖

机 械 工 业 出 版 社

本测量实训手册与周海峰　李向民主编的"高等职业教育路桥类专业'新形态一体化'系列教材"《道路工程测量》相配套，包含 19 个测量实训，包括：自动安平水准仪的使用、闭合水准路线测量、自动安平水准仪 i 角检校、电子经纬仪的使用、水平角观测、竖直角观测、全站仪使用及距离测量、全站仪坐标测量、导线外业观测、导线内业计算、四等水准测量、三角高程测量、全站仪外业数据采集、CASS 软件内业绘图、全站仪测设道路中线、路线纵断面图测绘、路线横断面图测绘、道路边桩测设和网络 RTK 数据采集。

　　本书适合高职高专路桥类专业在校学生学习使用，同时可供道路与桥梁工程、市政工程、铁道工程技术等相关专业的工程项目管理、施工、监理等技术人员自学参考。

前　言

　　道路工程测量是一门专业性、实践性都很强的专业必修课。为了真正体现"在学中做，在做中学"的教育理念，我们编写了与《道路工程测量》教材相配套的《道路工程测量实训手册》，把教材中的每个知识点转化为一个个具体的实训项目，通过一个个实训项目的训练，达到理论与实践的有机结合，使学习更有针对性和有效性，从而提高学习者的学习兴趣，增强学习者的动手能力，强化学习者的能力素养。

　　本实训手册具体编写分工如下：罗国夫编写实训1~实训3，王文贯编写实训4~实训6，苏成杰编写实训7、实训8，李海文编写实训9~实训12，郑礼飞编写实训13、实训14和实训19，周海峰编写实训15、实训16，李向民编写实训17、实训18。

　　本实训手册在编写过程中参考了许多相关类书籍、规范和文献，在此向各位作者表示衷心感谢。限于编者的水平有限，书中可能存在不足之处，恳请广大读者批评指正。

编　者

目　录

自动安平水准仪的使用

一、实训目的和内容

（1）了解自动安平 DS$_3$ 水准仪的构造、水准仪各主要部件的名称和使用。

（2）初步掌握水准仪的整平、照准标尺，消除视差与水准尺读数的方法。

（3）掌握两点间高差测量的方法。

二、能力目标

通过本次实训，掌握水准仪的整平和水准尺读数方法，能在 2 分钟内完成水准仪整平。熟练测量工作人员，应能在 1 分钟内完成整平。

三、仪器与工具

自动安平 DS$_3$ 水准仪 1 台、三脚架 1 个、铝合金塔尺 1 对，自备纸笔。

四、实训方法与步骤

1. 安置仪器

先将脚架升降螺旋松开，将脚架拉升至适当高度，一般至观测者胸部稍下，拧紧升降螺旋。将三脚架张开，架头大致水平，并将架腿踩实，再开箱取出水准仪，将水准仪安放在架头上并将中心螺旋拧紧。

2. 认识仪器

指出仪器上目镜、目镜对光螺旋、物镜、物镜对光螺旋、圆水准器、基座和脚螺旋等；同时了解水准标尺的分划与注记。

3. 整平

双手食指和拇指各拧一只脚螺旋，同时对向（或反向）转动，使圆水准器气泡向中间移动；再拧另一只脚螺旋，使气泡移至圆水准器居中位置；若一次不能居中，可反复进行（练习并体会脚螺旋转动方向与圆水准器气泡移动方向的关系）。

4. 照准水准标尺

转动目镜调焦螺旋，使十字丝清晰，转动仪器，用照门和准星瞄准水准尺，转动微动螺旋，使水准尺位于视场中央，转动物镜调焦螺旋，消除视差使目标清晰（体会视差现象，练习消除视差的方法）。

5. 读数

从望远镜中观察十字丝横丝在水准尺上的分划位置，读取四位数字，即直接读出米、分

米、厘米的数值，估读毫米的数值。

6. 观测练习

（1）在地面上选择 A、B 两点，在与 A、B 两点距离大致相等的地方安置水准仪，粗略整平水准仪。

（2）在 A 点竖立水准尺，水准仪瞄准 A 点上的水准尺，读数，此为后视读数，记入表 1 中。

（3）在 B 点竖立水准尺，瞄准 B 点上的水准尺，读数，此为前视读数，记入表 1 中。

（4）计算 A、B 两点的高差，即

$$h_{AB} = 后视读数 - 前视读数$$

（5）计算高程。假定 A 点的高程 H_A 为已知，则 B 点高程为

$$H_B = H_A + h_{AB}$$

表 1 自动安平水准仪的使用记录表

测站	点号	后尺读数/m	前尺读数/m	高差/m	高程/m	备注
						观测者：
						记录者：
						观测者：
						记录者：
						观测者：
						记录者：
						观测者：
						记录者：
						观测者：
						记录者：
						观测者：
						记录者：

五、自我评价与小组互评表

实训项目				实训日期		
小组编号		实训场地		实训者		
序号	评价项目	分值	评价指标			评价分值
1	训练纪律	15	不迟到、不早退、不在课堂做与实训无关的事情			
2	团队协作	15	主动领仪器、还仪器，轮流观测、乐于助人			
3	熟练程度	20	安置仪器快、观测速度快			
4	规范程度	15	操作仪器程序规范、基本功扎实			

（续）

序号	评价项目	分值	评价指标	评价分值
5	爱护仪器	15	理解训练目的、掌握操作方法、效果良好	
6	完成情况	20	在规定时间、规定地点按要求完成任务	
			自评得分	
			最后得分	

自我总结和反思：

小组其他成员评价得分：_____、_____、_____、_____、_____

六、教师评价表

实训项目					
小组编号		实训场地		实训者	
序号	评价项目	分值	评价指标		评价分值
1	测量精度	30	精度符合规范要求		
2	数据记录	20	数据记录格式规范、无转抄、涂改、抄袭		
3	数据计算	20	计算准确、精度符合规范要求		
4	数据书写	15	书写认真、工整，没有错漏		
5	训练效果	15	理解训练目的、掌握操作方法、效果良好		
			合计分值		
			最后总得分		

存在问题：

指导老师：　　　　　　　　　　　　　　　　　　评价时间：

闭合水准路线测量

实训 2

一、实训目的和内容

掌握一般水准路线测量的实施方法。各小组能独立完成一条闭合水准路线的观测记录和计算，闭合差容许值达到等外水准测量的要求：$f_{b容} = \pm 12\sqrt{n}$ 或 $f_{容} = \pm 40\sqrt{L}$（其中 n 为测站数，L 为线路长度，L 以公里为单位）。利用观测结果，完成水准测量成果的计算工作，求出闭合差、改正数以及各点的高程。

在进行路线水准测量时，应当按照规定的观测程序进行观测，按一定的格式进行记录和计算，并在观测中进行各种检核，才能避免观测结果出错并达到一定的精度要求。不同等级的水准测量有相应的观测程序和记录格式，检核方法也有所不同，本实训为常用的普通水准测量。

二、能力目标

通过本次实训，掌握闭合水准路线的观测方法及记录、计算步骤，要求在 10 分钟内完成一个测站的工作，包括整平、读数以及计算。

三、仪器与工具

自动安平 DS₃ 水准仪 1 台、三脚架 1 个、铝合金塔尺 1 对、尺垫 2 个，自备纸笔和计算器。

四、实训方法与步骤

1. 选点

在指定的实习场地上，选定一个已知高程点作为水准路线的起点，并选定一条数百米长的闭合线路，待测点应不少于 3 个。

2. 观测

（1）在起点竖立一把水准尺（后尺），在前进方向的下一个点立另一把水准尺（前尺），在离两把水准尺距离基本相等的地方安置水准仪，粗略整平，分别瞄准后尺和前尺，读数并记录在表 2 中，读数时水准尺要立直扶稳，读数要快而准。

（2）计算两点间的高差，确认无误后，将后尺迁到下一个立尺点作为前尺，而原前尺不动作为后尺，仪器搬至两尺中间位置，进行第二站观测。同样方法依次进行各站观测，直到最后回到起点。在起点和其他需要测定高程的点上不要放尺垫，把标尺直接立在点上即可，在转点上立尺时，需要放置尺垫立尺。同时，测段最后或最终点站（已知点或待测点）应使

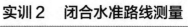

测站数为偶数（偶数上点），以消除标尺零点不等差。

3. 计算

（1）观测完成后各站高差计算也同时完成，此时要进行计算检核，即：后视读数总和−前视读数总和＝高差总和。

（2）计算高差闭合差及限差，超限需返工重测，重测应在分析原因后从最易出错的测段测起，每重测一测段便计算一次闭合差，若不超限即可停止重测。

（3）利用高差数据，在表 2 中完成闭合差的分配（按测站反号分配）。

表 2　水准路线测量记录表

测站	点号	后视读数/m	前视读数/m	高差/m	高差改正数/m	改正后高差/m	高程/m	备注
								观测者： 记录者：
								观测者： 记录者：
								观测者： 记录者：
								观测者： 记录者：
								观测者： 记录者：
								观测者： 记录者：
								观测者： 记录者：
								观测者： 记录者：
								观测者： 记录者：
								观测者： 记录者：
								观测者： 记录者：
								观测者： 记录者：
$\sum$								
计算检核		$\sum a - \sum b =$		$\sum h =$	$\sum h =$	$\sum h =$	$H_{终} - H_{起} =$	

五、自我评价与小组互评表

实训项目				实训日期	
小组编号		实训场地		实训者	
序号	评价项目	分值	评价指标		评价分值
1	训练纪律	15	不迟到、不早退、不在课堂做与实训无关的事情		
2	团队协作	15	主动领仪器、还仪器，轮流观测、乐于助人		
3	熟练程度	20	安置仪器快、观测速度快		
4	规范程度	15	操作仪器程序规范、基本功扎实		
5	爱护仪器	15	理解训练目的、掌握操作方法、效果良好		
6	完成情况	20	在规定时间、规定地点按要求完成任务		
			自评得分		
			最后得分		

自我总结和反思：

小组其他成员评价得分：_____、_____、_____、_____

六、教师评价表

实训项目				实训者	
小组编号		实训场地		实训者	
序号	评价项目	分值	评价指标		评价分值
1	测量精度	30	精度符合规范要求		
2	数据记录	20	数据记录格式规范、无转抄、涂改、抄袭		
3	数据计算	20	计算准确、精度符合规范要求		
4	数据书写	15	书写认真、工整，没有错漏		
5	训练效果	15	理解训练目的、掌握操作方法、效果良好		
			合计分值		
			最后总得分		

存在问题：

指导老师：   评价时间：

自动安平水准仪 i 角检校

一、实训目的和内容

（1）了解水准仪 i 角对水准测量的影响以及 i 角的校正方法。

（2）掌握 i 角的检验和计算方法；掌握在水准观测时，消除或消弱 i 角对高差影响的观测方法。

二、能力目标

通过本次实训，掌握水准仪 i 角检校方法，30 分钟内完成 i 角检校，并能按给定表格进行 i 角计算。

三、仪器与工具

自动安平 DS₃ 水准仪 1 台、三脚架 1 个、铝合金塔尺 1 对、尺垫 2 个、钢尺 1 把，自备纸笔和计算器。

四、实训方法与步骤

（1）在平坦地面上选定相距约 80m 的 A、B 两点，打入木桩或放尺垫后立水准尺。先用皮尺量出与 A、B 距离相等的 O_1 点，在该点安置水准仪，分别读取 A、B 两点水准尺的读数 a_1 和 b_1，得 A、B 点之间的高差 h_1：

$$h_1 = a_1 - b_1$$

由于距离相等，视准轴与水准管轴即使不平行，产生的读数偏差也可以抵消，因此 h_1 可以认为是 A、B 点之间的正确高差。为确保此高差的准确，一般用双面尺法或变动仪器高度法进行两次观测，若两高差之差不超过 3mm，则取两高差平均值作为 A、B 两点的高差。

（2）把水准仪安置在距 B 点约 3m 的 O_2 点，分别读取 A、B 两点水准尺的读数 a_2 和 b_2。因水准仪至 B 点尺很近，其 i 角引起的读数偏差可近似为零，即认为读数 b_2 正确。由此，可计算出水平视线在 A 点尺上的读数应为

$$a_2' = h_1 + b_2$$

若 $a_2 = a_2'$，说明两轴平行；若 $a_2 \neq a_2'$，则两轴之间存在 i 角，其值为：

$$i = \frac{a_2' - a_2}{D_{AB}} \rho''$$

式中，D_{AB} 为 A、B 两点平距，$\rho'' = 206265''$。对于 DS₃ 型水准仪，i 角值大于 $20''$ 时，需要进行校正。本次实训不要求校正，只需将记录表交给仪器室校正。i 角检校的记录计算在表 3 中

完成。

表3 i 角检校记录表

仪器位置	AB 中间，距 B 点 40m		AB 之间，距 B 点 3m	
仪器站	O_1		O_2	
观测秩序	A 尺读数 a_1	B 尺读数 b_1	A 尺读数 a_2	B 尺读数 b_2
中丝读数				
a_2 正确读数计算	$h_1 = a_1 - b_1 =$		$a'_2 = h_1 + b_2 =$	
i 角的计算	$i = \dfrac{a'_2 - a_2}{D_{AB}} \rho'' =$			

五、自我评价与小组互评表

实训项目				实训日期	
小组编号		实训场地		实训者	
序号	评价项目	分值	评价指标		评价分值
1	训练纪律	15	不迟到、不早退、不在课堂做与实训无关的事情		
2	团队协作	15	主动领仪器、还仪器，轮流观测、乐于助人		
3	熟练程度	20	安置仪器快、观测速度快		
4	规范程度	15	操作仪器程序规范、基本功扎实		
5	爱护仪器	15	理解训练目的、掌握操作方法、效果良好		
6	完成情况	20	在规定时间、规定地点按要求完成任务		
			自评得分		
			最后得分		

自我总结和反思：

小组其他成员评价得分：＿＿＿＿、＿＿＿＿、＿＿＿＿、＿＿＿＿、＿＿＿＿

六、教师评价表

实训项目				实训者	
小组编号		实训场地		实训者	
序号	评价项目	分值	评价指标		评价分值
1	测量精度	30	精度符合规范要求		
2	数据记录	20	数据记录格式规范、无转抄、涂改、抄袭		
3	数据计算	20	计算准确、精度符合规范要求		

（续）

序号	评价项目	分值	评价指标	评价分值
4	数据书写	15	书写认真、工整，没有错漏	
5	训练效果	15	理解训练目的、掌握操作方法、效果良好	
合计分值				
最后总得分				

存在问题：

指导老师：　　　　　　　　　　　　　　　　　　　　　　评价时间：

实训 4

电子经纬仪的使用

一、实训目的和内容

（1）了解电子经纬仪的构造，并熟悉其主要部件的名称和作用。

（2）掌握电子经纬仪的对中整平、瞄准和读数的方法。

二、能力目标

本次实训的难点在于电子经纬仪的对中与整平，学生应在 5 分钟内完成电子经纬仪的对中与整平，否则说明没有掌握正确的方法。作为一名合格的测量人员，应在 5 分钟内完成一个测回的工作，包括安置仪器、对中整平、读数、记录、计算；优秀的测量人员一般在 3 分钟内即可完成上述工作。

三、仪器与工具

电子经纬仪 1 台、测钎 2 根、测伞 1 把，自备纸笔。

四、实训方法与步骤

（一）经纬仪的安置

1. 对中

（1）按观测者的身高调整好三脚架腿的长度，张开三脚架，使三个脚尖的着地点大致与地面的测站点等距离，并使三脚架大致水平。

（2）从仪器箱取出经纬仪，放到三脚架头上，一手握住经纬仪支架，一手将三脚架上的中心连接螺旋旋入经纬仪基座中心螺孔。

（3）打开电子经纬仪的激光对中器。先踩好一个脚腿，两只手扶着另外两个脚腿，使激光点对准地面标志点，踩稳这两个脚腿。然后转动基座脚螺旋使激光点准确对准地面标志中心。

2. 整平

整平分粗平和精平，粗平即粗略整平，通过伸缩三脚架，使圆水准器气泡居中，此时经纬仪粗略水平。注意这步操作中不能使脚架位置移动，因此在伸缩脚架时，可用脚轻轻踏住脚架。

精平即精确整平，分两步操作：

（1）通过转动基座脚螺旋精确整平，使照准部水准管气泡在各个方向均居中，具体操作方法如下：先转动照准部，使照准部水准管平行于任意两个脚螺旋的连线方向，两手同时内或向外旋转这两个脚螺旋，使气泡居中（气泡移动的方向与转动脚螺旋时左手大拇指运动方向相同）；再将照准部旋转 90°，旋转第三个脚螺旋使气泡居中。

（2）检查激光点与地面标志偏离情况，若偏离量超过规定的值（2mm），则松开基座与脚架之间的中心螺旋，在脚架头上平移仪器，使激光点精确对准地面标志点，然后旋紧中心螺旋。由于移动基座，精平遭到破坏，按照第 1 步重新检查水准管气泡是否居中。

按以上两个步骤反复进行对中、整平，直至水准管气泡在任何方向均居中、激光点对中为止。

（二）瞄准目标

（1）目镜调焦：让望远镜对向白色背景（如白墙或天空）调节目镜调焦螺旋，使十字丝清晰。

（2）粗略瞄准：松开水平和垂直制动螺旋，利用望远镜上的粗瞄器大致对准目标，使在望远镜内能够看到目标物像，然后旋紧水平制动螺旋和垂直制动螺旋。

（3）物镜调焦：转动物镜调焦螺旋，使目标影像清晰，旋转水平或垂直微动螺旋，使十字丝靠近目标。

（4）消除视差：上下或左右微动眼睛，观察目标像与十字丝之间是否有相对移动；如有移动，则存在视差，需要重新进行目镜和物镜调焦，直至消除视差为止。

（5）精确瞄准：用水平和垂直微动螺旋使十字丝精确对准目标，观测水平角时，以竖丝对准；观测竖直角时，以横丝对准。同时观测水平角和竖直角时，二者必须同时对准，即以十字丝中心对准目标中心。

（三）读数

盘左位置瞄准目标，读出水平度盘读数，纵转望远镜，盘右位置再瞄准该目标，两次读数之差约为 180°，以此检验瞄准和读数是否正确。读数记录在表 4 中。

表 4　水平角测回法观测记录表

测站	竖盘位置	目标	水平度盘读数			半测回角值			一测回角值			备注
			°	′	″	°	′	″	°	′	″	
												观测者： 记录者：
												观测者： 记录者：
												观测者： 记录者：
												观测者： 记录者：

（续）

测站	竖盘位置	目标	水平度盘读数 ° ′ ″	半测回角值 ° ′ ″	一测回角值 ° ′ ″	备注
						观测者：
						记录者：
						观测者：
						记录者：

五、自我评价与小组互评表

实训项目				实训日期	
小组编号		实训场地		实训者	
序号	评价项目	分值	评价指标		评价分值
1	训练纪律	15	不迟到、不早退、不在课堂做与实训无关的事情		
2	团队协作	15	主动领仪器、还仪器，轮流观测、乐于助人		
3	熟练程度	20	安置仪器快、观测速度快		
4	规范程度	15	操作仪器程序规范、基本功扎实		
5	爱护仪器	15	理解训练目的、掌握操作方法、效果良好		
6	完成情况	20	在规定时间、规定地点按要求完成任务		
	自评得分				
	最后得分				

自我总结和反思：

小组其他成员评价得分：＿＿＿＿＿、＿＿＿＿＿、＿＿＿＿＿、＿＿＿＿＿、＿＿＿＿＿

六、教师评价表

实训项目					
小组编号		实训场地		实训者	
序号	评价项目	分值	评价指标		评价分值
1	测量精度	30	精度符合规范要求		
2	数据记录	20	数据记录格式规范、无转抄、涂改、抄袭		

（续）

序号	评价项目	分值	评价指标	评价分值
3	数据计算	20	计算准确、精度符合规范要求	
4	数据书写	15	书写认真、工整，没有错漏	
5	训练效果	15	理解训练目的、掌握操作方法、效果良好	
合计分值				
最后总得分				

存在问题：

指导老师：   评价时间：

水平角观测

实训 5

一、实训目的和内容

掌握测回法水平角观测的操作、记录和计算。

二、能力目标

本次实训的难点是熟悉电子经纬仪的操作和使用,学生应在 40 分钟内完成本次任务,否则说明没有掌握正确的方法。重点是在正确的操作方法下得出的成果应满足相应等级的精度要求,否则将重测。

三、仪器与工具

电子经纬仪 1 台、测钎 2 根、测伞 1 把,纸笔自备。

四、实训方法与步骤

1. 操作步骤

(1) 在地面上选择 A、B、C 三点组成三角形,三角形边长不短于 20m,做好地面标志,如图 1 所示。

(2) 在 A 点安置经纬仪,对中、整平,在 B、C 点竖立测钎(或其他标志)。

(3) 盘左观测。瞄准左手方向的目标 B,水平度盘读数置零,读取水平度盘读数,记入观测手簿表 5 中;然后松开照准部制动螺旋,顺时针转动照准部,瞄准右手方向目标 C,读取水平度盘读数,记入观测手簿。计算上半测回角度值。

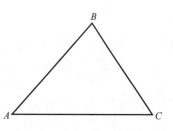

图 1 水平角观测布置示意图

(4) 盘右观测。松开照准部和望远镜制动螺旋,纵向转动望远镜成盘右位置,瞄准右手方向的目标 C,读取水平度盘读数,记入观测手簿;然后松开照准部制动螺旋,逆时针转动照准部,瞄准左手方向的目标 B,读取水平读数,记入观测手簿。计算下半个测回角度值。

(5) 如果上、下半测回角值之差不超过 ±40″,取盘左、盘右的平均值作为 A 点的水平角。如果超限,要进行重测,直至合格。

(6) 依次将经纬仪搬到 B、C 点,同上进行水平角观测,得到 B、C 点的水平角。将 A、B、C 三个角相加,其与 180° 之差应小于 $\pm 60\sqrt{3}'' = \pm 104''$。

2. 注意事项

(1) 目标不能瞄错,并尽量瞄准目标的底部。

（2）每个测站均是盘左照准第一个目标时水平度盘置零，其他方向或盘右时均不能置零。

3. 记录表格

将各项观测数据记入表 5 中。

表 5　水平角观测手簿

测站	竖盘位置	目标	水平度盘读数			半测回角值			一测回角值			备注
			°	′	″	°	′	″	°	′	″	
												观测者： 记录者：
												观测者： 记录者：
												观测者： 记录者：
												观测者： 记录者：
												观测者： 记录者：
												观测者： 记录者：

五、自我评价与小组互评表

实训项目				实训日期		
小组编号			实训场地	实训者		
序号	评价项目	分值		评价指标		评价分值
1	训练纪律	15		不迟到、不早退、不在课堂做与实训无关的事情		
2	团队协作	15		主动领仪器、还仪器，轮流观测，乐于助人		

（续）

序号	评价项目	分值	评价指标	评价分值
3	熟练程度	20	安置仪器快、观测速度快	
4	规范程度	15	操作仪器程序规范、基本功扎实	
5	爱护仪器	15	理解训练目的、掌握操作方法、效果良好	
6	完成情况	20	在规定时间、规定地点按要求完成任务	
自评得分				
最后得分				

自我总结和反思：

小组其他成员评价得分：_____、_____、_____、_____、_____

六、教师评价表

实训项目				
小组编号		实训场地		实训者
序号	评价项目	分值	评价指标	评价分值
1	测量精度	30	精度符合规范要求	
2	数据记录	20	数据记录格式规范、无转抄、涂改、抄袭	
3	数据计算	20	计算准确、精度符合规范要求	
4	数据书写	15	书写认真、工整，没有错漏	
5	训练效果	15	理解训练目的、掌握操作方法、效果良好	
合计分值				
最后总得分				

存在问题：

指导老师：   评价时间：

一、实训目的和内容

（1）掌握竖直角观测、记录、计算的方法。
（2）了解竖盘指标差的含义及要求。

二、能力目标

本实训旨在培养学生熟练观测竖直角的能力，在熟练操作电子经纬仪的基础上掌握竖直角的观测方法，并能在 7 分钟内完成一个竖直角的观测，优秀的测量人员一般在 3~5 分钟即可完成上述工作。

三、仪器与工具

电子经纬仪 1 台、测伞 1 把，纸笔自备。

四、实训方法与步骤

1. 操作步骤

（1）在测站点 O 上安置经纬仪，对中整平后，选定一个目标 A。

（2）观察竖直度盘注记形式并写出竖直角的计算公式。盘左位置将望远镜大致放平观察竖直度盘读数，然后将望远镜慢慢上仰，观察竖直度盘读数变化情况，是增大还是减小，推断盘左的竖直角计算公式。然后换成盘右位置，同法，推断盘右的竖直角计算公式。

常见的经纬仪的盘左和盘右竖直角计算公式分别为：

$$\alpha_L = 90° - L$$

$$\alpha_R = R - 270°$$

（3）盘左观测：以盘左位置横丝精确地切准 A 点标杆的顶端，读取竖盘读数 L，记入观测手簿表 6 并计算 α_L。

（4）盘右观测：纵转望远镜，以盘右位置同上述方法瞄准原目标相同部位，读取竖盘读数 R，记入观测手簿并计算出 α_R。

（5）计算竖盘指标差 x 和一测回竖直角 α。

$$x = \frac{1}{2}(\alpha_R - \alpha_L)$$

$$\alpha = \frac{1}{2}(\alpha_L + \alpha_R)$$

（6）同法，测定其他目标，要求每人观测一个目标并完成相应的计算。同一台仪器不同目标的竖盘指标差的互差不能超过±25″。

2. 注意事项

（1）竖直角观测时，对同一目标应以横丝切准目标。

（2）计算竖直角和指标差时，应注意正、负号。

3. 记录表格

将各项观测数据记入表6中。

表 6　竖直角观测手簿

测站	目标	竖盘位置	竖盘读数 ° ′ ″	半测回竖直角 ° ′ ″	指标差 ″	一测回竖直角 ° ′ ″	备注
							观测者： 记录者：
							观测者： 记录者：
							观测者： 记录者：
							观测者： 记录者：
							观测者： 记录者：
							观测者： 记录者：

五、自我评价与小组互评表

实训项目				实训日期		
小组编号		实训场地		实训者		
序号	评价项目	分值		评价指标		评价分值
1	训练纪律	15		不迟到、不早退、不在课堂做与实训无关的事情		
2	团队协作	15		主动领仪器、还仪器，轮流观测、乐于助人		
3	熟练程度	20		安置仪器快、观测速度快		
4	规范程度	15		操作仪器程序规范、基本功扎实		

（续）

序号	评价项目	分值	评价指标	评价分值
5	爱护仪器	15	理解训练目的、掌握操作方法、效果良好	
6	完成情况	20	在规定时间、规定地点按要求完成任务	
	自评得分			
	最后得分			

自我总结和反思：

小组其他成员评价得分：_____、_____、_____、_____、_____

六、教师评价表

实训项目					
小组编号		实训场地		实训者	
序号	评价项目	分值	评价指标		评价分值
1	测量精度	30	精度符合规范要求		
2	数据记录	20	数据记录格式规范、无转抄、涂改、抄袭		
3	数据计算	20	计算准确、精度符合规范要求		
4	数据书写	15	书写认真、工整，没有错漏		
5	训练效果	15	理解训练目的、掌握操作方法、效果良好		
	合计分值				
	最后总得分				

存在问题：

指导老师：　　　　　　　　　　　　　　　　　　　　　评价时间：

全站仪使用及距离测量

一、实训目的和内容

（1）了解全站仪的基本构造和各部件的名称及作用。

（2）熟悉全站仪的操作界面及按键的功能。

（3）能使用全站仪进行距离测量，即测出仪器至棱镜间的平距，同时掌握斜距和高差的切换和测量模式的选择（如单次测量、三次测量和跟踪测量）。

二、能力目标

本次实训的目的是初步认识全站仪，在此基础上重点学习距离测量的方法，其中难点是熟悉仪器各项按键功能，并能够正确进行距离测量。

经过多次训练后，一般应在 10 分钟内完成全站仪的基本操作，包括对中整平和距离测量。熟练的测量员在 5 分钟内可完成上述操作。

三、仪器与工具

全站仪 1 台、三脚架 1 个、棱镜 1 个、对中杆 1 付、自备笔和纸。

四、实训方法与步骤

（一）全站仪的认识

全站仪和电子经纬仪外形相似，由基座、照准部、水平度盘和竖直度盘等构成，度盘采用编码度盘或光栅度盘，读数方式为电子显示。全站仪的望远镜内设置有光电测距装置，因此比电子经纬仪的望远镜要粗很多。全站仪的显示屏也稍大一些，按键也较多，可以满足更加复杂的测量需要。

（二）测量前的准备工作

1. 安置仪器

将全站仪安置在测站上，需要先对中整平，方法与经纬仪相同。安置棱镜于另一点上，同样需要对中整平，并将棱镜转动到仪器的方向上。

2. 开机

按面板上的"POWER"键打开电源，注意观察显示窗右上方的电池信息，判断电池是否有足够的电量并采取相应的措施。

3. 温度、气压和棱镜常数设置

全站仪测距时发射红外光的光速随着大气的温度和气压改变而变，进行温度和气压设置，

是通过输入测量时测站周围的温度和气压,由仪器自动对测距结果进行大气改正。棱镜常数是指仪器发射的红外光经过棱镜反射回来时,在棱镜处折射多走了一段距离,这个距离对同一型号的棱镜来说是个固定值,例如,科力达全站仪配套的棱镜为 30mm,测距结果应减去 30mm,才能抵消其影响,因此棱镜常数为-30mm,在测距时输入全站仪,由仪器自动进行修正,显示正确的距离值。一般情况下仪器的棱镜常数值不随便改动。

预先测得测站周围的温度和气压。例如,温度+30℃,气压 1010hPa。按"参数"键进入温度、气压和棱镜常数设置状态,将当时的温度和气压输入到仪器中,并检查棱镜常数是否正确。

(三) 距离测量

照准棱镜中心,按"平距"对应的按键,1~2s 后在屏幕上显示水平距离 HD,同时屏幕上还显示全站仪中心与棱镜中心之间的高差 VD,如全站仪测距时一般有单次、三次和跟踪三种测量模式,测量时可根据工作需要选择合适的测量模式。单次测量模式是正常的测距模式,三次测量模式用于精度要求高的情况。跟踪测量模式用于每隔一定的时间测量一次,适合对不断移动目标的观测,由于需要持续测量,耗电量较大。距离测量数据记录到表 7 中。

表 7　距离测量记录表

测边编号	往返测	测边边长/m	往-返/m	平均长度/m	相对精度 (1/×××××)	备注
	往测					观测者:
	返测					记录者:
	往测					观测者:
	返测					记录者:
	往测					观测者:
	返测					记录者:
	往测					观测者:
	返测					记录者:
	往测					观测者:
	返测					记录者:
	往测					观测者:
	返测					记录者:
	往测					观测者:
	返测					记录者:
	往测					观测者:
	返测					记录者:
	返测					
	往测					观测者:
	返测					记录者:

五、自我评价与小组互评表

实训项目				实训日期	
小组编号		实训场地		实训者	
序号	评价项目	分值	评价指标		评价分值
1	训练纪律	15	不迟到、不早退、不在课堂做与实训无关的事情		
2	团队协作	15	主动领仪器、还仪器，轮流观测、乐于助人		
3	熟练程度	20	安置仪器快、观测速度快		
4	规范程度	15	操作仪器程序规范、基本功扎实		
5	爱护仪器	15	理解训练目的、掌握操作方法、效果良好		
6	完成情况	20	在规定时间、规定地点按要求完成任务		
自评得分					
最后得分					

自我总结和反思：

小组其他成员评价得分：_____、_____、_____、_____、_____

六、教师评价表

实训项目				实训者	
小组编号		实训场地			
序号	评价项目	分值	评价指标		评价分值
1	测量精度	30	精度符合规范要求		
2	数据记录	20	数据记录格式规范、无转抄、涂改、抄袭		
3	数据计算	20	计算准确、精度符合规范要求		
4	数据书写	15	书写认真、工整、没有错漏		
5	训练效果	15	理解训练目的、掌握操作方法、效果良好		
合计分值					
最后总得分					

存在问题：

指导老师：　　　　　　　　　　　　　　　　　　　　　评价时间：

实训 8

全站仪坐标测量

一、实训目的和内容

熟悉全站仪的操作界面及按键的功能，能使用全站仪进行坐标测量。

二、能力目标

本次实训的目的是掌握全站仪坐标测量的方法，其中，难点是设置测站、后视定向和定向检核的操作；能够正确进行坐标测量即评价为合格。

三、仪器与工具

全站仪 1 台、三脚架 1 个、棱镜 1 个、对中杆 1 付、自备笔和纸。

四、实训方法与步骤

1. 安置仪器

将全站仪安置在测站上，对中整平。安置棱镜于另一点上，对中整平后，将棱镜朝向全站仪。

2. 设置测站

将测量模式切换到"坐标测量"模式，选择"设置测站"功能项，输入测站点的已知坐标和高程。可直接从键盘上输入，也可从已知点数据文件中调用，全站仪屏幕上将测站点坐标 (X，Y，H) 显示为 (NO，EO，ZO)。用钢尺量出地面上测站点标志至仪器望远镜横轴中心的高度，输入到"仪器高"项。

3. 后视定向

后视照准另一个已知控制点，输入该点的已知坐标作为后视点坐标，或者直接输入后视方向的方位角。同样，定向点的已知坐标可以直接从键盘上直接输入，也可从已知点数据文件中调用，全站仪屏幕上将后视点坐标 (X，Y，H) 显示为 (NBS，EBS，ZBS)。定向点的高程可不输入，瞄准后视点按"确定"键后完成定向。

4. 坐标测量

在待测点上立棱镜，将棱镜高报告给测站观测人员，输入"棱镜高"项。全站仪照准棱镜中心，按"测量"键，经短暂时间后，全站仪即可在屏幕上显示出待测点的坐标和高程。将该点测量数据结果抄录或保存后，即完成该点的坐标测量，可进行下一个点的观测。

注意：如果棱镜高度改变，应将新的棱镜高度输入到全站仪内，否则高程结果将产生错误。此外，为了检查定向是否正确，需要观测后视点坐标。如果测出的后视点坐标与已知坐

标的 X、Y 和 H 都不超过 3cm，则说明定向没有问题，可以进行坐标测量；否则定向不正确，测出的坐标也不正确。在观测过程中，每隔一定时间或观测了若干点后以及观测结束时，也应检测一次后视点。将全站仪坐标测量数据记录到表 8 中。

表 8　全站仪坐标测量记录表

测站点 X 坐标：　　　　　　Y 坐标：　　　　　　高程：　　　　　　仪器高：

定向点 X 坐标：　　　　　　Y 坐标：　　　　　　高程：

点号	镜高/m	X 坐标/m	Y 坐标/m	H 高程/m	备注
					观测者： 记录者：
					观测者： 记录者：
					观测者： 记录者：
					观测者： 记录者：
					观测者： 记录者：
					观测者： 记录者：
					观测者： 记录者：
					观测者： 记录者：
					观测者： 记录者：
					观测者： 记录者：
					观测者： 记录者：
					观测者： 记录者：
					观测者： 记录者：

五、自我评价与小组互评表

实训项目				实训日期	
小组编号		实训场地		实训者	
序号	评价项目	分值	评价指标		评价分值
1	训练纪律	15	不迟到、不早退、不在课堂做与实训无关的事情		
2	团队协作	15	主动领仪器、还仪器，轮流观测、乐于助人		
3	熟练程度	20	安置仪器快、观测速度快		
4	规范程度	15	操作仪器程序规范、基本功扎实		
5	爱护仪器	15	理解训练目的、掌握操作方法、效果良好		
6	完成情况	20	在规定时间、规定地点按要求完成任务		
			自评得分		
			最后得分		

自我总结和反思：

小组其他成员评价得分：_____、_____、_____、_____、_____

六、教师评价表

实训项目				实训者	
小组编号		实训场地		实训者	
序号	评价项目	分值	评价指标		评价分值
1	测量精度	30	精度符合规范要求		
2	数据记录	20	数据记录格式规范、无转抄、涂改、抄袭		
3	数据计算	20	计算准确、精度符合规范要求		
4	数据书写	15	书写认真、工整，没有错漏		
5	训练效果	15	理解训练目的、掌握操作方法、效果良好		
			合计分值		
			最后总得分		

存在问题：

指导老师：　　　　　　　　　　　　　　　　　　　　　　　评价时间：

实训 9

导线外业观测

一、实训目的和内容

（1）掌握导线的外业测量工作，包括选点、水平角测量、全站仪距离测量等，能够测出导线起点连接角、各点间的水平角和导线边长。

（2）规范外业测量的记录。

二、能力目标

通过本次实训应掌握利用全站仪测量导线的转折角和边长。

三、仪器与工具

全站仪一套（包括主机 1 台，棱镜 2 个，基座 1 个，三脚架 2 个，对中杆 1 个）、记录板 1 块，并自备水平角测量记录表 1 张、水平距离记录表 1 张。

四、实训方法与步骤

（1）在实习场地上选择两个已知点（坐标由指导教师提供）作为闭合导线的起算点。

（2）在实习场地上另选 2 个点作为待测点。

（3）观测：

① 需要观测的内容包括：导线连接角和转折角、水平距离，将观测数据记录到表 9 中。

② 仪器的对中和整平，两人确认后再开始观测。

③ 水平角、水平距离可以同时观测和记录。

④ 水平角观测 1 个测回，要求半测回间较差 ≤ ±40″。

⑤ 距离测量时注意设置好温度、气压（由老师提供）、棱镜常数、观测模式（精测模式）。

⑥ 每一条边都需要往返观测，相对误差应 ≤ 1/3000，取平均值。

（4）计算：全部观测完成后，由组长负责汇总观测数据，组织小组成员分别独立计算角度闭合差，限差为 $\pm 60''\sqrt{3} = 104''$。若角度闭合差超限，则重测水平角，直到合格为止。

（5）上交资料（以小组位单位）：

① 原始观测数据记录表。

② 导线略图，标注好点号、连接角、内角、距离。

五、注意事项

（1）本次实习为综合实习，综合运用了以前学习的内容，实习前请认真复习相关知识。

（2）本次实习需要多人合作，协调进行。实习开始前，组长应召集本小组同学充分讨论和分工，以保证实习的顺利进行。

（3）记录表用铅笔填写，计算表可用中性笔、钢笔、圆珠笔等填写。

（4）原始观测数据及略图请用手机拍照保存好，以备下次上课使用。

表 9　水平角、水平距离观测记录表

测站点号	竖盘位置	镜站点号	水平度盘读数 ° ′ ″	半测回角值 ° ′ ″	一测回角值 ° ′ ″	水平距离	一测回水平距离平均值
	左						
	右						观测者：记录者：
	左						
	右						观测者：记录者：
	左						
	右						观测者：记录者：
	左						
	右						观测者：记录者：
	左						
	右						观测者：记录者：
	左						
	右						观测者：记录者：
	左						
	右						观测者：记录者：
	左						
	右						观测者：记录者：

六、自我评价与小组互评表

实训项目				实训日期	
小组编号		实训场地		实训者	
序号	评价项目	分值	评价指标		评价分值
1	训练纪律	15	不迟到、不早退、不在课堂做与实训无关的事情		
2	团队协作	15	主动领仪器、还仪器，轮流观测、乐于助人		
3	熟练程度	20	安置仪器快、观测速度快		
4	规范程度	15	操作仪器程序规范、基本功扎实		
5	爱护仪器	15	理解训练目的、掌握操作方法、效果良好		
6	完成情况	20	在规定时间、规定地点按要求完成任务		
			自评得分		
			最后得分		

自我总结和反思：

小组其他成员评价得分：_____、_____、_____、_____、

七、教师评价表

实训项目					
小组编号		实训场地		实训者	
序号	评价项目	分值	评价指标		评价分值
1	测量精度	30	精度符合规范要求		
2	数据记录	20	数据记录格式规范、无转抄、涂改、抄袭		
3	数据计算	20	计算准确、精度符合规范要求		
4	数据书写	15	书写认真、工整，没有错漏		
5	训练效果	15	理解训练目的、掌握操作方法、效果良好		
			合计分值		
			最后总得分		

存在问题：

指导老师：   评价时间：

实训 10

导线内业计算

一、实训目的和内容

（1）掌握手工和软件进行导线计算的方法和步骤。

（2）利用实习场地的已知坐标反算起算方位角。

（3）利用实训 9 的观测数据，计算出导线各点的平面坐标。

二、能力目标

本次实训的目的是能利用外业观测的角度和边长计算出导线点的平面坐标。

三、仪器与工具

小组自带笔记本电脑至少 1 台，计算器每人 1 个，导线计算表每人 1 张。

四、实训方法与步骤

1. 手工进行导线坐标推算

（1）根据已知坐标推算出起算方位角，将起算数据（起算坐标和坐标方位角）和观测数据（水平角、边长）填入表 10 中。

（2）计算出导线角度闭合差及进行误差分配。

（3）推算出每条边方位角。

（4）计算出每条边的坐标增量 Δx 和 Δy。

（5）计算出增量闭合差 f_x 和 f_y，以及导线全长闭合差 f_D 和相对闭合差 K，当 $K \leqslant 1/3000$ 时，即认为合格。

（6）增量闭合差的分配，按边长成正比例，反号分配。

（7）计算出改正后的坐标增量值。

（8）计算出各导线点的坐标。

2. 根据各小组的原始观测数据和导线略图，练习用电脑软件 ESDPS 来计算导线

（1）安装好 ESDPS 软件，选择导线测量——闭合导线。

（2）按要求录入已知点坐标、转折角和边长。

（3）单击"计算"按钮，并可自动生成 Word 或 Excel 文档格式的电子版成果。

3. 上交资料（以小组为单位）

（1）导线计算表一份。

（2）Word 或 Excel 文档格式的电子版成果 1 份。

表 10　导线坐标计算表

点号	观测角			改正数	改正角			坐标方位角			距离/m	x 坐标增量计算/m				y 坐标增量计算/m				坐标/m	
	°	′	″	″	°	′	″	°	′	″		Δx	改正数	改正后值		Δy	改正数	改正后值		x	y
Σ																					

辅助
计算

$f_\beta = \sum \beta_{测} - \sum \beta_{理} =$ 　　　　

$f_{\beta容} = \pm 40'' \sqrt{n} =$ 　　　　

角度闭合差是否合格?

$f_x = \sum \Delta x_{测} =$ 　　　　m, $f_y = \sum \Delta y_{测} =$ 　　　　

导线全长闭合差 $f_D = \sqrt{f_x^2 + f_y^2} =$ 　　　　m

导线全长相对闭合差 $K =$

容许的相对闭合差 $K_{容} = \dfrac{1}{3000}$

坐标增量闭合差是否合格?

五、自我评价与小组互评表

实训项目				实训日期		
小组编号		实训场地		实训者		
序号	评价项目	分值		评价指标		评价分值
1	训练纪律	15		不迟到、不早退、不在课堂做与实训无关的事情		
2	团队协作	15		主动领仪器、还仪器，轮流观测、乐于助人		
3	熟练程度	20		安置仪器快、观测速度快		
4	规范程度	15		操作仪器程序规范、基本功扎实		
5	爱护仪器	15		理解训练目的、掌握操作方法、效果良好		
6	完成情况	20		在规定时间、规定地点按要求完成任务		
			自评得分			
			最后得分			

自我总结和反思：

小组其他成员评价得分：_____、_____、_____、_____、_____

六、教师评价表

实训项目				实训者		
小组编号		实训场地		实训者		
序号	评价项目	分值		评价指标		评价分值
1	测量精度	30		精度符合规范要求		
2	数据记录	20		数据记录格式规范、无转抄、涂改、抄袭		
3	数据计算	20		计算准确、精度符合规范要求		
4	数据书写	15		书写认真、工整，没有错漏		
5	训练效果	15		理解训练目的、掌握操作方法、效果良好		
			合计分值			
			最后总得分			

存在问题：

指导老师：　　　　　　　　　　　　　　　　　　　　评价时间：

实训 11

四等水准测量

一、实训目的和内容

（1）掌握用双面尺进行四等水准测量的观测、记录、计算方法。

（2）掌握四等水准测量的主要技术指标，测站及水准路线的检验方法。

二、能力目标

通过本次实训应掌握四等水准测量的外业操作及内业计算。

三、仪器与工具

自动安平水准仪 1 台、三脚架 1 个、双面尺 1 套（2 根）、尺垫 2 个，并自备计算器、铅笔、小刀、计算用纸等。

四、实训方法与步骤

1. 选定路线

选定一条闭合水准路线，其长度以安置 4~6 个测站为宜。沿线标定待定点（转点）的地面标志。

2. 进行观测

在起点与第一个待定点分别立尺，然后在两立尺点之间设站，安置好水准仪后，按以下顺序进行观测：

（1）照准后视尺黑面，进行目镜、物镜调焦，消除视差；分别读取上、下丝和中丝读数，分别记入记录表 12 中（1）、（2）、（3）顺序栏内。

（2）照准后视尺红面，消除视差后，读取中丝读数，分别记入记录表 12 中（4）顺序栏内。

（3）照准前视尺黑面，消除视差后，读上、下丝和中丝读数，记入记录表 12 中（5）、（6）、（7）顺序栏内。

（4）照准前视尺红面，消除视差后，读取中丝读数，记入记录表 12 中（8）顺序栏内。

这种观测顺序简称为"后-后-前-前"，目的是减弱仪器下沉对观测结果的影响。

3. 测站的检核计算

（1）计算同一水准尺黑、红面分划读数差（即黑面中丝读数 $+K-$ 红面中丝读数，其值应 $\leqslant \pm 3\text{mm}$），填入记录表 12 中（13）、（14）顺序栏内，则有

$$(13) = (3) + K - (4)$$

$$(14) = (7) + K - (8)$$

（2）计算黑、红面分划所测高差之差，填入记录表 12 中（15）、（16）、（17）顺序栏内，则有

$$(15) = (3) - (7)$$
$$(16) = (4) - (8)$$
$$(17) = (13) - (14) = (15) - (16)（其值应 ≤ ±5mm）$$

（3）计算高差中数，填入记录表 12 中（18）顺序栏内，则有

$$(18) = [(15) + (16) ± 0.100] / 2$$

（4）计算前后视距（即上、下丝读数差×100，单位为 m），填入记录表 12 中（9）、（10）顺序栏内，则有

$$(9) = [(1) - (2)] × 100$$
$$(10) = [(5) - (6)] × 100$$

（5）计算前后视距差（其值应 ≤ ±5m），填入记录表 12 中（11）顺序栏内，则有

$$(11) = (9) - (10)$$

（6）计算前后视距累积差（其值应 ≤ ±10m），填入记录表 12 中（12）顺序栏内，则有

$$(12) = 本站（11） + 上站（12）$$

（7）用同样的方法依次施测其他各站。

（8）各站观测和验算完后进行路线总验算，以衡量观测精度。其验算方法如下：

末站视距累积差：末站 $(12) = \sum(9) - \sum(10)$

水准路线总长：$L = \sum(9) + \sum(10)$

高差闭合差：$f_h = \sum(18)$

高差闭合差的允许值：$f_{h允} = ±20\sqrt{L}$ 或 $f_{h允} = ±6\sqrt{n}$，单位是 mm，式中 L 为以公里为单位的水准路线长度；n 为该路线总的测站数。如果计算结果 $f_h < f_{h允}$，则可以进行高差闭合差调整，若 $f_h > f_{h允}$，则应立即进行重测。

五、注意事项

（1）每站观测结束后应立即进行计算、检核，若有超限则重新设站观测。全路线观测并计算完毕，且各项检核均已符合，路线闭合差也在限差之内，即可收测。

（2）注意区别上、下视距丝和中丝读数，并记入记录表相应的顺序栏内。

（3）四等水准测量作业的集体性很强，全组人员一定要相互合作，密切配合，相互体谅。

（4）严禁为了快出成果而转抄、涂改原始数据。记录数据要用铅笔，字迹要工整、清洁。

（5）有关四等水准测量的技术指标限差规定见表 11。

表 11　四等水准测量观测的主要技术要求

等级	视线高度/m	视距长度/m	前后视距差/m	前后视距累积差/m	黑、红面分划读数差/mm	黑、红面分划所测高差之差/mm	路线高差闭合差/mm
四等	≥0.2	≤100	≤±5	≤±10	≤±3	≤±5	$±20\sqrt{L}$

（续）

等级	每千米高差全中误差/mm	路线长度/km	水准仪型号	水准尺	观测次数		测段往返测高差不符值/mm	
					与已知点联测	附合或环路	平地	山区
四等	10	≤16	DS_3	双面	往返各一次	往一次	$20\sqrt{L}$	$6\sqrt{n}$

（6）上交资料（以小组位单位）：

① 四等水准测量计算表 1 份。

② 水准测量成果计算表 1 份。

表 12　四等水准测量观测记录手簿

测站编号	点号	后尺	上丝	前尺	上丝	方向及尺号	水准尺读数		$K+黑-红$/mm	平均高差/m	备注
			下丝		下丝						
		后视距		前视距			黑面	红面			
		视距差 d		累积差 $\sum d$							
		（1）		（5）		后 前 后-前	（3）	（4）	（13）	（18）	K 为水准尺常数，表中 $K(7)=$ $K(8)=$
		（2）		（6）			（7）	（8）	（14）		
		（9）		（10）			（15）	（16）	（17）		
		（11）		（12）							
											观测者： 记录者：
											观测者： 记录者：
											观测者： 记录者：
											观测者： 记录者：
											观测者： 记录者：

（续）

测站编号	点号	后尺	上丝	前尺	上丝	方向及尺号	水准尺读数		K+黑-红/mm	平均高差/m	备注
			下丝		下丝						
		后视距		前视距			黑面	红面			
		视距差 d		累积差 ∑d							
											观测者：
											记录者：
											观测者：
											记录者：
检核计算	∑(9)=　　　　　　∑(15)=　　　　　∑(18)=　　　　　 ∑(10)=　　　　　　∑(16)= ∑(9)-∑(10)=　　　（与末站视距累积差相等） ∑(9)+∑(10)=　　　∑(15)+∑(16)=　　2∑(18)=										

六、自我评价与小组互评表

实训项目				实训日期		
小组编号		实训场地		实训者		
序号	评价项目	分值	评价指标			评价分值
1	训练纪律	15	不迟到、不早退、不在课堂做与实训无关的事情			
2	团队协作	15	主动领仪器、还仪器，轮流观测、乐于助人			
3	熟练程度	20	安置仪器快、观测速度快			
4	规范程度	15	操作仪器程序规范、基本功扎实			
5	爱护仪器	15	理解训练目的、掌握操作方法、效果良好			
6	完成情况	20	在规定时间、规定地点按要求完成任务			
			自评得分			
			最后得分			

自我总结和反思：

小组其他成员评价得分：_____、_____、_____、_____、_____

七、教师评价表

实训项目					
小组编号		实训场地		实训者	
序号	评价项目	分值	评价指标		评价分值
1	测量精度	30	精度符合规范要求		
2	数据记录	20	数据记录格式规范、无转抄、涂改、抄袭		
3	数据计算	20	计算准确、精度符合规范要求		
4	数据书写	15	书写认真、工整，没有错漏		
5	训练效果	15	理解训练目的、掌握操作方法、效果良好		
合计分值					
最后总得分					

存在问题：

指导老师：　　　　　　　　　　　　　　　　　　　　　评价时间：

实训 12

三角高程测量

一、实训目的和内容

（1）掌握三角高程的观测与计算。

（2）能够对两个点间进行三角高程对向观测。

二、能力目标

通过本次实训应掌握三角高程的观测与计算方法。

三、仪器与工具

全站仪（含脚架）1台、小卷尺1把、支架棱镜1套、记录板1块，自备记录纸1张、记号笔1支。

四、实训方法与步骤

（1）选点。在指定的测区内选定由4~5个点组成闭合导线。在各导线点用记号笔标定点位。

（2）测垂直角。采用全站仪测回法观测对应目标的竖直角1测回，并量取仪器高和目标高。

（3）测水平距离。采用光电测距法测出对应点之间的水平距离。

（4）计算。检查外业观测记录，正确绘出导线略图，在略图上标出各导线边边长、各角的大小。注意：每位同学至少观测一个垂直角（1测回）、一条边长和三角高程计算工作。

五、注意事项

（1）对于导线的布设范围，各小组应服从统一安排，避免各小组间在作业时相互干扰。

（2）导线点不要选在道路的中间，以免妨碍交通。导线点选在水泥地上时，要特别注意保护仪器安全。

（3）导线点间应互相通视，边长以30~60m为宜。若边长较短，测角时应特别注意提高对中和瞄准的精度。

（4）测角时支架棱镜尽量竖直，测角瞄准时尽量瞄准支架的底部。

（5）全部垂直角测完后，应立即计算对向观测高差，较差不能超过$\pm 60\sqrt{D}$，环路高差闭合差不能超过$\pm 30\sqrt{\sum D}$。

（6）成果提交：每个小组提交三角高程测量计算表1份，见表13。

表 13　三角高程测量计算表　　　　　　　　　（单位：m）

测站点	A	B	B	C	C	A
目标点	B	A	C	B	A	C
水平距离 D						
垂直角 α						
仪器高 i						
目标高 v						
初算高差 h'						
球气差改正数 f						
单向高差 h						
平均高差						
	观测者： 记录者：	观测者： 记录者：	观测者： 记录者：	观测者： 记录者：	观测者： 记录者：	观测者： 记录者：

六、自我评价与小组互评表

实训项目				实训日期	
小组编号		实训场地		实训者	
序号	评价项目	分值	评价指标		评价分值
1	训练纪律	15	不迟到、不早退、不在课堂做与实训无关的事情		
2	团队协作	15	主动领仪器、还仪器，轮流观测、乐于助人		
3	熟练程度	20	安置仪器快、观测速度快		
4	规范程度	15	操作仪器程序规范、基本功扎实		
5	爱护仪器	15	理解训练目的、掌握操作方法、效果良好		
6	完成情况	20	在规定时间、规定地点按要求完成任务		
			自评得分		
			最后得分		

自我总结和反思：

小组其他成员评价得分：_____、_____、_____、_____、_____

七、教师评价表

实训项目					
小组编号		实训场地		实训者	
序号	评价项目	分值	评价指标		评价分值
1	测量精度	30	精度符合规范要求		
2	数据记录	20	数据记录格式规范、无转抄、涂改、抄袭		
3	数据计算	20	计算准确、精度符合规范要求		
4	数据书写	15	书写认真、工整，没有错漏		
5	训练效果	15	理解训练目的、掌握操作方法、效果良好		
合计分值					
最后总得分					

存在问题：

指导老师：   评价时间：

实训 13　全站仪外业数据采集

一、实训目的和内容

了解全站仪的使用方法，掌握利用全站仪进行地形图测绘外业数据采集工作，掌握用简码法进行碎部点测量，利用全站仪内存记录测量数据并将数据导出，学会在实地选择地物地貌特征点。

由老师在校园内划定一个约 50m×50m 的测图区域，事先在实习场地布设图根控制点，学生分组进行 1∶500 数字地形图测绘。测图区域要求地物地貌比较简单，初学者能在 2 节课的时间内测完。要求学生用全站仪坐标测量方法进行碎部点坐标采集，会利用全站仪记录测量数据，并将数据导出供下次实训使用。地物简码文件由老师统一制定下发。

二、能力目标

通过本次实训，要求熟练掌握全站仪坐标测量方法，掌握地形图测量外业数据采集方法。

三、仪器与工具

全站仪 1 台、三脚架 1 个、简易对中杆 1 个、棱镜 1 个、3m 钢卷尺 1 个。

四、实训方法与步骤

1. 准备工作

借领到仪器后，需马上检查全站仪、三脚架、棱镜是否有破损，能否正常开机，电量是否足够，钢卷尺能否正常拉出。

在测图场地找到两个互相通视的控制点作为测站点和后视定向点，测站点要求视野开阔，能看见较多的碎部点，后视定向点越远，定向误差越小，一般选择尽可能远的点作为后视定向点。

2. 对中整平

仪器开机，打开激光对中光点，进行仪器对中整平，完成后，应该将仪器转动 180°，查看光点是否还对准控制点标志，管水准气泡是否还居中。

3. 设置仪器参数

设置仪器的气温、气压、棱镜加常数以及测距模式。

4. 建立工作文件

调出建立工作文件菜单，建立当前工作文件，用于保存测量数据和简码数据。

5. 设置测站

调出设置测站菜单，将测站点坐标输入全站仪内。

6. 设置后视

调出设置后视菜单，输入后视点坐标，屏幕提示后，瞄准后视点完成定向工作。经过后视定向后，全站仪的水平角读数就是望远镜视线的方位角。例如，将仪器指向正北方向，那么水平角读数应该在 0°附近。

7. 检核

部分仪器完成后视定向后，屏幕上显示后视点的坐标较差，如果没有显示坐标较差，则需要用测量点坐标功能，测出控制点的坐标，与已知的坐标比较，一般坐标分量较差绝对值不应大于 5cm，满足要求后可进行碎部点测量。

8. 碎部点测量

立镜人员将棱镜立直在地物地貌特征点上，并将地物信息和棱镜高度报给观测员；观测员瞄准棱镜中心，调用测量点坐标菜单，进行观测，屏幕上出现坐标后，进行记录。注意修改目标高度和简码。简码按老师下发的文件输入。

9. 数据导出

碎部点测量完成后，将数据导出到 SD 卡并交给老师，待下次实训下发给大家进行绘图。

五、自我评价与小组互评表

实训项目				实训日期		
小组编号		实训场地		实训者		
序号	评价项目	分值	评价指标			评价分值
1	训练纪律	15	不迟到、不早退、不在课堂做与实训无关的事情			
2	团队协作	15	主动领仪器、还仪器、轮流观测、乐于助人			
3	熟练程度	20	安置仪器快、观测速度快			
4	规范程度	15	操作仪器程序规范、基本功扎实			
5	爱护仪器	15	理解训练目的、掌握操作方法、效果良好			
6	完成情况	20	在规定时间、规定地点按要求完成任务			
	自评得分					
	最后得分					

自我总结和反思：

小组其他成员评价得分：＿＿＿＿＿、＿＿＿＿＿、＿＿＿＿＿、＿＿＿＿＿、

六、教师评价表

实训项目					
小组编号		实训场地		实训者	
序号	评价项目	分值	评价指标		评价分值
1	测量精度	50	精度符合规范要求		
2	数据格式	20	导出的数据坐标、属性等信息齐全		
3	完成情况	30	按要求完成所有碎部点测量		
合计分值					
最后总得分					

存在问题：

指导老师：　　　　　　　　　　　　　　　　　　　评价时间：

实训 14

CASS 软件内业绘图

一、实训目的和内容

了解 CASS 软件的基本功能和使用方法，能将全站仪外业采集得到的坐标数据转换成图形，并进行简码识别。能调用 CASS 地物地貌绘制功能，进行图形编辑、整饰，获得数字地形图。

将上次实训课得到的外业测量数据转换为图形文件；绘制地物符号，进行图形编辑，注记地物性质、地理名称等；构建 TIN，自动绘制等高线，进行等高线编辑；设置图廓信息，给地形图分幅，添加图廓等。

二、能力目标

通过本次实训应掌握利用 CASS 绘图软件进行地形图编绘的基本流程和方法。

三、仪器与工具

自备计算机 1 台，并安装有 AutoCAD2008 及南方 CASS9.1 版软件，每个组至少要配备 1 台。

四、实训方法与步骤

1. 外业测量数据转为 CASS 坐标文件

利用 CASS 读取全站仪数据命令将外业测量数据转换成为 CASS 坐标文件或者利用电子表格将外业数据编辑成 CASS 坐标文件。

2. 展点

（1）用老师下发统一定制的简码文件，覆盖 CASS 安装目录下的"system"文件夹内的"JCODE. Def"。

（2）展绘野外测点点号，测图比例尺设置为 1∶500。

（3）进行简码识别。

3. 地物、地貌编辑

进行地物、地貌编辑，补绘地物、地貌符号，注记属性信息、地理名称，处理注记、符号压盖。

4. 分幅

按下列要求设置图廓信息，再按 50×50 规格进行分幅。

（1）坐标系统：2000 国家大地坐标系。

（2）高程基准：1985 国家高程基准，等高距 0.5m。

（3）图式版本：《国家基本比例尺地图图式 第 1 部分：1∶500、1∶1000、1∶2000 地形图图式》（GB/T 20257.1—2017）。

（4）测图时间：××××班第×组于××××年××月全野外数字测图。

（5）业主单位：广西建设职业技术学院。

五、自我评价与小组互评表

实训项目				实训日期		
小组编号		实训场地		实训者		
序号	评价项目	分值	评价指标			评价分值
1	训练纪律	15	不迟到、不早退、不在课堂做与实训无关的事情			
2	团队协作	15	主动领仪器、还仪器，轮流观测、乐于助人			
3	熟练程度	20	安置仪器快、观测速度快			
4	规范程度	15	操作仪器程序规范、基本功扎实			
5	爱护仪器	15	理解训练目的、掌握操作方法、效果良好			
6	完成情况	20	在规定时间、规定地点，按要求完成任务			
			自评得分			
			最后得分			

自我总结和反思：

小组其他成员评价得分：_____、_____、_____、_____、_____

六、教师评价表

实训项目						
小组编号		实训场地		实训者		
序号	评价项目	分值	评价指标			评价分值
1	数学精度	30	平面及高程精度			
2	数据及结构正确性	10	数据格式、要素分层、属性代码等是否正确			
3	地理精度	50	地理要素完整性、正确性；注记、符号正确性，综合取舍合理			
4	整饰质量	10	注记质量，图面要素协调，图廓整饰			
			合计分值			
			最后总得分			

存在问题：

指导老师：   评价时间：

实训 15

全站仪测设道路中线

一、实训目的和内容

（1）掌握全站仪极坐标法进行路线中桩定位测量的方法。

（2）各小组应根据老师给定的设计参数，利用电脑或手机自行计算路线各中桩的坐标，桩距按 10m 间距。

二、能力目标

通过本次训练，应掌握全站仪极坐标法进行路线中桩定位测量的方法，具备测设路线中桩的能力。

三、仪器与工具

全站仪 1 台、对中杆棱镜 1 个、对讲机 2 个。

四、实训方法与步骤

（1）根据老师提供的设计数据计算路线中桩坐标。

（2）在路线附近控制点上安置全站仪，对中整平，设置仪器参数，输入测站点坐标。

（3）确定另一个已知点作为定向目标，输入该点坐标，进行定向。

（4）依次输入各中桩放样点坐标，按照提示依次把各中桩测设到实地。

（5）精度检核：重新采集测设好的中桩坐标，记录到表 14 中，与原放样坐标进行对比，纵横方向误差应≤±2cm。

表 14　全站仪测设道路中线坐标记录表

里程桩	放样坐标/m		实测坐标/m		检查误差/cm	
	X	Y	X	Y	ΔX	ΔY

（续）

里程桩	放样坐标/m		实测坐标/m		检查误差/cm	
	X	Y	X	Y	ΔX	ΔY

五、自我评价与小组互评表

实训项目				实训日期		
小组编号			实训场地		实训者	
序号	评价项目	分值	评价指标			评价分值
1	训练纪律	15	不迟到、不早退、不在课堂做与实训无关的事情			
2	团队协作	15	主动领仪器、还仪器，轮流观测、乐于助人			
3	熟练程度	20	安置仪器快、观测速度快			
4	规范程度	15	操作仪器程序规范、基本功扎实			
5	爱护仪器	15	理解训练目的、掌握操作方法、效果良好			
6	完成情况	20	在规定时间、规定地点按要求完成任务			
			自评得分			
			最后得分			

自我总结和反思：

小组其他成员评价得分： ＿＿＿＿＿＿、＿＿＿＿＿＿、＿＿＿＿＿＿、＿＿＿＿＿＿、

六、教师评价表

实训项目					
小组编号		实训场地		实训者	
序号	评价项目	分值	评价指标		评价分值
1	测量精度	30	精度符合规范要求		
2	数据记录	20	数据记录格式规范、无转抄、涂改、抄袭		
3	数据计算	20	计算准确、精度符合规范要求		
4	数据书写	15	书写认真、工整，没有错漏		
5	训练效果	15	理解训练目的、掌握操作方法、效果良好		
合计分值					
最后总得分					

存在问题：

指导老师：　　　　　　　　　　　　　　　　　　　　评价时间：

路线纵断面图测绘

一、实训目的和内容

（1）了解测量路线纵断面图的整个流程，掌握南方 CASS 软件绘制纵断面图的方法。

（2）由老师在指定的场地，平地每隔 10m（地面高低起伏的坡度变化点）分别做里程桩标记，各实习小组利用全站仪或 RTK 分别测出路线上各里程桩的坐标和高程。

（3）把采集好的数据导入电脑，利用南方 CASS 软件绘制纵断面图。

二、能力目标

通过本次实训，要求学生掌握测量中桩坐标和高程的方法，同时还要掌握南方 CASS 软件绘制纵断面的方法，具备独立完成测绘纵断面图的能力。

三、仪器与工具

全站仪 1 台、对中杆棱镜 1 个、30m 钢卷尺（或 30m 皮尺）1 把、2m 小卷尺 1 个。

四、实训方法与步骤

（1）各小组把全站仪安置到老师提供的已知控制点上，对中整平，设置仪器参数，输入测站点坐标、仪器高、目标高。

（2）输入后视点坐标，瞄准后视点，进行定向。

（3）各组依次把对中杆棱镜立到各中桩上，依次采集各中桩的坐标和高程。

（4）用数据线或 SD 卡导出数据文件。

（5）打开南方 CASS 软件，单击"绘图处理"下拉菜单，分别完成"展野外测点点号"和"展高程"。

（6）把各中桩点号按顺序用复合线连接起来，单击"工程应用"下拉菜单，选择"绘断面图"，选择"根据已知坐标"，即可按照提示绘出纵断面图。

（7）精度检核：各组利用导出的 dat 文件绘制纵断面图，然后把各小组之间的纵断面图进行重叠覆盖，在图上对比各中桩的平面位置和高程应满足相应精度要求，成果合格。

五、自我评价与小组互评表

实训项目			实训日期		
小组编号		实训场地	实训者		
序号	评价项目	分值	评价指标		评价分值
1	训练纪律	15	不迟到、不早退、不在课堂做与实训无关的事情		
2	团队协作	15	主动领仪器、还仪器，轮流观测、乐于助人		
3	熟练程度	20	安置仪器快、观测速度快		
4	规范程度	15	操作仪器程序规范、基本功扎实		
5	爱护仪器	15	理解训练目的、掌握操作方法、效果良好		
6	完成情况	20	在规定时间、规定地点按要求完成任务		
			自评得分		
			最后得分		

自我总结和反思：

小组其他成员评价得分：_____、_____、_____、_____、_____

六、教师评价表

实训项目					
小组编号		实训场地		实训者	
序号	评价项目	分值	评价指标		评价分值
1	重叠精度	40	与其他小组的图重叠，图上误差应小于 0.1mm，实地误差小于 5cm		
2	绘图质量	40	比例尺标注正确、绘图方法正确		
3	完成情况	20	根据任务完成情况酌情扣分		
			合计分值		
			最后总得分		

存在问题：

指导老师：　　　　　　　　　　　　　　　　　　　评价时间：

实训 17

路线横断面图测绘

一、实训目的和内容

（1）掌握全站仪对边测量法测出垂直于各中桩的横线方向上各变坡点与中桩之间的距离和高差。

（2）找地面起伏较大，地势开阔的场地，由老师指定中桩和中线方向，各小组根据指定的中桩和变坡点，依次测出各变坡点与中桩的距离和高差。

（3）利用记录的距离和高差绘制横断面图。

二、能力目标

通过本次实训掌握横断面图测量的方法，掌握南方 CASS 软件绘制横断面图的方法，具备独立完成横断面图测绘的能力。

三、仪器与工具

全站仪 1 台，对中杆棱镜 1 个，2m 小卷尺 1 把。

四、实训方法与步骤

（1）各小组在任意站安置全站仪，对中整平，设置仪器参数，输入仪器高、目标高。

（2）在"对边测量"模式下，在老师指定的中桩上立棱镜，瞄准棱镜中心，按测量功能键。

（3）各小组到垂直于中线方向的左或右边变坡点立棱镜（这些变坡点也由老师指定，有可比性），瞄准棱镜，按"对边"测量功能键，显示屏即显示出该变坡点与中桩的距离和高差，把该数据记录到表 15 中。

（4）继续立棱镜到下一个变坡点，同理按"对边"测量，即可测出各个变坡点与中桩的距离和高差，分别记录到表 15 中，按照这样的方法测完左边再测右边（注意：要测另一个横断面，必须退出到"对边测量"模式，从中桩开始，方法与前面测量方法完全一样）。

（5）根据记录表数据，新建文本文件，建立 hdm 文件。

（6）打开南方 CASS 软件，单击"工程应用→绘断面图→根据里程文件"，即可按照提示绘出横断面图。

（7）精度检核：由于各组均共用一个中桩，各变坡点也是一样的，直接对比各小组的记录表格，检查各小组同一个变坡点的距离和高差，距离和高程误差不应超过相应规范要求，即成果合格。

表 15　全站仪对边测量记录表格

左边	中桩桩号	右边
	里程： 观测者： 记录者：	
	里程： 观测者： 记录者：	
	里程： 观测者： 记录者：	
	里程： 观测者： 记录者：	
	里程： 观测者： 记录者：	
	里程： 观测者： 记录者：	

五、自我评价与小组互评表

实训项目				实训日期		
小组编号		实训场地		实训者		
序号	评价项目	分值		评价指标		评价分值
1	训练纪律	15		不迟到、不早退、不在课堂做与实训无关的事情		
2	团队协作	15		主动领仪器、还仪器，轮流观测、乐于助人		
3	熟练程度	20		安置仪器快、观测速度快		
4	规范程度	15		操作仪器程序规范、基本功扎实		
5	爱护仪器	15		理解训练目的、掌握操作方法、效果良好		
6	完成情况	20		在规定时间、规定地点按要求完成任务		
			自评得分			
			最后得分			

自我总结和反思：

小组其他成员评价得分：_____、_____、_____、_____、

六、教师评价表

实训项目					
小组编号		实训场地		实训者	
序号	评价项目	分值	评价指标		评价分值
1	重叠精度	40	与其他小组的图重叠，图上误差应小于 0.1mm，实地误差小于 5cm		
2	绘图质量	40	比例尺标注正确、绘图方法正确		
3	完成情况	20	根据任务完成情况酌情扣分		
合计分值					
最后总得分					

存在问题：

指导老师：　　　　　　　　　　　　　　　　　　　　　　　　评价时间：

实训 18

道路边桩测设

一、实训目的和内容

掌握水准仪和钢尺测设道路边桩，利用趋近法确定路基边桩位置。

二、能力目标

通过本次实际操作训练，锻炼学生对边桩公式的应用及根据实测计算出来的距离与实际量出的距离，判断边桩应向内侧还是向外侧移动，用趋近法放出边桩的位置，具备独立测设边桩的能力。

三、仪器与工具

自动安平水准仪 1 台、塔尺 1 把、30m 钢卷尺 1 把。

四、实训方法与步骤

（1）假设现场为左边高右边低的地形，根据老师提供的设计路基宽度为 10m、挖深为 3m、边沟宽为 0.5m，坡度比为 1:1，测设左边边桩。

（2）到实地估计左边边桩位置，用水准仪实测出该点与中桩的高差 $h_{左}$，计算出该点与中桩的实际距离 D，即

$$D = b/2 + 0.5 + 1 \times (3 + h_{左})$$

（3）然后用钢尺从中桩丈量至该边桩的距离 D'，计算 $\Delta = D - D'$，ΔD 为正数，则该边桩应向内侧移动；反之则向外侧移动。一般移动的距离应稍大于他们的差值；移动之后再实测出边桩与中桩的高差，继续刚才的动作，当 $\Delta = D - D' < 0.1\text{m}$，则该桩即为设计边桩位置，记录为合格。

（4）假设现场为左边低右边高的地形，按照上面设计数据，同样测设左边边桩。在现场估计一点为左边边桩位置，同样的方法测出该边桩与中桩的高差，按照公式计算实际距离 D，即

$$D = b/2 + 0.5 + 1 \times (3 - h_{左})$$

然后从中桩丈量至该边桩的距离 D'，计算 $\Delta = D - D'$，ΔD 为正数，则该边桩应向外侧移动；反之则向内侧移动。一般移动的距离应稍大于他们的差值；移动之后再实测出边桩与中桩的高差，继续刚才的动作，当 $\Delta = D - D' < 0.1\text{m}$，则该桩即为设计边桩位置，记录为合格。以上计算、实量数据均记录到表 16 中。

（5）精度检核：从记录表检查，当趋近到 $\Delta D = D - D' < 0.1\text{m}$ 时，该小组测设成果合格。

表16 路基边桩测设记录表

估计边桩	实测高差 $h_左$ 后计算 D 值	从中桩实量至估计边桩的距离 D'	$\Delta = D - D'$	估计边桩应向内或向外移动
第一次				
第二次				
第三次				

五、自我评价与小组互评表

实训项目				实训日期	
小组编号		实训场地		实训者	
序号	评价项目	分值	评价指标		评价分值
1	训练纪律	15	不迟到、不早退、不在课堂做与实训无关的事情		
2	团队协作	15	主动领仪器、还仪器，轮流观测、乐于助人		
3	熟练程度	20	安置仪器快、观测速度快		
4	规范程度	15	操作仪器程序规范、基本功扎实		
5	爱护仪器	15	理解训练目的、掌握操作方法、效果良好		
6	完成情况	20	在规定时间、规定地点按要求完成任务		
			自评得分		
			最后得分		

自我总结和反思：

小组其他成员评价得分：_____、_____、_____、_____、_____

六、教师评价表

实训项目					
小组编号		实训场地		实训者	
序号	评价项目	分值	评价指标		评价分值
1	测设精度合格	50	实际边桩与估算边桩差值小于0.1m		
2	记录整洁	15	记录工整、清晰，无涂改		
3	边桩移动方向正确	15	根据计算结果，判断边桩移动方向正确		

（续）

序号	评价项目	分值	评价指标	评价分值
4	任务完成情况	20	根据任务完成情况酌情扣分	
合计分值				
最后总得分				

存在问题：

指导老师：　　　　　　　　　　　　　　　　　　　　　评价时间：

实训 19

网络 RTK 数据采集

一、实训目的和内容

了解 GNSS 测量使用的仪器设备的构造和使用方法，掌握项目投影参数设置、CORS 接入设置、获取转换参数、点坐标测量、数据导出等工作。

利用广西建设职业技术学院的 CORS 进行地形图测量，要求每个组完成至少 30 个碎部点的坐标采集工作，并将数据转换成南方 CASS 坐标文件（*.dat）上交。

二、能力目标

通过本次实训，应掌握 RTK 测量方法，能利用 RTK 进行碎部点坐标数据采集。

三、仪器与工具

GNSS 接收机 1 台、电子手簿 1 个、固定高对中杆 1 根。

四、实训方法与步骤

1. 准备工作

借领仪器时，需现场检查接收机、手簿外观是否有破损，能否正常开机，电量是否足够等。

2. 新建工程项目

在手簿中新建一个项目，名称自定，椭球选"北京 54"，中央子午线输入"108°"。

3. 接入 CORS

将手机卡插入接收机通信卡槽内，打开接收机，利用手簿蓝牙连接接收机，设置接收机为移动站，数据链为"GPRS/CDMA"模式，设置测量模式为"CORS"模式，接入 IP 为"116.10.197.195"，端口为"6060"，接入点为"S4814B117125883"，接入差分格式可选"CMR+"。账号和密码由老师分发。连接成功后，解类型应为差分解、浮点解或固定解。

4. 获取测区转换参数

待手簿上显示解类型为固定解后，方能进行此操作。

（1）获取重合点源坐标。选择至少 3 个已知控制点作为参数计算重合点，重合点应能覆盖测区范围，且分布均匀。分别在重合点上安置接收机，对中整平，进行平滑采集（至少 10 个历元），注意输入正确的仪器高和点名。

（2）四参数及高程拟合参数计算。选择计算模型为"四参数+高程拟合"模型，从坐标点库中选择第一步施测的控制点坐标为源坐标，目标坐标为对应控制点的已知 54 坐标。输入完成后，进行计算，点位残差不应超过 0.05m（规范规定碎部点测量转换残差不大于图上

0.1mm），如果残差超限，剔除残差超限的点，重新选择其他控制点参与计算。

5. 已知点检核

测量其他控制点坐标，与已知坐标比较，坐标分量和高程较差绝对值不应超过 0.05m。

6. 碎部点测量

经过检查合格后，开始进行碎部点采集。首先，对测图区域进行观察，估算需要测量的地物地貌，规划测图路线。按规划好的路线依次对碎部点进行采集，每个点均应正确输入点号、简码、仪器高。碎部点号按流水编号，简码按事先约定的字母或数字输入，仪器高的量高类型（杆高、斜高、直高等）应匹配。如果仪器高不正确（如对中杆倾斜、直高等），输入仪器高时应注意区分，如输入"9999"，则该点的高程变成一个很小的负值，内业编图时应剔除。

7. 导出数据

（1）在手簿上选择数据导出，在项目文件目录下生成坐标文件。

（2）连接电脑将数据拷贝出来。

五、自我评价与小组互评表

实训项目				实训日期		
小组编号		实训场地		实训者		
序号	评价项目	分值	评价指标			评价分值
1	训练纪律	15	不迟到、不早退、不在课堂做与实训无关的事情			
2	团队协作	15	主动领仪器、还仪器，轮流观测、乐于助人			
3	熟练程度	20	安置仪器快、观测速度快			
4	规范程度	15	操作仪器程序规范、基本功扎实			
5	爱护仪器	15	理解训练目的、掌握操作方法、效果良好			
6	完成情况	20	在规定时间、规定地点按要求完成任务			
自评得分						
最后得分						

自我总结和反思：

小组其他成员评价得分：＿＿＿＿＿、＿＿＿＿＿、＿＿＿＿＿、＿＿＿＿＿、＿＿＿＿＿

六、教师评价表

实训项目				实训者		
小组编号		实训场地		实训者		
序号	评价项目	分值	评价指标			评价分值
1	测量精度	50	精度符号规范要求			
2	数据格式	20	导出的数据坐标、属性等信息齐全			

（续）

序号	评价项目	分值	评价指标	评价分值
3	完成情况	30	按要求完成所有碎部点测量	
合计分值				
最后总得分				

存在问题：

指导老师：　　　　　　　　　　　　　　　　　　　　评价时间：